U0536044

华为管理哲学

吴春波 著

图书在版编目（CIP）数据

华为管理哲学 / 吴春波著 . -- 北京：中信出版社，2024.5
ISBN 978-7-5217-6276-1

Ⅰ.①华… Ⅱ.①吴… Ⅲ.①通信企业－企业管理－经验－深圳 Ⅳ.① F632.765.3

中国国家版本馆 CIP 数据核字（2023）第 251363 号

华为管理哲学
著者：　吴春波
出版发行：中信出版集团股份有限公司
（北京市朝阳区东三环北路 27 号嘉铭中心　邮编　100020）
承印者：　嘉业印刷（天津）有限公司

开本：880mm×1230mm 1/32　印张：13.25　字数：285 千字
版次：2024 年 5 月第 1 版　印次：2024 年 5 月第 1 次印刷
书号：ISBN 978-7-5217-6276-1
定价：69.00 元

版权所有·侵权必究
如有印刷、装订问题，本公司负责调换。
服务热线：400-600-8099
投稿邮箱：author@citicpub.com

目录

自序 跟着走的旁观者 / V

1 对组织特质与组织活力的洞察 _001

华为：对标军队，构建打胜仗的机制　003

华为的成功是常识的胜利　037

华为的进退：除了艰苦卓绝的奋斗，还有血性与霸气！　053

华为的人力资源管理与组织活力　060

华为在商言"熵"　075

华为企业文化的渊源与内在逻辑　093

华为价值分享的理念与实践　124

2 对企业家管理思想的研究 _137

华为的精神谱系　139

读任正非《江山代有才人出》随记　217

任正非与五位离职员工的"两地书"　244

任正非：不老的头狼　257

任正非与华为是如何看待和防止"内卷"的　262

3 经营管理新动向 _277

读《任正非在荣耀送别会上的讲话》有感　279

华为的军团模式　284

华为为什么敢"造车"？　301

华为的"1130日落法"　313

对华为减免商户租金的评论　319

华为的"天才少年"计划　326

2021年年初华为两个热点事件　348

关于学习华为热的思考　355

华为这三年：在逆境中生存与发展　376

附录1：任正非与音乐 / 389
附录2：任正非与军队相关的讲话与文章 / 398
附录3：任正非推荐的军事题材的影视作品 / 400
附录4：任正非有关军队的讲话摘录 / 402

后记 / 409

自序
跟着走的旁观者

这不是一本专著，而是论文和杂文的结集。确切地说，这是一本旁观者的观察记录，汇集的是我对一个公司的观察、记录、心得、感悟、思考与体验。

1995年12月，我第一次以咨询者的身份与华为结缘，转眼已经二十几年了。当年的华为，有1200名员工，销售额为15亿元人民币，是一个为活下来而苦苦挣扎的小公司，与那些声名显赫的大公司相比，华为如同一棵弱小的草。第一次进入华为，给我留下深刻印象的只有两点：其一是老板非常有个性，与深圳的那些老板不一样；其二是华为的员工年轻，公司像个大学校园。回头来看，一个教书匠能够与一个世界级的中国高科技公司有交集，或许是命中注定，或许是运气好，这种机遇不是随处可求的。华为改变了我的人生道路，让我只为一件大事而来！

早期，我作为管理顾问，在华为还能有指点江山或者说指手画脚的感觉，毕竟当年华为的管理处于"乱中求治"的建构阶段，公司没有能力也没有觉悟进行系统的管理体系建设。随着公司的高速发展，华为在"治中求乱"中构建了经营与管理的均衡体系，我当年的良好感觉也逐渐消失。管理大师彼得·德鲁克曾自称为"旁观者"，并写有以此为名的自传。对于管理大师，我难以望其项背。在华为的二十几年，我的个人角色定位其实就是一个微不足道的"跟着走"的"旁观者"。与华为一路同行，边走边看，边看边思，有点心得，有点感悟，记录下来，于是就有了这本书。

感谢命运的垂青，感谢任正非先生的认可，感谢华为的平台，让我能够零距离地与一个公司一同走过二十几年，能够近距离地观察一个公司由弱小到壮大的痛苦成长过程。作为亲历者，我见证了华为在成长发展过程中的点点滴滴、风风雨雨，也目睹了华为成长路上的那些里程碑式的大事件：市场部大辞职，出台《华为公司基本法》，引进先僵化、后优化、再固化的世界级管理体系，引入 NVQ（英国国家职业资格体系）、IPD（集成产品开发）、ISC（集成供应链）、IFC（集成化财务管理），与思科之争，提出"从泥坑爬起来的人就是圣人"，集体降薪，自主创业，7000 人集体辞职，提出"雄赳赳，气昂昂，跨过太平洋"，启动轮值 CEO（首席执行官），美国国会调查，提出"呼唤炮火"，等等。我也经历过"华为的冬天"，感受过"北国之春"，目睹过"一江春水向东流"，忧思过"华为的红旗能打多久"。

华为从小到大，坚持"以客户为中心，以奋斗者为本，长期坚持艰苦奋斗"的经营哲学和成长逻辑，经过30多年的努力，成为改变世界经济格局的中国力量，引起世人的关注是很正常的。大量的学者和出版物都在执着地从不同的角度探索研究华为及任正非成功的秘密、基因、密码、秘诀、秘籍、真经或关键要素。在早期，我也抱有如此想法。很遗憾，我至今也没有找到华为成功的所谓秘密，或许只缘身在此山中。如果说，关于华为，我有什么重大发现的话，那就是"常识"，对企业成长和经营管理常识的探索，对常识的遵从，对常识的敬畏，对常识的坚守。据此下结论可能不合时宜，或许会让读者失望，但长期作为一个近距离的旁观者和零距离的参与者，我看到和感受到的是一个没有秘密的华为，华为真的没有秘密！

经历过华为由一棵弱不禁风的小草，成长为企业丛林中的一棵大树，是一种幸运。如果不能记录这棵大树的成长年轮，则可以说是暴殄天物。哲人言：理论是灰色的，实践之树常青。在华为的大树下，作为一个蹩脚的画工，忙里偷闲地炮制点灰色的理论，已成为我的一种习惯和生活方式。我是一名文科生，不懂技术，至今对华为高深的通信技术一窍不通，在管理学方面也是半路出家，似懂非懂。因此，我的观察与思考聚焦于企业的成长、企业中的人和对人的管理。具体来讲，在华为，我关注的重点是企业成长战略与路径、企业成长中的人与组织、机制与制度、管理之道与管理之术，同时也关注华为点点滴滴的改变与进步，当然也更关注作为华为领袖的任正非先生。这些文章没有完整的理论体系，也没有高远的视野，更缺乏博大精深的知识，只不过是原汁原味的记录和点滴零碎的思考。如本人的微博所言："写作本书，犹如窑工。把华为的思想与实践材料，掰开了，揉碎了，去粗取精，串联并合，勾画描述，怀以工匠的职守、敬畏、虔诚、平静、理性心态，经制坯、阴干、素烧、上釉，炮制而成。此器物，属民窑，而非汝、官、哥、定、钧五大名窑，非御制，亦非官监民制。""不说教，不搬弄，不卖弄，不媚俗，不江湖，不扒粪，不预设前提，不讨巧，不剪刀，不糨糊，不敷衍，不放弃，不绕道。"这些思考如果能够给中国的企业和企业家带来一点启发，或者带来一点思考的线索，就足够了。

本书的写作宗旨、文章风格和体例格式等，与《华为没有秘密（珍藏版）》《华为没有秘密2》《华为没有秘密3》大致相同，文章的内容依旧关注华为30多年的成长与发展历程、华为的内在成长驱动机制、华为成长过程中的重大关键事件、华为的核心价值主张以及对任正非的近距离观察等，依旧试图对这些问题进行分析与观察，探讨任正非与华为是如何遵从常识、敬畏常识、坚守常识、回归常识的以及以常识来管理的主题。

任正非曾有言，华为是颗洋葱头。当剥开这颗洋葱头时，你会发现每一层都没有秘密，有的只是常识，是常识支撑了华为的成长与发展，而常识背后的内在逻辑是基于任正非与华为长期坚守的经营管理哲学。正如任正非在2011年发表的《从"哲学"到实践》中所讲的："什么驱动力使华为成功，我认为是华为的核心价值观描述的利益驱动力，驱动了全体员工的奋斗，是一场精神到物质的转移，而物质又巩固了精神力量。其实 200 多年前，美国是一个一无所有的小殖民地，也是一种哲学精神、体制的力量，促使他们变得这么强大，并非什么上帝。""我可以告诉你，释放出我们 11 万员工的能量的背景是什么。就是近 20 年来，华为不断推行的管理哲学对全体员工的洗礼。你身上的小小的原子核，在价值观的驱使下，发出了巨大的原子能。"

基于上述考虑，本书书名为《华为管理哲学》。所谓的"管理哲学"，指的就是任正非与华为在长期的经营管理过程中，构建的驱动公司健康发展的内在力量，这或许就是一个没有秘密的华为的"秘密"。因此，本书也可以被视为"华为没有秘密"系列的延续或总结。

书中必有谬误、偏见、错误与不妥之处，敬请任正非先生及华为宽容、包涵与指正！敬请读者谅解与指正！

是为序。

1

对组织特质与组织活力的洞察

第一部分的 7 篇文章，从不同的角度对华为公司的组织特质与组织活力问题进行探讨，以寻求公司可持续发展的内在驱动力。当前每个企业都在不同程度地面对外部不确定性的挑战与压力，从公司发展的角度看，所谓不确定是指过去、当下与未来已不存在简单的线性关系，以往的成功无法为未来的发展提供可信赖的保障。但是，从华为成长与发展的历程来看，其现在的成功在于过去获得的成功要素的复制与放大，其未来的成功同样依赖于现在成功要素的传承与强化。

华为：对标军队，构建打胜仗的机制

任正非就是块大海绵，华为就是颗洋葱头

"学不学华为"是个问题。你可以不学华为，即使学华为，也不一定学得会。

学华为，到底能不能学得会？诸多企业在疑惑中依旧在学。在 2015 年达沃斯论坛上，有记者问任正非："大家最想知道的是：华为成功的秘密是什么？它们可不可以学？"

任正非的回答是："我认为，第一，华为没有秘密；第二，任何人都可以学。华为没有什么背景，没有什么依靠，也没有什么资源。唯有努力工作才可能获得机会，努力工作首先要有一个方向，这个方向就是为客户服务。"

如果要学华为，到底从何学起？笔者认为，有几点需要注意。

其一，学习华为的当下，不如学习华为的过去。当下的华为很辉煌，也很难学；过去的华为很艰辛，但很容易学。可谓欲取

辉煌，必经艰辛；欲戴皇冠，必承其重。

其二，学华为的术，不如学华为的道。术易学，道难寻。华为之道，应该是中国企业尤其是高科技企业经营管理的普适之道，华为只不过比其他企业更早地探索到发展之路，并比其他企业更早地上路了。华为所经历的一切，不管是经验还是教训，对后来的企业都有借鉴意义。

其三，学华为的经营，不如学华为的管理。华为在初创期，在关注经营成长的同时就关注企业的内部机制与管理，在成长过程中实现了经营与管理的均衡。中国企业的普遍短板是机制与管理，而不是经营理念与模式。

其四，学习华为，不如学习任正非。任正非为中国企业家树立了一个标杆，其经营管理的理念与实践为企业家提供了宝贵的思想平台。任正非经历痛苦的探索，找到了一条在中国发展高科技企业的道路，探索到一条中国企业走向国际化运作的道路，探索出了一套管理高科技企业知识员工的道路。这些成功的经验与失败的教训，值得企业家学习与反思：如何做一个合格的企业家？如何能够胜任管理自己的企业？如何培养与保持企业家精神？

其五，别的可以不学，但有两条必须学华为。第一，学习华为是如何自我批判的，因为自我批判是任何组织与个人成长与进步的必要前提。第二，学习华为是如何学习别人的，因为强大的组织学习能力是华为从平庸走向优秀和卓越的关键成功要素。

伟大是熬出来的，伟大也是改出来的，持续的改进使我们每个人都有可能变得优秀、变得卓越。在华为 30 多年的成长过程中，任正非一直把向一切优秀事物学习作为其个人和组织的核心价值主张，其学习的对象既包括动物与植物，也包括各类组织。因为任正非认识到："我知识的底蕴不够，也并不够聪明，但我容得了优秀的员工与我一起工作，与他们在一起，我也被熏陶得优秀了。他们出类拔萃，夹着我前进，我又没有什么退路，不得不被'绑'着、'架'着往前走，不小心就让他们抬到了峨眉山顶。我也体会到团结合作的力量。这些年来进步最大的是我，从一个'土民'，被精英们抬成了一个体面的小老头。因为我的性格像海绵一样，善于吸取他们的营养，总结他们的精华，而且大胆地开放输出。"（任正非，《一江春水向东流》，2011 年）

所以，任正非就像块大海绵，不断地吸纳外部的新能量，而华为就是颗洋葱头，在开放的前提下不断地吸纳并转换外部的能量，围绕公司的核心竞争力不断地扩张，持续地把公司做大、做强。

一杯咖啡吸收宇宙能量，一桶糨糊黏结世界智慧。

所谓的一杯咖啡主义，如任正非所言，就是："一杯咖啡吸收宇宙能量，并不是咖啡因有什么神奇作用，而是利用西方的一些习惯，表述开放、沟通与交流。你们进行的普遍客户关系，投标前的预案讨论、交付后的复盘、饭厅的交头接耳……我都认为是在交流，在吸收外界的能量，在优化自己。形式不重要，重要的是精神的神交。咖啡厅也只是一个交流场所，无论何时、何地都是交流的机会与场所，不要狭隘地理解形式。"（任正非，《什

么是"一杯咖啡吸收宇宙能量"》，2017年）

所谓的一桶糨糊，如任正非所言，就是："我个人谈不上伟大，我是个普通人，我自己什么都不懂，也什么都不会。我什么都不懂，我就是一桶糨糊，将这种糨糊倒在华为人身上，将十几万人粘在一起，朝着一个大的方向拼命地努力。"（任正非，《一江春水向东流》，2011年）

美国《时代》杂志曾这样评论："任正非以高超的艺术，把十几万的高级秀才锻造成有统一意志的战士。"

华为向军队学习的内在机理与驱动力

军队，也是任正非与华为长期学习与对标的对象。

检索任正非历年的讲话和文章，会发现其中存在大量的军事术语与军事思想。向军队学习，是其长期的价值主张。华为是如何开始向军队学习的？这与任正非密切相关，他是华为学习军队的源头所在。第一，任正非本人有军旅生涯，对军队的理解比他人更深刻。任正非有句名言：没到过世界，哪有世界观；同理，没有行伍经历，哪知道军队管理的厉害。第二，他拥有强大的学习能力，他把学到的东西通过一杯咖啡、一块大海绵吸纳过来，通过有针对性的讲话或者文章，持续在公司传播。

管理大师彼得·德鲁克在《21世纪的管理与挑战》一书中写道："管理空军基地、医院、软件公司当然不一样，但是最大的差异，却是各组织所使用的名词。其他的差异主要是在应用上而不是在原则上,即便在任务和挑战上都没有显著的差异,譬如说,这些组织的执行者,花在人事上的时间大致相同,而人的问题几乎全是一样的。各种组织里,90%左右的问题是共通的,不同的只有百分之十。"[1]军队管理与企业组织管理的共性,决定了华为向军队学习的可行性。

任正非提倡的向军队学习,就是其领导力的体现。他为华为公司的组织进步指明了前进的方向,并指导华为在这条道路上心无旁骛地执着前行。

华为为什么向军队学习?

第一,因为军队是所有组织中最高效的组织,其使命要求它必须有强大的执行力、组织力、应变力和竞争力。

第二,军队构建了一支有纪律、有追求、有活力的人力资源队伍。

第三,军队是在没有任何假设条件下实现组织目标的,是在资源短缺条件下取得生存与胜利的。

第四,军队面临的内外部环境更复杂,更具有完全的不确定性。

第五,军队面对的是敌我双方的不确定性博弈,而且胜利和失败都是以生命为代价的,非常残酷。

第六,军队可使用的管理手段与工具是有限的,如薪酬、奖金与福利等物质激励手段极其有限。

---

[1] 杜拉克.21世纪的管理与挑战[M].苏伟伦,编译.北京:九州出版社,2001:9.

华为向军队学习是一个系统过程，其学习的系统机理可以概括为三个构成部分，换言之，华为对标军队管理经历了三个阶段的闭合过程，即从思想的云，到管理的雨，再到实践的树。

第一，任正非系统地吸纳古今中外军队的管理思想，并加以分析、归纳与总结，依据公司经营发展的不同阶段与存在的问题，有针对性地通过讲话、文章、会议、沟通交流等方式在公司持续传播，使大家对这些知识有了基本的认知与思考，从而实现对标学习的共识。这一阶段可以概括为"思想的云"。

第二，公司有组织地学习这些军队的管理思想、理念和举措，形成统一的管理语言与集体认知，为接下来实践层面的实施打下基础。这一阶段可以概括为"管理的雨"。将"思想的云"化为"管理的雨"，然后灌输到管理层和员工层。

第三，依据公司的实际情况，将军队的有关管理理念与具体举措转变为华为的经营管理实践，改进或提升公司的经营管理水平，并通过华为的管理实践进一步验证向军队学习的成果。这一阶段可以概括为"实践的树"。

这是一个闭环的学习与管理提升过程，在这个过程中，华为坚持对标学习的三部曲：先僵化，后优化，再固化。因此，其学习军队的效果如同对标领先企业先进管理实践那样卓有成效。

任正非不仅自己学，而且通过推荐与军队相关的文章、图书和影视作品，引导员工和干部来学习军队。曾有人问："谁是任正非的老师？"可以说，世间一切皆为"任师"。其中有一个人被任正非称为"永远的老师"，这个人就是马世民。2012年

11月,任正非为《马世民的战地日记:从悍将到企业巨人》一书作序(这是他第一次为他人图书作序)。任正非说:"对于今天快速发展的中国来说,马世民对当代青年人,是一个非常好的榜样。对我来说,他是一个实在丰富的老师。我不知道他在全世界有多少产业,怎么飞的①,如何分配时间的,值得我学习的还多得很。"②

马世民是一位军人。1940年出生于英国莱斯特,曾任和记黄埔董事总经理。19岁的时候,马世民加入了法国外籍军团,度过了5年的雇佣兵生涯,有过血与火的经历。59岁的时候,马世民参加撒哈拉沙漠马拉松大赛,7天时间跑完了254千米;64岁的时候,马世民在南极洲用58天徒步行走了1095千米,成为徒步南极最年长吉尼斯世界纪录保持者;71岁的时候,马世民组建了世界第一支私人海军,打击海盗……

任正非还写道:"2012年9月7日,马世民在伦敦的办公室请我们吃饭,指着高1000多英尺③全玻璃的碎片大厦(The Shard)④说,三天前,他用绳索从那个楼上爬下来,这是奇人的又一斑。这可是一位72岁的青年人啊!"⑤

---

① 指在全球飞行。
② 马世民.马世民的战地日记:从悍将到企业巨人[M].余卓轩,张燮,译.北京:中国人民大学出版社,2012:9.
③ 1英尺=0.3048米。——编者注
④ 当时欧洲的第一高楼,高达1017英尺(约310米)。
⑤ 马世民.马世民的战地日记:从悍将到企业巨人[M].余卓轩,张燮,译.北京:中国人民大学出版社,2012:9.

这就是任正非骨子里的军人气质，他与同为军人出身的马世民惺惺相惜！

有好的老师还必须有"敏而好学"的学生，任正非具有强大的学习能力。有人讲，古今中外成大事者皆能爱才如命，挥金如土，杀人如麻。其含义是指爱惜人才，善于分享，敢于惩罚，赏罚分明。笔者认为这些还不够，应再加一条：求知若渴。任正非在接受哥伦比亚广播公司采访时讲道："差不多有50多年，我每天晚上都学习到将近1点，我并不是像大家想的不怎么学习。我要去学习，不学习就驾驭不了华为。"

企业家的管理行为源自其管理思想，管理思想的传播来自语言文字。"思想的云"一定要化为"管理的雨"，再去指导实践。企业家要润物细无声地持续传播，这样才能用自己的管理思想如春风化雨般地滋润企业的万物生长。

这里通过一个案例来说明华为向军队学习具有内在驱动力。

金一南将军曾三次到华为进行讲座，他对华为的影响是巨大的，当然首先影响的是任正非。

金一南将军的讲座和文章，对华为及任正非的价值在于：第一，以军队组织的文化、运作与管理为背景，验证了华为管理哲学与成长逻辑，增强了华为对标更强学习目标的自信。第二，军队的运作模式特别是美军的成功经验，给华为以重要的管理启示，其中包括：队伍的灵魂与血性，企业领袖的培养，干部的选拔、甄别、评价体系、培养与激励，以及组织的设置与运作。

2015年，华为总裁办以电子邮件全文转发金一南将军的文章《美军还能打仗吗？》，并要求全体干部与员工阅读这篇文章。这篇文章提出："有人说，血性是会夭折的，所以需要养护，需要培育。血性也是会沉睡的，所以需要唤醒，需要点燃……军人的最大奉献是牺牲，是血洒疆场。我说不完全对，牺牲是军人最大的付出，但不是军人的最大奉献。军人的最大奉献是胜利。国家养育军人，不是让你到关键时刻一死了之……对军人来讲，胜利永远不可替代。军人生来为战胜。军人用胜利体现对国家和民族的忠诚，不是用死亡体现这种忠诚。"

任正非转发这篇文章的时候，加了按语："军人的责任是胜利，牺牲只是一种精神。华为的员工不只是拥有奋斗精神，更要把这种精神落实到脚踏实地的学习与技能提升上，在实际工作中体现出效率与效益来。"

2015年9月29日，金一南将军第一次来华为进行讲座，题目是《关于队伍的灵魂与血性》。金一南将军的讲座，任正非现场评价说，这是他听过的最好的讲座。当时华为全球有8000名员工同时收看。

2015年11月29日，任正非又签发文件在公司内部转发金一南的文章《胜利的刀锋——论军人的灵魂与血性》，再次呼唤华为人的血性与对核心价值观的坚守。

2015年12月4日，时任华为轮值CEO郭平先生发表了题为《记住插在硫黄岛上的那面旗帜》的文章，文章的开头写道："二战插上硫黄岛这面旗帜，是摆拍的，因为记者没有跟上当时的时景，而补拍的。补拍的人后来都成了美国英雄，真正的英雄却不知是何人,到何地去了。美国需要的是英雄的精神鼓舞,并不在乎谁是真正的英雄。记者本人将这张照片寄出39天后,也阵亡了。"

任正非为此文写了按语:"'一切为了作战,一切为了服务业务,一切为了胜利'也许会成为一个时代的口号,这个口号在华为要管十年。"他提出了"三个一切",真正把胜利这个理念作为华为人的价值观。因为奋斗是一个持续的过程,而胜利是评价奋斗的一个重要指标。奋斗只是一个过程,胜利是最终的结果。

2016年1月16日,金一南将军再次来华为,为2016年市场部大会的千余位高管做讲座,题目是《关于将军的产生——对指挥、统帅和决胜的思考》。2016年1月13日,任正非在市场部大会上的演讲主题是《决胜取决于坚如磐石的信念,信念来自专注,华为唯一的武器是团结,唯一的战术是开放》,这与金一南的演讲主题是相呼应的。

截至2016年5月底,在华为的内网上,观看金一南将军上述两个视频的人数已超过12万人次。

2016年9月22日,金一南将军再次莅临华为,这次讲座的题目是《领袖是怎样炼成的》。

华为向军队学到了什么

华为向军队学习,主要包括以下几个方面的内容。

1. 向军队学习打胜仗的血性

军队是充满奉献精神、理想主义、英雄主义、爱国主义和浪漫主义的组织,华为向军队学习的一个重要方面,就是把此作为组织文化与组织氛围建设的外部力量,持续地强化公司核心价值体系,持续地优化组织氛围,赋予这支队伍以血性和理性,把这支队伍打造成一支高素质、高境界和高度团结的铁军。

血性可以说是军队的精神图腾,也是军人的重要特质。什么是血性?

- 军人的使命不是牺牲,而是胜利,一切为了胜利!战胜对手有两次,一次在内心。——金一南
- 俄罗斯幅员辽阔,但我们已经没有退路,后面就是莫斯科。——苏联红军
- 要让打胜仗的思想成为一种信仰,没有退路就是胜利之路。——美国陆军上将马丁·登普西
- 我们的身体、飞机和炸弹,当与敌人兵舰、阵地同归于尽!——1932年成立的中央航空学校校训

城墙是否被攻破,不仅取决于城墙的厚度,还取决于守城将士的信心;城墙是否被攻破,不仅取决于攻城的武器,还取决于攻城将士的血性。

华为自初创期就倡导的"胜则举杯相庆,败则拼死相救",实际上是公司企业文化的核心,它来自曾国藩治理湘军的理念:

"呼吸相顾，痛痒相关，赴火同行，蹈汤同往，胜则举杯酒以让功，败则出死力以相救。"

军队是一个具有血性的组织，华为向军队学习，首先就是学习军队的血性。

任正非在《欧亚血性自省研讨会议纪要》前加了按语："华为呼唤有血性的员工和团队，尤其在战时，我们更期望每一个团队都成为有血性的团队。"这种理念、思想也很好地传递到华为的高管层。

华为一位高管在文章里写道："团队要对胜利有极度的渴望，要有极度坚忍的意志，要有对失败的极度羞耻感，要有对结果极度负责的态度。"他用了四个"极度"，并把这些作为对团队、对部门、对员工的要求。

在华为，有四首古今中外军校的校歌（军歌）或校训深入人心：

主义须贯彻，纪律莫放松，预备作奋斗的先锋。——黄埔军校（以下有时简称为"黄埔"）校歌

坚定正确的政治方向，艰苦朴素的工作作风，灵活机动的战略战术。——中国人民抗日军事政治大学（以下有时简称为"抗大"）校歌

团结、紧张、严肃、活泼。——中国人民抗日军事政治大学校训

责任、荣誉、国家。——西点军校校训

中国男儿，中国男儿，要将只手撑天空。睡狮千年，睡

狮千年,一夫振臂万夫雄。我有宝刀,慷慨从戎,击楫中流,泱泱大风。——云南昆明陆军讲武堂军歌《中国男儿》

华为当下的精神图腾是一架二战的英雄飞机伊尔2攻击机:"没有伤痕累累,哪来皮糙肉厚,英雄自古多磨难,苦难的背后都是伟大。""我们的飞机已经被打得千疮百孔了,多一个洞也没关系。我们应沉着、镇静,保持好队形。"

2021年5月在与金牌员工座谈时,任正非又一次提到了黄埔军校精神:"为什么黄埔军校门口的对联写着'升官发财,莫入此门',而我们在非洲的口号是'升官发财请到非洲来'?因为黄埔军校是在解构一个社会,它本身不能创造财富,所以要求学员要有使命感、奋斗精神,没有物质激励,想要升官发财就不要去了。"

2021年8月2日,任正非在中央研究院创新先锋座谈会上与部分科学家、专家、实习生的讲话中说:

> 食堂里贴了一张宣传画,一个十六岁的远征军士兵在战场上,接受美国记者采访的一段话:"中国会胜利吗?"
> "中国一定会胜利的。"
> "当中国胜利后你打算干什么?"
> "那时我已战死沙场了。"

这不正是我们华为今天的时代精神吗?1941年莫斯科大雪中,数十万仓促而聚、混乱不堪的苏联红军,在红场阅兵,杂乱的队伍英勇地通过红场,他们视死如归地从阅兵场直奔战场的伟大精神，不正映照着我们今天。我们不也是从两年前在混乱的惊恐中反应过来，形成今天的雄赳赳气昂昂杂乱有力的阵列吗？

任正非长期倡导向雷锋学习和绝不让雷锋穿破袜子的核心理念，反复强调要学习《致加西亚的信》中的罗文中尉、中国陆军第一蓝军旅旅长满广志、老山战役主攻团副团长向坤山的求真务实精神等，这些都是在强化华为企业文化的核心内涵。

军队为华为的企业文化带来了太多启发，疏松和滋养着华为的文化土壤，成为华为企业文化的精神图腾。

2000年，任正非在与身处逆境的员工对话时谈到了牺牲精神："沙漠也要靠你去把它变成土壤，你要敢于用你的身体化成一种肥料，然后这个沙漠才能变成土壤。你要有这种牺牲精神和献身精神，如果大家都不希望献身，只希望沙漠变成土壤，我在这儿成长得非常快，别人都为我做牺牲，而我不牺牲，那你永远都没有希望。所以我们讲的献身精神就是把自己的身体化成肥料，去把沙漠改造了。"

所以，华为的企业文化与组织氛围充满了类军队或准军队的典型特征，这是华为核心价值体系的重要组成部分，也是华为组织文化与氛围的重要特质之一。

2. 向军队学习组织与流程建设

华为在长期的组织建设过程中，大量吸纳了军队组织建设与流程建设的思想与具体对策，以保证组织效率的持续提升，以及组织运作的灵活性、弹性与高效性，使公司的运作能够不断适应外部不确定的环境，有效地实现组织目标。

2006年冯仑先生写过一篇文章，题为《西点军校出来的CEO多过哈佛商学院》。任正非将这篇文章推荐给华为员工，这篇文章在华为也引起了很大的反响。冯仑先生的这篇文章中有一个重要理念："军事组织的变革是商业组织变革的先导。"他认为现在所有商业组织的变革实际上都来源于军事组织的变革。我们在学习军队或者其他组织时，很重要的一点是要先理解它们，收集更多的资料，尽量理解它们。

以2009年任正非的《谁来呼唤炮火，如何及时提供炮火支援》一文为起点，华为以美军在阿富汗的特种部队为模板，开始构建市场一线作战流程，并与之前引进的IPD、ISC、IFC等业务流程相对接，形成覆盖全业务的运作流程。在这个流程中，华为大量引入了美军现代军事变革的成果，如上校连长、"铁三角"、持续赋能、训战结合、片区联席会议、海军陆战队、重装旅、联合勤务、战略预备队与干部后备队、精兵模式等理念。同时还引入了现代军事变革实践中的理念，如：班长的战争；让一线呼唤炮火；把指挥部建在听得见炮声的地方；一切为了前线，一切为了服务，一切为了胜利；等等。

2014年8月21日，在听取人力资源工作汇报时，任正非提出："你们要去研究一下美国军队变革，乔良等人写的一本书叫《超限战》，军队的作战单位已经开始从'师'变成'旅'，作战的能力却增强得很厉害，而且美国还在变革，未来的方向是，作战单位有可能从'旅'直管'营'，去除'团'一级，还要缩小成'排''班'……班长可能真就是'少将'或'少校'，因为一个班的火力配置很强（配有巡航导弹、飞机、航母等），就没有必要大部队作战。'班长的战争'这个理念应该这么来看，大规模人员作战很笨重，缩小作战单位，更加灵活，综合作战能力提升了，机关要更综合，决策人不能更多。让组织更轻、更灵活，是适应未来社会发展的，也是我们未来组织改革的奋斗目标。"

他继续说道："将来华为的作战方式也应该是综合性的，我们讲'班长的战争'，强调授权以后，精简前方作战组织，缩小后方机构，加强战略机动部队的建设。划小作战单位，不是指分工很细，而是通过配备先进武器和提供重型火力支持，使小团队的作战实力大大增强。当然，授权不是一两天能完成的。目前，管理上的问题没有落地，所以3~5年内把LTC（从线索到现金的企业运营管理思想）、账实相符、'五个一'① 作为重点，一定要实现端到端贯通。5年以后，坚定不移地逐步实现让前方来呼唤炮火，多余的机构要关掉，这样机关逐渐不会那么官僚化。"

任正非指出："前两年我们已经开始组织改革了，首先就是加强地区部的计划建设，这也是向美军学习的。"

可以认为，在中外企业中，像华为这样系统和全面地引入军

---

① "五个一"是指PO（采购订单）前处理一天；从订单到发货准备一周；所有产品从订单确认到客户指定地点一个月；软件从客户订单到下载准备一分钟；站点交付验收一个月（包括安装、调试、客户验收），共五个变革目标。

事语言、军队变革理念和军队运作方式的企业，实不多见，这也从一个侧面反映了华为强大的组织学习能力。

2016年，任正非转发了《南方周末》记者写的一篇文章《士官长改革，等待兵的逆袭》，并撰写了按语："我司也应使一些有丰富实践经验的人成为'士官长'，例如各种技师指导、签证指导、入户指导、支付专家、仓库长等。也要允许职级错位，过去硬性规定的十三级分水线是否可以改变。在十八级到十三级中，让有实践经验、有能力的人与理论基础雄厚、业务流程熟悉的人一同在确定性领域担负起责任。这样是否合适，请各级部门思考。"公司之后所进行的职员系列变革，主要是借鉴了我国的士官长制度的改革思路。

2020年3月6日，任正非在关于"人才堤坝管理变革项目"的讲话中指出："我们的作战体系应该由主战部队、支援保障部队、后勤保障部队等几支队伍组成。主战部队升官快，但风险也大，因为他们上战场容易'牺牲'，空缺多；支援保障部队没有那么大的风险，从事面向作战的平台服务、支持、监管等工作，除领袖型主官及一部分精英专家外，绝大多数由专业人士组成；后勤与平台保障部队主要是支撑与保障作战的岗位，风险更低一些。把这个三层作战体系梳理出来后，不同的群体采用差异化的人力资源管理方式，人力资源的价值体系就清晰了。""心声[①]上有篇叫《一点两面三三制》的文章，讲了四组一队的作战方式，

---

① 心声，即华为内网"心声社区"。

以前冲锋的时候是用满山遍野的人海战术，所以林彪就改成三角形的作战队形，四组一队，使队伍有序化。随着项目的不断推行，你们要多学习使用科学、现代化的作战方法。"

3. 向军队学习人才培养与赋能

黄埔军校、中国人民抗日军事政治大学和西点军校一直是华为大学及员工培训的标杆。

任正非在华为大学后备干部的毕业证上写了两句话："只有有牺牲精神的人，才有可能最终成长为将军；只有长期坚持自我批判的人，才会有广阔的胸怀。"

他认为："华为大学应该有两个基因，一个是以黄埔和抗大的短训方式，产生人才的基因，另一个是西方职业教育的基因，为大家赋能，个个热情奔放，但都不知道该怎么干也不行。""我们希望用黄埔、抗大的精神产生人才。""华为大学要成为将军的摇篮。""我们的队伍既要英勇奋斗，又要灵活机动，战争是产生名将的土壤，我们要不拘一格选人才，未来的领袖将在这场战争中诞生。"

在实践中，华为的训战结合、干部后备队、循环赋能、精兵战略、"全营一杆枪"，在干部选拔上坚持"猛将必发于卒伍，宰相必取于州郡"的原则，以"上过战场，开过枪，受过伤"为基础，基于责任结果，优先从具有一线成功实践经验、从影响公司发展的关键事件、从长期坚守艰苦地区和艰苦岗位的人员中选拔干部等管理实践，均借鉴了军队的人才培养方式。

4. 向军队学习干部管理与领导力提升

在向军队学习的过程中,华为大量引进军队对将领的管理理念与方法,目的是打造一支高素质、高境界的干部管理队伍。

如任正非所言:"我们有称霸世界的能力,也需要有称霸世界的队伍,而且要有称霸世界队伍的纪律。"

在向军队学习干部管理与领导力提升方面,华为的主要管理实践包括五个方面。

第一,华为将各级管理者区分为"主官"和"主管",这个区分同样来源于军队。

正如任正非所言:"主官负责的是战役方向,一心一意盯着战略目标的不确定性,精力集中在胜利上,把确定性事务授权给主管;主管就是高级职员,主要处理确定性事务,可能比主官在专业上更精通,在确定性的工作中,我们实行首长负责制。主官和主管就是这样一个区别,以后我们的一把手要更多能充当主官。"

华为对各级主官的要求是:"一线作战团队主官既要'敢战',有强烈的求胜欲望,又要'善战',具备打赢'班长战争'的新能力。"[摘自《华为公司人力资源管理纲要2.0:总纲(公开讨论稿)》]

任正非在"关于人才堤坝管理变革项目"的讲话中指出:"主战部队升官快,但是要坚持实行主官、主管每年10%的强制末位淘汰,即使所有人都干得很好,也要淘汰10%,从而逼主官更先进。当官才知责任大,当官要永远积极进取,引领团队冲锋。"

第二,干部的选拔与晋升必须从基层做起,走"之"字形成长路线，在"上甘岭"上选拔干部，提倡"猛将必发于卒伍，宰相必取于州郡"。如任正非所讲："上甘岭培养将军，但并不是在上甘岭就一定会成为将军，艰苦地区能够出英雄，但不一定能出将军，将军也是要学习的。"

2017年8月24日在与采购干部座谈时，任正非提出："美国参谋长联席会议主席约瑟夫·邓福德，三年内从一星准将升到四星上将；俄罗斯现任国防部长谢尔盖·绍伊古，由预备役上尉直接晋升为少将；中国的李作成也在20多年时间里从连长晋升到总参谋长。采购为什么就不能产生'邓福德''绍伊古''李作成'呢？应该是可以的。从来没有救世主，也没有神仙皇帝，全靠我们自己的努力。"

第三，干部的配备不能论资排辈，可以有"少将连长"。任正非所说的"少将连长"指的是两种情况："一是少将当了连长，二是连长被授了个少将衔。"2017年8月29日在"合同在代表处审结"工作汇报会上的讲话中，任正非提出："在试点国家，代表处的代表应该高配，可以高于地区部总裁。我们原来说'少将连长'，为什么一定要'少将'呢？如果能力不足，一放权就会出大问题。可以换个'上将'去当代表，取得成果就有机会做总参谋长；派一个'中将'去系统部；派一个'少将'去做项目经理。这样全部重兵压过去，改革出一个样板来，我们就能在全球推广。"

第四，强调干部的身先士卒、率先垂范和无私奉献。任正非说："克劳塞维茨的《战争论》中有一句很著名的话，'要在茫茫的黑暗中发出生命的微光，带领着队伍走向胜利'。战争打到一塌糊涂的时候，高级将领的作用是什么？就是要在看不清的茫茫黑暗中，让自己发出微光，带着队伍前进……越是在困难的时候，我们的高级干部就越要在黑暗中发出生命的微光，发挥主观能动性，鼓舞起队伍必胜的信心，引导队伍走向胜利。所有的领导们一定要像丹柯一样，一定要像克劳塞维茨所形容的高级将领那样，在茫茫的黑暗中，鼓舞精神，激励斗志。"

同时，任正非在不同的时期依据不同的场景，为干部们树立学习的榜样。任正非要求各级干部学习阿甘与许三多（《士兵突击》主人公）的"傻"、执着、坚守与简单，他认为："华为就是最典型的阿甘。阿甘精神就是目标坚定、专注执着、默默奉献、埋头苦干！这个社会聪明人太多，要做阿甘，要傻一点。"他要求各级干部学习向坤山。他说："我们要焕发出战斗活力，就要向满广志、向坤山学习，让大家把工作干劲爆发出来。"他还要求各级干部学习《致加西亚的信》中罗文强大的执行力，学习李云龙的亮剑精神和赵刚政委的主官担当。

第五，借鉴军队变革的成果，强化对干部任职能力的评价。我国军改过程中"考军长"的举措被任正非发现后被迅速引入华为，"考军长是要从上到下逼各位领导学习，消灭南郭先生，铲除平庸。没有平庸的员工，只有无能的领导，我们需要满广志、向坤山、李云龙……"其目的是通过以考促训，检验个人贡献与能力，也是铲除平庸惰怠的一种重要方法。"考军长"已逐步融入华为正常的干部管理体系，作为干部管理体系的补充或优化。这就是华为持续学习和强大执行力的典型体现。

2015年，华为从美国军队的选拔机制得到启发。任正非在一次讲话中说："美国军队的考核最简单，没有对学历、能力的考核，只考核'上没上过战场，开没开过枪，受没受过伤'，所以美国军队其实是最能作战的。他们先学会战争，再学会管理国家。"

如今，"上没上过战场，开没开过枪，受没受过伤"已经成为华为干部选拔晋升的重要标准，履历管理也纳入公司干部管理体系。

与此相同的活动还有很多，如早期的生产部门、食堂等的"大比武"活动等。

5. 学习军队的战略管理

任正非认为："什么叫战略？战略就是牺牲。打仗的时候略掉的一部分就叫战略，丢的一部分就是战略，舍弃的一部分就是战略。舍弃的有可能是金钱，也可能是生命，也有可能是装备。"

2020年11月4日，在企业业务及云业务汇报会上的发言中，任正非提出："我们要讲清楚作战的战略方针，要讲过河的'船'和'桥'，不能'口号治企'。领袖要有架构性思维，领袖的责任是讲明方向、发现问题。""内部统一组织，是靠打胜仗来牵引的，在打胜仗中不断来组合队列。从小交换机开始，从传输开始，从2G无线网开始，从简单的路由器开始……无不是用胜利来牵引的。为什么四野的队伍这么彪悍？是因为他们跟着主帅一直打胜仗，从东北打到海南岛，从海南岛又打到朝鲜……他们总信任主帅，全部统一在主帅的意志中。主帅并没有做多少思想工作和说教，靠胜利言传身教。"

通过研究《失去的胜利》一书，任正非提出"不在非战略机会点上消耗战略力量"的战略理念。

可以说，华为公司的战略理念和在不同时期提出的战略构思，都不同程度地借鉴和学习了来自军队的战略思想。

6. 学习军队的科学管理

2014年6月，华为举行了首届"蓝血十杰"表彰大会，并邀请了国内媒体观摩，在大会上任正非发表了题为《为什么我们今天还要向"蓝血十杰"学习》的讲话。"蓝血十杰"奖是华为管理体系建设的最高奖。

在讲话中任正非提出向"蓝血十杰"学习的初衷："'蓝血十杰'对现代企业管理的主要贡献，可以概括为：基于数据和事实的理性分析和科学管理，建立在计划和流程基础上的规范的管理控制系统，以及客户导向和力求简单的产品开发策略。""要学习他们对数据和事实近乎宗教崇拜的科学精神；学习他们从点滴做起，建立现代企业管理体系大厦的职业精神；学习他们敬重市场法则，在缜密的调查研究基础上进行决策的理性主义。""华为之所以能够在国际市场取得今天的成绩，就是因为华为十几年来真正认认真真、恭恭敬敬地向西方公司学习管理，真正走上了西方公司走过的路。这是一条成功之路，是一条必由之路。我们今天为什么还要向'蓝血十杰'学习，就是因为我们还要沿着这条路走下去。"

"蓝血十杰"的成员出自美国名校，后加入美国战时陆军航空队统计管制处，二战结束后没多久，他们进入福特公司的计划部、财务部、事业部、质量部等关键业务和管理控制部门。从此，他们掀起了一场以数据分析、市场导向，以及强调效率和管理控制为特征的管理变革，使得福特公司重整旗鼓，扭亏为盈，再现当年的辉煌。这十位精英获得了"蓝血十杰"的称号，人们将他们称为"美国现代企业管理的奠基者""科学管理的精英"。再之后，他们之中产生了国防部长、世界银行总裁、福特公司总裁、哈佛商学院院长和巨商。

任正非提出向"蓝血十杰"学习的目的，核心在于倡导科学管理精神，持续地提升管理者的管理能力，持续地提高管理效率。

7. 学习军队的自我批判

华为强调各级干部必须具有批判性思维能力，并在组织与业务运营体系中构建批判性思维的组织力量。

任正非要求各级干部学习满广志的批判与自我批判。他说："在研发系统的总体办[①]中可以组成一个'红军'和一个'蓝军'，'红军'和'蓝军'两个队伍同时干，'蓝军'要想尽办法打倒'红军'，千方百计地钻他的空子，挑他的毛病。'红军'的司令官以后也可以从'蓝军'的队伍中产生。"

在华为还有一个特殊的部门，叫"蓝军参谋部"，该部门成

---

① 研发体系中总体规划办公室的简称。

立于2006年，隶属于公司战略Marketing体系（战略与市场部）。该部门人不多，但皆是精英。成立该部门的目的就是要"构筑组织的自我批判能力"。所谓"蓝军"，原指在军事模拟对抗演习中专门扮演假想敌的部队，通过模仿对手的作战特征，与红军（代表正面部队）进行有针对性的训练。华为蓝军参谋部的定位则是：第一，负责构筑组织的自我批判能力，推动在公司各层面建立红蓝军对抗机制，通过不断地自我批判，使公司走在正确的方向上；第二，在公司高层领导团队的组织下，采用辩论、模拟实战、战术推演等方式，对当前的战略思想进行反向分析和批判性辩论，在技术层面寻求差异化的颠覆性技术和产品；第三，从不同的视角观察公司的战略与技术发展，进行逆向思维，审视和论证红军战略、产品、解决方案的漏洞或问题；第四，模拟竞争对手的战略、产品、解决方案策略，指出红军战略、产品、解决方案的漏洞和问题。

任正非指出："西点军校校长戴维·亨通中将在最近的讲话中，提出了21世纪军官成功的核心是批判思维。这一点与我们学点管理哲学是相通的，通过批判性思维、创造性思维和用历史观来思维，正确地对华为的未来审时度势，是落在新一代华为人身上的重任。我们有没有决心、有没有能力，前仆后继，英勇前进？有没有智慧去适应社会，促进环境的改善与自身的发展？"

近几年任正非多次向干部推荐《揭开战争迷雾》[①]一书，这

[①] 比尔·欧文斯，等.揭开战争迷雾[M].王宵，等，译.北京：解放军出版社，2009.

是一本美军第 6 舰队指挥官比尔·欧文斯等人对 1991 年的"沙漠风暴行动"的反思与复盘的著作，是在战争取得胜利后对美军的系统批判。

8. 学习军队的训战结合

自 2013 年起，华为就开始组建战略预备队。战略预备队采用的不是企业大学的培训模式，而是来自军队的训战结合的赋能模式，其目的是通过组织能力与个人能力的不断迭代，提升组织打胜仗的能力。其核心就是：采用标准化、场景化、案例化的培训模式，课堂集训尽可能贴近实际，还原真实的业务挑战。其特征是：赋能点，翻转学习，场景化，对抗演练，复盘。仗怎么打，兵就怎么练。

2014 年，任正非在华大建设思路汇报会上强调："在现实工作中，我们不主张多考试，因为浪费实战时间。但是在华为大学培训，主张多考试，一个星期至少考三次。培训结束之前，先把你自己的沙盘讲清楚，毕业后带着沙盘回去，一边实践，一边修改，最后看结果。"

2019 年 3 月 9 日，在总干部部务虚会上的讲话中，任正非说："在公司各部门纷纷转入战时状态时，HR（人力资源）要打起背包、捆起绑腿，深入一线，走进战场，在现场帮助解决问题的过程中，训战结合，将模板知识转变为作战主管管理队伍的能力，用实践案例来内化自己的书本知识，边保障边学习，边学习边进步，跟着大部队一起奋勇前进。"

比如，公司面向中高级管理者的高研班，基本定位就是公司的"抗大"，培训内容不仅包括徒步拉练训练，还借鉴西点军校常用的案例讨论，既分享成功经验，也探讨失败教训。除此之外，公司还设置战略预备队班，通过选拔有使命感的高潜质人才参加训战赋能，培养并输出能打胜仗的优秀干部、专家和职员。

任正非常讲，华为干部干三件事："点兵，布阵，请客吃饭。"点兵，就是关注下属，沙场点兵；布阵，就是组织建设；请客吃饭，就是关注客户，吸收别人的能量。后来华为全球化了，请客吃饭有浓重的中国特色，所以就改了一个和国际接轨的词，叫"点兵，布阵，喝咖啡"。这就是后来的"一杯咖啡主义"：请别人喝一杯咖啡，从这个人身上获取正能量，学习别人的知识。

9. 学习军队的精神激励与仪式感

在几乎所有的组织中，军队是最关注精神激励的，原因是军队组织的性质决定了其可使用的物质激励手段极其有限，因此，军队中广泛使用宣誓、表彰、立功、获奖、晋升、晋级等精神激励手段，并形成了一整套行之有效的制度体系。

长期以来，华为非常重视物质激励在人力资源管理中的作用，"让激励更刺激"就是这一人力资源管理理念的体现。但随着员工结构的变化、薪酬水平的提升、员工内在需求的变化和企业外部人才竞争的加剧，物质激励效果衰减的现象开始显现。在此背景下，公司在继续强化物质激励的同时，开始关注精神激励的作用，提出多元化的激励理念，并尝试将精神激励系统化和制度化。这一变化集中体现在 2017 年 11 月公司出台的《华为公司人力资源管理纲要 2.0》中，该纲领性文件特别强调了精神激励的作用："精神文明建设导向持续奋斗，构筑了公司的核心价值观，形成了积极进取、敢于亮剑、百折不挠、集体奋斗的高绩效组织文化。""坚持核心价值观，将公司的愿景使命与员工个人工作动机相结合，这就是集体主义下面的个人主义品德与责任结果是干部选拔的两个基座，在此基座之上的小树们要比生长质量与速度。要构建信任、协作、奋斗的组织氛围，逐步实施以信任为基础的管理，持续激发组织与员工积极创造的精神动力。"

同时提出，"要重塑大公司、中集体、小团队的集体荣誉感，让集体荣誉所带来的团队成就与归属感，构建各级组织内主动协同、集体奋斗的精神基础；要及时对先进人员进行荣誉表彰，让个人荣誉所带来的承认与价值感，形成个体不断追求卓越、持续奋斗的精神动力。要用好、用活荣誉仪式与荣誉信物，通过正向积极、感人至深、催人奋进的荣誉表彰仪式让优秀的组织与个人获得更大的荣耀感，让荣耀感进一步激发出组织与个体更大的责任感，让个体性'一枝先秀'的榜样引导出群体性'百花齐放'的奋进"。

如果看过华为的《向探索者致敬》《华为军团，誓师出征》等有关视频，相信大家都会对其中浓浓的仪式感留下深刻的印象，在此不再赘述。

从学军队的 30 余年历程看，华为在前半段，将重点聚焦于队伍建设、组织氛围建设和企业文化建设，后半段则注重于组织建构与组织流程建设。

10. 学习军队的"考军长"

华为近些年实行的"考军长"，同样也是向军队学习。

为锻炼提高战役筹划指挥能力，2018年6月，我国陆军13个集团军军长依据抽签确定顺序依次接受陆军考核。这是陆军首次针对高级指挥员展开的军事训练等级考评。考评内容紧贴使命任务，坚持问题导向，具有很强的实案化背景。

任正非注意到我国军改过程中"考军长"的举措后，头脑中立即演化出了"思想的云"，其后又演化为公司"管理的雨"，再后来成为华为管理"实践的树"。

任正非针对公司存在的诸多问题，提出向陆军学习考军长的必要性："我们公司的改革明显落后于国家的改革，落后于军队的改革。军改都在考军长了，人力资源的干部有多少人有识别干部、专家、职员的洞察能力，有多少人熟悉主航道的业务，没有这些能力，如何能洞察公司的未来。"

华为人力资源管理部在2018年11月率先启动了"考军长"的试点工作，通过两个多月的19次尝试，逐步形成了针对中高级人力资源管理人员的"考军长"方法与经验。

2019年1月4日，公司下发了题为《关于在公司人力资源体系逐步实施全员"考军长"的工作要求》的文件。

2019年3月9日，在总干部部务虚会上的讲话中，任正非说："当前公司组织层次太多，管理太复杂，作战人员太少，非作战人员比例过大，实行一定的精兵简政是必需的……先从你们自己办公室淘汰几个，淘汰到自己胆战心惊……改革先从自己革命起，如果 HR 自己不革命，就不要去革别人的命……HR 队伍更要有战斗力，这不是口号，是实操。我认为，每一个 HR 都要上战场去开几'炮'，打不准就下岗……我们很多 HR 还没有深入过基层团队，基本没去过作战现场，工作重心还偏高，对于炮声听不见，对于问题看不见，这样怎么能洞察需求，帮助部门主管去解决？"

"我们的目标是胜利，要有优秀的干部队伍，如果干部队伍不优秀是一定会被打垮的。干部队伍的整改若没有达到目标，就不能保证业务部门的整改达到目标，那么我们就可能满盘皆输。有人说我们战斗到最后一滴血，那是苍白的，是没有用的，唯有胜利才是真正有说服力的。为了胜利，只有激发这个队伍。"

在 2019 年 3 月 9 日的这个讲话中，任正非对"考军长"予以充分肯定："公司 30 年来是成功的，人力资源功不可没，现在在'考军长'，进行自身组织改革也是很好的。"

"考军长"的目的就是逼着各位干部学习，这就是"化云为雨"和"化雨为树"的过程。任正非能把握到外界其他组织这些优秀的经典案例，然后吸纳进来，在公司中实践，这就是一个典型的对标过程。

为什么要"考军长"？一是基于所发现的内部差距。干部通过自我批判等照镜子的机制，在干部真正内心接受、真正客观实施、真正起到实效前，形成一种督促自我改进的组织化机制。二是基于外部洞察。陆军"考军长"是提升军队指挥作战能力的手段，公司"考军长"就是要检验个人贡献与能力，是消除平庸惰怠的一种重要方法。

"考军长"就是要解决公司、干部、员工三个层面的问题。在公司层面，当时实行的主要是自上而下的干部评价方式（任职资格除外），缺乏上下游、周边同僚、下属团队的声音反馈，"考军长"可以帮助组织全方位认识干部的长短板，用人所长。在干部层面，当时干部改进反馈机制还依赖绩效管理，它需要一个平台来讨论和认识自身的长短板、岗位匹配的情况，发现工作误区和能力盲区，激发自我改进的能动性。在员工层面，当时缺乏足够的透明和双向反馈交流，员工在工作中的意见和建议希望被公司倾听、考虑和采纳，有归属感和认同感。

如何组织"考军长"？华为的"考军长"程序包括：

考前准备。包括确定评委资源池、围观范围管理[①]、"考军长"命题及合议维度、形成周边访谈报告、提前针对性收集问题、现场保障及检查六个环节。

考中实施。包括"军长"陈述、评委线上提问、评估组合议三个环节。

---

① 围观是指"考军长"过程中邀请高层管理者及市场一线和上下游周边部门管理者现场观摩。围观范围管理是指围观公告通知、围观话题确定和考试主题确定等活动。

考后闭环。包括输出合议报告、完成与"军长"点对点沟通、"军长"制订自我改进计划、发布"考军长"简报四个环节。

华为的"考军长"比军队的"考军长"更系统，考虑的细节更多，所使用的工具、模板、资料更丰富，可以称得上是学习标杆而超越标杆的一个经典案例。

对标管理是华为式学习的最重要方法

组织要进化，人要进化，那么怎么进化呢？要靠学习。每个企业都有一个改进和持续向优秀、卓越发展的过程，这个过程要依靠自身的内驱力，这又包括自我批判和持续学习两个方面。

对标管理（Benchmark）是组织优化的捷径，也是华为式学习的最重要方法。

在 20 世纪的管理实践中，对标管理是一种非常流行的管理方法，它与企业再造、战略联盟并称为 20 世纪 90 年代的三大管理方法。Benchmark 是标杆、基准的意思。Benchmarking 即基准化，就是在组织中不断学习与应用最佳标杆实践进行变革的过程。对标管理也叫标杆管理，它的核心是学先进，从而使自己更先进，或者使自己变得先进。但它是一套系统方法，绝对不是听闻某个公司做什么，我们找点资料、找人讲讲课，就能拿过来的。

对标管理的具体理念，是以最强的竞争企业或者在一个行业中领先的企业,在产品和服务流程方面的绩效及最佳实践为对标的基准,即对标的标杆,作为自己学习和追赶的目标。它是通过资料收集、比较分析、跟踪学习、重新设计并付诸实施,最终建立企业可持续发展的关键业绩标准及绩效改进的最优策略的一套规范化的程序与方法。它有自己一套完整的方法、流程、技术和衡量标准。

学别人可能需要一个系统的理念,比如先僵化、后优化、再固化,同时,也需要一些实用的、经过实践验证的、行之有效的工具和方法。华为这30多年对标过IBM的流程、英国的国家职业资格体系、合益的职位描述与评价和薪酬管理体系、微软的研发管理、谷歌的谷歌军团、丰田的精细生产与合理化建议制度等。

华为还对标过海底捞。2012年年末,公司EMT(经营管理团队)发出倡议文件,就是向海底捞和顺丰学习,要求华为所有员工用一次顺丰,吃一次海底捞,感受它们的服务。可见,对标也可以跨行业。

华为还与学校对标。2019年,任正非在多个场合谈话或接受采访时谈到衡水中学,并称之为"伟大的衡水中学",他要求华为对标衡水中学。"我们华为大学在上课前经常播放衡水中学的早操视频……大家知道中国的教育制度和教育方法是很难改变的,衡水中学也认为改变不了,但是他们改变了适应这种外部环境的取胜方法。我们向这个学校学习什么呢?我们也改变不了世界,改变不了外部环境,那么我们只能改变在这种环境中取得胜利的方法。我们学习衡水中学的是,不改变外部环境,在这个环境中能胜出。"

华为还对标社会组织、对标企业、人物、动物甚至植物。比如，任正非在2017年有一篇知名的文章——《从汶川特大地震一片瓦砾中，一座百年前建的教堂不倒所想到的》，他想到的就是华为员工怎么构筑自己百年不倒的教堂。

在梳理研究资料的过程中，笔者发现华为对标最多的还是古今中外的军队。需要说明的是，军队只是任正非与华为对标的对象之一，或者是重要的对标对象，华为并非完全依照军队的模式进行管理，因为作为商业组织的华为，毕竟与军队在组织目标、运营管理方式和内在机制等诸多方面存在差异。

有人把华为的管理体系概括为"军事化管理"，这是明显的误读，是把华为对标军队管理、吸纳军队管理实践所构建的企业管理体系，进行以点概面、以偏概全的解读，是简单粗暴的做法。还有人因为华为的创始人为军人出身，就将华为的管理风格概括为"军事化管理风格"，这也经不起推敲，因为两者之间缺乏内在逻辑。

至于任正非善用军队语言，他是这样解释的："有时候一些名词不好表述，就借用了一些军队上的词，其实只是名词而已，并不是真正的军事组织。""要解释商业上的行动，没有好的名词来形容，就借用了这些名词。"

自华为成立以来，军队一直是其学习与对标的对象。华为向军队学习，学得很执着、很认真、很具体、很用力，也很有成效。

华为的成功是常识的胜利

华为能用 26 年的时间在世界通信业三分天下的形势中占有一席之地，用 28 年的时间成为世界通信制造业的第一，是什么支撑了它的成功？

按照我们当下的思维，一个人的成功、一个企业的成功肯定有秘密。经常有人扒出来很多所谓华为的黑料，诸如政府补助、军队背景、加班文化、狼性文化等，就是这种思维的体现。凡事找秘密，凡人看背景，都是思维惰怠的表现。过去我也觉得华为可能会有不可告人的秘密，要不为什么能做得这么成功？但是随着研究的深入，我并没有找到想要的秘密。

如果华为没有秘密，那华为有什么？

华为所拥有的是两个字：常识。即对常识的探索，对常识的敬畏，对常识的遵从，对常识的坚守。

华为的历史是探索和运用常识的历史，是常识在塑造着华为，所以华为的成功是常识的胜利。

常识是可信赖的，常识不需要验证，但敬畏和坚守常识又是痛苦和困难的。常识性错误是企业犯得最多的错误之一。

在《华为没有秘密（珍藏版）》的封底上有这么一句话，笔者认为用在此处恰如其分：企业成长不需要秘密，要的是探索、敬畏、遵从和坚守常识。

以客户为中心

以客户为中心，就是永远做乙方，永远敬畏客户，真正做到"客户虐我千万遍，我待客户如初恋"。

2002年在技术支援部一季度例会上，任正非就指出："公司唯有一条道路能生存下来，就是客户的价值最大化。有的公司是为股东服务，股东利益最大化，这其实是错的，看看美国，很多公司的崩溃说明这一口号未必就是对的；还有人提出员工利益最大化，但现在日本公司已经有好多年没有涨工资了。因此我们要为客户利益最大化奋斗，质量好、服务好、价格最低，那么客户利益就最大化了，客户利益大了，他有多的钱就会再买公司的设备，我们也就活下来了。"

2005年5月，华为提出了新的战略：

- 为客户服务是华为存在的唯一理由，客户需求是华为发展的原动力；
- 质量好、服务好、运作成本低，优先满足客户需求，提升客户竞争力和赢利能力；

- 持续管理变革，实现高效的流程化运作，确保端到端的优质交付；
- 与友商共同发展，既是竞争对手，也是合作伙伴，共同创造良好的生存空间，共享价值链的利益。

《华为人》报发表过一篇题目为《为客户服务是华为存在的唯一理由》的文章，任正非在审稿的时候，在"理由"二字前面加了个"唯一"。任正非无数次地用"唯一""只能"这样的词语反复定义华为"以客户为中心"的价值主张，极致到华为这个肌体的每一个细胞都"客户化"了，人、组织结构、业务流程、研发、产品、文化等都被注入了生命——面向客户而生。

以客户满意度作为衡量一切工作的准绳，是华为所有部门，包括公司高层也要被考核评价的一个关键指标。现在，很多企业还在做员工满意度调查，看员工是否满意。从理论上讲，客户满意度与员工满意度并不矛盾，员工满意了，才能提供高质量的产品和服务，从而使客户满意。但在现实中，人们忽略了一个基本的事实，人是有惰性的，人有积极向上、向善的一面，同时也有不思进取、安于现状、不劳而获的一面；人既可能是一个高效的奋斗者，也存在惰怠的可能。因此，从这个角度讲，客户满意度与员工满意度可能存在着驱动关系，也可能存在着此消彼长的关系。

为了保证客户满意度，华为从来不会做员工满意度调查。为了保证客户满意度调查的客观公正，华为委托盖洛普公司为自己做客户满意度调查，任何华为人不可以参与。从选取样本到数据运转，盖洛普每一个季度都反馈给华为一份客户满意度报告。

以客户为中心的战略，朴素至极，但华为把它做到了极致。

2011年"3·11"日本地震（也被称为"东日本大地震"），大家都往外跑，而在东京的华为人则往中心走，用现在的话说就是"最美逆行者"。当时，余震不断，还有核辐射，代表处代表给任正非打电话，不敢说撤，问："我们怎么办？"

任正非问："这个世界上你能不能再找一个地方供1.1亿人口生存？日本人都没地可逃，你凭什么逃？"

华为在第一时间恢复了设备的正常运转。

过去日本人对华为缺乏认可与信任，从那次大地震以后，日本人被感动了，认为中国企业是值得信任的。

在2018年孟晚舟被扣押之后，华为日本代表处大手町办公室收到了东京都内一名普通市民的来信，信中就孟晚舟无故被扣一事，向华为公司和员工进行声援。信中写道：

世界上每天都在发生各种各样的事情，但对住在日本的我来说，以前从未想过要通过写信的方式来表达自己的心情。可是这次孟女士的事件，对我来说绝不是一件可以袖手旁观的事情。为什么这么说？或许日本国内并没有太多的人知道，但我的一位住在宫城县的朋友告诉过我，2011年东日本大地震时，其他公司都在撤退、逃离，只有华为，在危险还没有消除的情况下，毅然进入灾区，抓紧抢修被地震损坏的通信设施。对华为这样一个能在那样困难的情况下为我们伸出援手的公司，无论有什么理由，这种不采取任何措施就直接动用国家力量单方面进行排除的做法，都是背离做人常理的，让人感到非常悲哀、难受。作为一个日本人，我感到羞愧。

再看一个案例。

2016年华为发布处罚文件《对重要客户接待事故的问责决定》，大意是华为接待了一批重要客户，会议中心的人发现会议室温度偏高，然后向行政服务部深圳物业中心求助，希望调一下空调温度，物业人员折腾了一个小时才把温度调好，而且调好之后也没确认，结果温度太凉，导致客户主宾生病。

客户待了仅仅一下午，怎么就生病了？或许也没有生病，可能是因为室温低，打了几个喷嚏。文件的最后写道："这件事暴露了管理不到位，没做到以客户为中心，决定对相关人员予以撤职。"就因为几个喷嚏，最后把深圳行政服务部部长撤了。

华为的服务员给客户倒水，水温是有标准的，夏天多少摄氏度，冬天多少摄氏度，温度相差不超过一摄氏度。因为他们做过实验：多少摄氏度的水最适合人饮用，既不冷又不热。另外，倒水的时间也是有控制的。因为他们通过大数据计算过，人在夏天或者在冬天平均多长时间喝完一杯水。接待客户，他们会了解客户来自哪里，为浙江的客户提供龙井茶，为福建的客户提供乌龙茶，为云南的客户提供普洱茶。接待外国客户，还会研究客户所在国的饮用习惯。

华为始终贯彻以客户为中心的理念，不管是对外部的客户还是对内部的客户，都要做到极致。把端茶送水的服务员打造成一支有理想、有激情而且有能力的队伍，这也是《华为公司人力资源管理纲要2.0》中所讲的："人力资源管理是公司商业成功与持续发展的关键驱动因素。"

真正做到以客户为中心，必须有一支有理想、有激情、有能力的人力资源队伍，这支队伍是靠人力资源管理来实现的，因为人力资源管理能够使公司的机制始终充满活力。

厚积薄发

厚积才能薄发，这是常识！

中国古人讲，"博观而约取，厚积而薄发"。没有厚积，不可能薄发。如果看过华为的成长数据我们就会发现，华为销售收入从100亿元到1000亿元用了9年的时间。很多人讲公司大了，基数就大，增长也会乏力。但是2014年后，华为的销售收入每年增长1000亿元。2019年，华为在被美国连续打压的情况下，依然实现了1000亿元的增长，全球销售收入达到8588亿元。

华为不仅实现了营收增长，最重要的是出现了成长剪刀差。所谓成长剪刀差，是指利润的增长超过了人力资源的增长和销售收入的增长，也就是说利润的增长不再依靠人力资源的大量投入以及销售收入的增长来实现，这是一条内涵式的发展路径，也是任正非所期望的"534"（5个人的活，3个人干，发4个人的工资）状态。很多公司虽有营收增长，但利润并没有增长，甚至会出现营收增长、利润下降的情况，但华为不是，华为的增长是最理想的状况。

2010年，华为首次进入《财富》世界500强名单，排名397位；到2015年，华为仅用了5年时间，就上升到169位；2016年排名129位；2017年排名83位；2018年排名72位；2019年排名61位；2020年排名49位；2021年排名到达44位。华为用了11年的时间，在《财富》世界500强名单上上升了353位。可见，持续的发展与增长是华为的主旋律。

为什么会有这种增长和态势？这就是厚积薄发的能量，过去积累的能量现在展露出来。我们常讲，一分耕耘，一分收获；种瓜得瓜，种豆得豆。华为今天收获的都是过去播下的种子结出的果实。

1998年审议通过的《华为公司基本法》中，有两个坚持"高投入不动摇"：第一个是坚持研发高投入不动摇，第二个是坚持人力资源高投入不动摇。

研发高投入不动摇是在《华为公司基本法》第二十六条中规定的：

第二十六条　顾客价值观的演变趋势引导着我们的产品方向。

我们的产品开发遵循在自主开发的基础上广泛开放合作的原则。在选择研究开发项目时，敢于打破常规，走别人没有走过的路。我们要善于利用有节制的混沌状态，寻求对未知领域研究的突破；要完善竞争性的理性选择程序，确保开发过程的成功。

我们保证按销售额的10%拨付研发经费，有必要且可能时还将加大拨付的比例。

自此，华为就给自己定下了纪律，按销售收入10%提取研发费用。2021年，华为研发投入1247亿元，占销售收入的22.4%，研发投入占营收比例首次超过20%。2022年研发投入1615亿元，占销售收入的25.1%，平均每天的研发投入是4.24亿元，10年累计研发投入9773亿元。到目前为止，华为的研发投入比例只有在2008年金融危机时没有达到10%，其余每年都超过10%。有资料说，华为的研发投入相当于全国所有"985""211"大学的研发投入总和。在2022年中国民营企业研发投入排行榜上，华为一家的研发投入比第2~4位的总和还要多；对比2021年我国各省、自治区、直辖市科研投入排行榜（榜单不含港澳台地区），华为相当于第七的位置，超过了25个省、自治区、直辖市的科研投入。华为2021年的研发投入在世界各企业中排名第二，仅次于谷歌。华为在欧洲专利局2021年度专利授权量排名第一，共申请3544项专利，超越2020年居榜首的韩国三星。现在华为平均每天申请8个专利，这些专利是怎么来的？是持续研发投入的结果。华为在5G技术上的领先，是源于其10年的研发投入，这就叫厚积薄发。

很多人会说这是因为华为有钱，其实华为没钱的时候也投入。华为当年有个口号叫：先生产，后生活。公司赚的钱留一部分继续投入，而任正非和员工却住着农民房。

华为对人力资源的高投入也体现在《华为公司基本法》里：

> 第九条 我们强调人力资本不断增值的目标优先于财务资本增值的目标。

华为很早就明白人才对自己意味着什么。资料显示，华为目前已拥有了大量的科学家，包括700多名数学家、800多名物理学家、120多名化学家、6000多名基础研究专家和6万多名工程师。

重视人才就得给钱。常识告诉我们便宜没好货，好货不便宜，在人才上同样不存在物美价廉一说，在人力资源上的节省，是最大的浪费。任正非认为，钱给多了，不是人才也变成了人才。

华为早期招聘保安，只有三种人能够到华为面试：第一，中央警卫团的退伍战士；第二，国旗班的退伍战士；第三，驻港部队的退伍战士。华为认为，花1万元招一个高手和花5000元招两个一般水平的人根本不是一个概念。

经得起诱惑，耐得住寂寞

水滴石穿，也是常识。

2015年，深圳市政府给华为一块地，并且允许华为做商业开发，华为内部测算了一下，如果开发成商住楼，不用销售，直接卖给华为员工，净利润可达100亿元。华为的建筑力量很强大，设计也没问题，又不用销售，轻轻松松净赚100亿元。在公司最高层会议上讨论时，任正非坚决反对。他总说，华为是一个赚小钱的公司，一个公司一旦赚了大钱，就不愿意赚小钱了。《华为公司基本法》第一条就可见一斑：

> 第一条　华为的追求是在电子信息领域实现顾客的梦想，并依靠点点滴滴、锲而不舍的艰苦追求，使我们成为世界级领先企业。
>
> 为了使华为成为世界一流的设备供应商，我们将永不进入信息服务业。通过无依赖的市场压力传递，使内部机制永远处于激活状态。

在自己认定的路上一条道走到黑，就是华为的坚守、坚持和聚焦。人们常说，水滴石穿。水是可以穿石的，但要有两个条件：第一个条件是坚持，需要经年累月，需要持之以恒；第二个条件是聚焦，只有聚焦一点才能把石头滴穿。这个过程真的很艰难，但是现实也证明，这条路是一条可信赖的道路。中国很多企业出问题都是因为多元化，多元化的表面原因是经不起诱惑、耐不住寂寞，而深层次的原因是难以给自己定纪律来约束自己。

华为为什么要长期坚持艰苦奋斗？就是不着急，就是等得及。坚持长期主义，首先是要长期坚持艰苦奋斗。

过去我们经常讲，不要把所有的鸡蛋放在一只篮子里，因为一旦篮子倒了，鸡蛋就全碎了。领导者一听有道理，就回家放鸡蛋去，最后自己有多少鸡蛋、放到哪儿都搞不清楚，号称是一个集团，结果遍地都是小野鸡。很多企业都是多元化害了它们，主业上赚点钱，不断地抽血，然后搞多元化撒胡椒面，最后主业废了，其他也没做起来，什么都做，什么都做得很平庸。

华为坚守的是另外一句话："把所有的鸡蛋放在一只篮子里，然后看好它。"篮子照样不倒，鸡蛋照样不碎。

这个世界上能管住自己的只有自己，这就是自律。自律比他律更可信赖，自律比他律也更难做到。经得起诱惑，耐得住寂寞，才可能成就伟大。

天道酬勤

农民种地，从来不会抱怨，他们坚信一个常识：一分耕耘，一分收获。不种肯定没收获，种了也不一定有收获，但比不种收获的概率要大得多。如果没收获，那是因为天公不作美，但是他们不会因为今年没收获，明年就不种了。

现在很多人都想不劳而获，在这个世界上，不劳而获的是什么？贫穷。天上没馅饼，地上有陷阱。很多人都盯着天空等馅饼，最后掉进了陷阱里。

用龟兔赛跑打个比方，如果乌龟想缩短和兔子的差距，没有别的办法，只能比兔子多爬点，持之以恒。

爱因斯坦曾说："那些成功主义者，都是业余主义者。"人和人的差别是由业余时间决定的，企业与企业的差别从某种角度上讲，也取决于业余时间。

任正非在内部讲话时说，你想成为科学家，你想成为哲学家，你想成为艺术家，你就不能按点下班，否则你别想当那个"家"。你就是要比别人付出更多。

为什么要奋斗？在华为看来：第一，奋斗是人类的普适价值观，也当然是任何组织的普适价值观；第二，有梦的组织与个人必须奋斗，梦想是奋斗的动力来源；第三，奋斗是任何个人或组织改变不满意现状的唯一途径；第四，奋斗是个人改变生活方式和生活状态，体现个人价值，突破原生社会阶层地位的可靠途径；第五，奋斗是在竞争环境中，组织和个人不甘平庸、脱颖而出的有效途径；第六，奋斗能够实现组织与个人价值的统一，实现个人价值与组织价值的最大化和长期均衡。

"以奋斗者为本"是华为"力出一孔"和"利出一孔"的根基，是实现价值评价与价值分配的核心导向。正如任正非所说："如果我们能坚持'力出一孔，利出一孔'，'下一个倒下的就不会是华为'，如果我们发散了'力出一孔，利出一孔'的原则，'下一个倒下的也许可能就是华为'。历史上的大企业，一旦过了拐点，进入下滑通道，很少有回头重整成功的。我们不甘倒下，那么我们就要克己复礼，团结一心，努力奋斗。"（任正非，《力出一孔，利出一孔》，2012年，此文也是任正非的2013年新年献词。）

华为并不仅仅鼓励员工奋斗，同时还依靠制度与机制，保证让奋斗者获得回报。

《华为公司基本法》第五条这样写道：

> 第五条　华为主张在顾客、员工与合作者之间结成利益共同体。努力探索按生产要素分配的内部动力机制。我们绝不让雷锋吃亏，奉献者定当得到合理的回报。

"以奋斗者为本"包含两方面的含义：其一，在精神层面提倡艰苦奋斗；其二，在物质层面保证奋斗者得到合理的回报。只有保证奋斗者不吃亏，才会有更多的奋斗者持续奋斗，才能保证艰苦奋斗精神的生生不息。

奋斗者就是火车头，企业必须给火车头加满油。所有的利益都来自公司的发展，公司发展在员工收入上有直接的体现。员工和企业之间需要建立一种信任，这种信任就是"我好好干，公司不会让我吃亏"。想培养狼性的团队，却整天喂它吃草，狼也会变成羊。现在很多企业单单要求员工奋斗，但是没有做到让奋斗者不吃亏。不给奋斗者加油，不给火车头加油，还想让他们拉车，不可能。

华为人力资源管理的核心就在于建立了一个好的"论功行赏"的制度与机制。这个制度由三部分构成：全力创造价值（功）、科学评价价值（论）、合理分配价值（行赏）。任正非认为，华为的胜利是人力资源管理政策的胜利，人力资源管理是公司商业成功和持续发展的关键驱动因素。

我若贪生怕死，何来让你们去艰苦奋斗

上行下效，这也是常识。

中国古语有云："桃李不言，下自成蹊。"企业家在构建优秀企业文化的过程中，至为关键的就是言传身教和以身作则，说到做到。

"上"如何行，行决定效。企业文化的培育与落地的关键在于企业领导的言传身教与以身作则。

任正非到现在还没有专门的司机和专车，他说，我要有专车司机，董事长就得有；董事长有，公司高层、EMT 成员就得有；EMT 有，那些大大小小的管理者也就不平衡了，华为就变成车队了。正是他的以身作则带动了周边的人，而这种润物细无声的力量就是企业文化。反过来，如果企业家不务正业，员工也不可能艰苦奋斗。

2016 年，任正非 72 岁，他在机场排队等候出租车的照片刷屏朋友圈。那是他从北京飞回深圳，飞行时间三个小时，坐经济舱，一个人提行李在大热天排队等候出租车。外界有人认为任正

非是在作秀,其实这是任正非和华为高管的常态。他让干部员工"屁股对着老板,眼睛盯着客户",自己的事情自己办。他当时一年有 200 天在世界各地飞来飞去,在一线员工与客户身边发现并解决问题。

东日本大地震之后,公司高管们冒着核污染、核辐射的风险到日本去看望员工,并告诉员工:公司高层与你们同在。孟晚舟从香港飞日本看望那里的公司员工,飞机上只有两个人。

玻利维亚属高原地区,含氧量比我国西藏还低。2018 年 1 月,任正非利用春节休假的时间跑到玻利维亚,一方面休假,另一方面是看望那里春节回不来的公司员工。任正非在那里讲话承诺:"只要我还飞得动,就会到艰苦地区来看你们,到战乱、瘟疫的地区来陪你们。我若贪生怕死,何来让你们去英勇奋斗?在阿富汗战乱时,我去看望过员工;利比亚开战前两天,我在利比亚。"

这些话振聋发聩,各位企业家不妨以任正非为镜,自我反思、自我批判一下。

如果说华为是一个狼性十足的公司,任正非就是那只头狼,充满朝气。虽然这位老人有颈椎病、高血压、糖尿病等疾病,每天都要吃药,但他不忘奋斗,因为他知道,要让大家奋斗,首先他得奋斗。

任正非首先坚守了华为的核心价值主张,他为华为员工树立了以客户为中心和持续艰苦奋斗的榜样。因此,华为的企业文化方才根深叶茂、生生不息。

关于华为所坚守的常识还有很多，在此不一一列举了，但有一点需要强调，在成长发展、经营管理、组织运营等各方面，华为的所作所为都回归了常识，或者说都有常识来支撑。

现在的管理时尚和管理噱头很多，难免会让人眼花缭乱。人类固有的想走捷径的心理和窥视欲，也难免会让人乱了节奏和心智。不过历史已经无数次证明，显而易见的常识才是我们最应该坚守的，才是在不确定的未来世界通往成功的唯一可靠的路径。

华为的进退：
除了艰苦卓绝的奋斗，还有血性与霸气！

2019年3月13日，华为创始人任正非在华为起诉美国后接受CNN（美国有线电视新闻网）采访。任正非表示，作为世界上最大的电信设备制造商，华为正遭受不公平的对待。

同时，对于美国试图让德国等西方国家禁用华为的事件，任正非表示并不太令人担忧。他说："这个国家不买我们的设备，我们就会卖给另外的国家，我们规模可以缩小一点。因为我们不是上市公司，不在意财务报表跌下来以后会让股票大跌陷入崩溃危机。我们就减少一点人、减少一点开支，照样可以存活下来。"

华为从来没有一帆风顺过，所以华为才在30多年间凝聚了20多万精英，拥有了今天的成就。正是苦难，使它活得粗糙；正是苦难，使它对点滴幸福的感知非常敏感；正是苦难，使它的神经粗糙。苦难不一定带来辉煌，但辉煌常常与苦难相伴。是什么成就了华为？那必然是苦难。

那么，今天的华为面临着又一个危难期，它能否一如既往地艰苦卓绝，又能否以血淋淋的付出换来下一段的辉煌呢？

无数次被抵押的办公楼

人们经常分割历史和未来，但是历史和未来有着永远割不断的联系，时代中的个体走过的路，实际上也预示着它未来的道路。

1997年，华为只有一栋自建的办公楼，这栋楼也只有7层。这栋楼被抵押过无数次，华为没有钱了就把它抵押了。所以是什么成就了华为？我只有一个结论：苦难造就了华为。

曾经有人问任正非，你为什么这么厉害？看什么都看得很清楚，什么都知道，什么都很清楚。任正非给出的答案是：我经历的苦难比你多。就这么简单，苦难造就伟大！

现在的很多年轻人最欠缺的一点就是没有经历过苦难，没有经历过苦难就经不起挫折。经历过苦难的人，抗打击能力要好得多。

华为这30多年，就像乌龟一样。华为从来没有想在一个风口飞起来，也从来没有想长出一双隐形的翅膀飞起来，它一直紧抓大地一步一步艰难爬行。它始终抬起高昂的头，不忘初心，响应内心的呼唤，认清自己的目标，牢记自己的使命。它经得起诱惑，耐得住寂寞，在自己选定的路上坚定不移地爬行。爬着爬着，它缩短了与竞争对手的距离；爬着爬着，它与竞争对手肩并肩了；爬着爬着，它的前面没人了，进入了"无人区"。一个企业、一个人能走多远，取决于速度和时间，速度慢，可以通过时间来弥补。乌龟虽然爬得慢，但它只要比兔子多爬足够的时间，只要不选错路径，照样能够超越前面的兔子。

所以华为不论身处顺境还是逆境，都能不忘初心地砥砺前行，以"高质量地活下去"作为企业的终极目标，以过冬的心态活在春天。

我常用两种植物比喻华为特质的 A 面与 B 面。华为的一个特质，也就是 A 面，就像薇甘菊。薇甘菊是一种外来生物，外来生物要干掉本地生物，必须比本地生物有更强的生命力，否则就没法生存。

薇甘菊有两个特点：一是对生存条件要求极低，拼命扎根吸取大地营养，一个小节一年甚至可以生长 1000 多米；第二个特点是繁殖快，拼命挤进别人的地盘，连大树都会被它绞杀。

华为文化最核心的东西就两个字：血性。血性是骨子里的那种不服输，是雄性激素的那种张扬。

对华为来讲，薇甘菊精神就是它从创立至今那种敢于亮剑的血性，在强敌面前敢于亮剑的勇气与决心。正如任正非所说："我们做产品需要具备薇甘菊这样的能力，要在末端接入层成为霸主。要成为行业的薇甘菊，就必须具备实力，没有实力是做不了霸主的。"

华为早期就是一个"烂公司"，它靠着血性发展到现在，这就是任正非强调的霸气。没有这样的铮铮铁骨，只有好的产品也是无法占领市场的。

做企业需要这样的精神，否则，就永远只能跟在别人后面，难有出头之日。而当冬天来临时，一遇到风吹草动，企业就会不战而溃。一个组织或个人要成事，一是取决于能力，二是取决于态度。能力不够可以通过态度弥补；如果既没能力，又没有血性的态度，就不要想着成事了！

血性实际上就是敢于跟高手对决。做企业就是要有竞争的欲望，要有把竞争对手踩在脚下的征服感和成就感。

老板要有血性，员工也需要有血性。华为成为充满血性的公司，首先是任正非有血性，然后他把这种血性传递给公司员工，使公司员工都认同这种血性，这就是华为最核心的文化。

华为的B面可以用另一种植物来形容，它叫尖毛草。当别的野草在疯狂生长的时候，尖毛草却紧贴地面不动，悄悄将自己的根系最大限度地向下扎，以吸取营养和水分。

华为的成长模式与尖毛草生长的模式是一模一样的：聚焦、坚韧、沉静、内敛。在成长初期，华为稳打基础，积蓄力量，抵制诱惑，聚焦业务发展，以"倒生长"的方式为"正生长"积蓄力量。华为首先关注企业内部管理，致力于提升组织能力，优化组织，搭建平台，梳理流程，构建队伍，构筑文化。当对机会与环境做出准确判断时，公司能够把握机会，顺势而为。这时，企业终于从"倒生长"模式开始向"正生长"转化，开始释放能量，实现迅速生长。这就是任正非所说的横向扩张，纵向发力；向下扎到根，向上捅破天。

1996年制定的《华为公司基本法》，已经对这一成长模式做了明确的提炼：

第二十二条 我们的经营模式是，抓住机遇，靠研究开发的高投入获得产品技术和性能价格比的领先优势，通过大规模的席卷式的市场营销，在最短的时间里形成正反馈的良性循环，充分获取"机会窗"的超额利润。不断优化成熟产品，驾驭市场上的价格竞争，扩大和巩固在战略市场上的主导地位。

如果说薇甘菊是华为的经营，尖毛草就是华为的管理，一个企业要实现经营和管理的均衡，就要实现 A 面敢于亮剑的血性与 B 面厚积薄发的理性的均衡。

把"喜羊羊"变成"大灰狼"

华为从来没有说过自己的文化是狼性文化，狼性文化是外界对华为的概括，但华为一直提倡狼性精神。

狼性有三个正能量：第一，敏锐的嗅觉。在草原上，狼可以闻到三千米之外的味道。华为的敏锐嗅觉靠什么？可以和华为的"以客户为中心"联系在一起，也就是任正非在公司内部讲的，华为提拔干部最基本的标准，就是坚决提拔那些"眼睛盯着客户，屁股对着老板"的干部，坚决淘汰那些"眼睛盯着老板，屁股对着客户"的干部。第二，强烈的进攻欲与能力。一旦闻到猎物的味道，狼就会本能地扑上去。什么叫本能？就是不请示、不汇报、不开会、不讨论、不纠结。第三，群体奋斗。不是一只狼扑上去，而是一群狼扑上去。

华为的基因是否会变异？"大灰狼"是否会变成"喜羊羊"？随着更多"喜羊羊"加入公司，华为基因是否会被稀释、遗忘、背叛？如是，华为也同样没有未来。把"大灰狼"变成"喜羊羊"太容易了，但是把"喜羊羊"变成"大灰狼"太难了，有阻力，不符合人性，这是对华为人力资源管理提出的巨大挑战。

但是，从今天来看华为这30余年的文化，有一点特别重要，就是头狼不老。任正非已经到了古稀之年，而且各种疾病缠身，在这样的身体状态下，他一年却有200多天在市场上奔波。

正因为如此，我经常对企业家说要学会自我批评、自我反省，而不能一味地指责下属。企业家要扪心自问，我是否为干部和员工做出了榜样？任正非70多岁的时候在做什么？有多少老人70多岁了还能像他那样？所谓"先天下之忧而忧，后天下之乐而乐"，这也是企业家精神，而促使任正非始终保持活力的正是他的信念与企业家精神。

"分赃分得好"才能有狼性

培养狼性的目的是让狼去抢猎物，而狼性的培养不能圈养，必须在其抢完肉后给它肉吃。让狼吃草，狼性就会衰减，最终变成"喜羊羊"。

华为这30多年成长与发展的关键驱动力是什么？可能不是任正非，肯定也不是加班或者狼性营销，而是人力资源管理。正如《华为公司人力资源管理纲要2.0》中所揭示的："人力资源管理是公司商业成功与持续发展的关键驱动因素。"

人力资源管理就是把每个人的潜力挖掘出来，持续地提高个人效率和组织效率，形成价值创造、价值评价与价值分配的良性循环：给干得好的多发，这叫激励；给干得一般的人合理的报酬，这叫回报；给干得不好的人少发，这叫约束或负激励。干得好的人拿得多，拿得少的人就会眼红。你想拿得多吗？创造价值，下一次你也会拿得多，这就是华为的内在驱动力。这是基于人性的，是基于人的欲望的。具体来讲，就是华为的驱动要素让奋斗者不吃亏，让贡献者不吃亏，让雷锋不吃亏。同时，绝不让小人得志。小人得志，大家都会去当小人；好人不吃亏，大家都去做好人，做好人才能得到好处，这样就会形成一个正向循环，形成一种氛围。

华为人并没有超高的颜值，也没有多么光鲜的外表，但他们聪明、年轻、勤奋。华为能做的就是把他们团结在一起，开发他们的潜力，实现他们的价值，让平凡的人也能得到机会，让平凡的人做出不平凡的业绩，既成就客户，也成就公司，同时还成就员工。

华为的人力资源管理与组织活力

2017年11月21日，华为常务董事会审议修订的《华为公司人力资源管理纲要2.0》中，提出两个重要的命题：第一，人力资源管理是公司商业成功与持续发展的关键驱动因素；第二，人力资源管理的价值贡献就是让组织始终充满活力。

任正非在公司内部反复强调，企业成功的两个关键：一是方向大致正确，二是组织充满活力。任正非同时强调，华为的胜利也是人力资源管理政策的胜利。由管理架构、流程和信息技术支撑的管理体系与对人的管理和激励机制是华为的两大财富。

那么，华为是如何通过人力资源管理来保持组织活力，从而驱动公司取得商业成功与持续发展的？

坚守常识，坚守核心价值体系

未来华为能走多远，取决于三点：

第一，要形成一个坚强有力的核心集团，但这个核心集团要听得进批评，不能腐败，不能有山头主义，不能懈怠。

第二，要有严格、有序的制度和规则，这套制度与规则是进取的。什么叫规则？就是确定性，以确定性应对不确定性，用规则约束发展的边界。信仰与坚守规则和制度，让规则与制度守望公司，是任正非一直坚持的管理价值观。1997年之后，任正非做的事就是把"任正非的华为"变成了"华为的任正非"。任正非接受采访的时候曾说，他想喝一瓶可乐都要经过公司流程审批。

让规则和制度守望华为，而不是让一个年近80岁的老人来守望华为。当然这套规则和制度是任正非领导建立起来的，他打造了一只铁笼子，把自己的权力关到笼子里。但这只铁笼子不是为了把人控制住，不是封闭的，而是服务于公司扩张和发展的。未来是不确定的，外部也是不确定的，所以我们要用内部的确定性、内部机制的活力应对外部的不确定性，用过程的确定性来应对结果的不确定性，用现在的确定性来应对未来的不确定性。在华为，规则和制度高于一切。

第三，要拥有一个庞大的、勤劳勇敢的奋斗群体，这个群体的特征是善于学习。华为的人才队伍是一个"善于学习的奋斗的群体"。2021年，华为员工接受线上培训人均400个小时，不长能力、不长本事才怪。所以管理者要多读点书，要善于学习。很多管理者不读书，想通过看微博、看微信、看朋友圈长本事，天下没有这样的捷径。

有了这三点，华为不想胜利都不行。华为不想成为世界第一，但是不得不走在成为世界第一的道路上。实际上这就是依靠组织活力和方向的大致正确，让人力资源队伍的能力整体提升。

华为所做的努力就是让自己不要成为下一个倒下的企业。如果这些人回到深圳总部，洗净身上的泥污，西装革履地在华为大学漂亮的草坪上晒着太阳、喝着咖啡、欣赏着美景，那下一个倒下的肯定是华为。

2013年，华为的宣传语是"华为坚持什么精神？努力向李小文学习"。在大机会时代，千万不要犯机会主义错误，而要开放，开放，再开放。2013年，互联网巨头都在高喊互联网精神、互联网思维，有人写了万字长文，讲华为的衰退是必然的，因为华为没有互联网精神和互联网思维，华为已经被这个时代淘汰。任正非当年就是通过这句宣传语来表明华为的坚持。

对于当年的批评和争议，任正非讲了五个"不要"：

（1）不要羡慕别人的风光，不要那么互联网冲动。有互联网冲动的员工，应该踏踏实实地用互联网的方式，优化内部供应交易的电子化，提高效率，及时、准确地运行。

（2）不要去炒作互联网精神，应踏踏实实地去夯实基础平台，让端到端的实施过程透明化，以免误导青年员工。

（3）不要动不动就使用社会时髦语言"颠覆"，不要妄谈颠覆性，谁要颠覆这个世界，那最后他自己就灭亡了。

（4）不能盲目创新，分散了公司的投资与力量。非主航道的业务，还是要认真地向成功的公司学习，坚持稳定可靠地运行，保持合理有效、尽可能简单的管理体系。要防止盲目创新。四面八方都喊响创新，就是我们的葬歌。

（5）不要纠结，不要攀附，坚信自己的价值观，坚持合理的发展，别隔山羡慕那山的花。总之，华为是不是互联网公司并不重要，华为的精神是不是互联网精神也不重要，这种精神能否使我们活下去才是最重要的。

同时，华为也要有坚守，那么坚守的是什么？

（1）既要坚持已有优势不动摇，还要继续前进，这就是"宝马"；积极关注"特斯拉"，学习"特斯拉"的优势所在，我们积极看待世界发生的变化，一旦出现战略性机会点，千军万马压上去。

（2）还是要延续性创新，继续发挥好自己的优势。小公司容易进行颠覆性创新，但大公司不要轻言颠覆性创新。

（3）要持续走向开放，只有开放才能获得战略机会点，占据了战略机会点，谁都会支持你，没有战略机会点，就无路可走。

（4）要通过自我否定，使用自我批判的工具，勇敢地去拥抱颠覆性创新，在充分发挥存量资产作用的基础上，也不要怕颠覆性创新砸了金饭碗。

（5）要坚守乌龟精神。乌龟精神被寓言赋予了持续努力的意义，华为的这种乌龟精神不能变，任正非也借用这种精神来说明华为人奋斗的理性。我们不需要热血沸腾，因为它不能点燃为基站供电，我们需要的是热烈而镇定的情绪，紧张而有秩序的工作，一切要以创造价值为基础。

组织充满活力，就是持续保持的奋斗精神

组织如何才能充满活力？当年带领共产党人从西柏坡迁往北京的时候，毛泽东提出了"两个务必"：第一，务必保持谦虚、谨慎、不骄、不躁的作风，骄就是傲慢，躁就是着急；第二，务必保持艰苦奋斗的作风。共产党人之所以能够保持先进性，就是因为一直以来的优良作风。红军长征，没工资、没奖金、没福利、没保险，甚至要献出生命，凭的正是这种优良作风。

组织活力的核心就是长期坚持艰苦奋斗，以奋斗者为本，保持开放，防止熵增，保持熵减。

如何让组织充满活力？第一，建立一支能打胜仗的人力资源队伍。第二，永葆这支队伍的创业精神，避免惰怠。创业时期，大家一无所有，但能不顾一切，正是有这种精神才能把企业做大。但很多企业做大后就开始出问题。创业的时候大家眼睛都盯着外面、盯着机会，等公司有钱了，大家都盯着公司，觉得公司亏待了自己。

曾有句话形容的就是这种现象：假装很忙，混在公司；上午《甄嬛传》，下午《纸牌屋》，甚至处于"精神离职"状态，人还在，心已远。长此以往，组织的战斗力会慢慢下降，组织的病魔也会开始迅速扩散，最后"眼见他起高楼，眼见他宴宾客，眼见他楼塌了"。

华为能够通过熵减，一直保持创业精神。比如，美国的打压反而激发了华为的斗志。孟晚舟在2019年给所有华为人的信中

说:"堡垒容易从内部击破,也会因为外部的压力而变强,前提是堡垒始终在。而华为就是这样的因为外界压力而不断增强的堡垒。"所以华为感谢美国的打压,让华为人更团结。从人力资源管理的角度讲,只要这支队伍还在,还能保持队形不乱,就没有过不去的难关。企业需要这样的骨气、血性和狼性。

总而言之,华为的文化是以奋斗者为本。华为是一个坚决反对以人为本的公司。华为公司所有的制度、政策都是以奋斗来定位的,不能奋斗者就不是华为人,是要被淘汰的。

保持熵减,抑制熵增

华为警惕熵增,是因为华为深知一个公司发展到一定程度后就会出现问题。人的懈怠和公司内部面对的挑战积累起来,就会出现熵增。熵增过程其实就是一个自发的、由有序向无序发展的过程。中国历朝历代能持续200年的朝代只有4个,平均每个朝代也就十几年时间。秦始皇统一六国,气吞山河,天下无敌,建立了一个辉煌的帝国,但也二世而亡。很多企业实际上都出现过这些问题。据说民营企业的平均寿命现在仅为2.5年,就是因为没有解决组织活力的问题。

怎么解决熵增的问题?答案就是通过熵减,使组织始终处于活力状态。华为以耗散结构为基础,打造华为活力引擎模型。远离平衡、开放性、非线性是耗散结构的三个特征,具体而言就是:第一,厚积薄发。华为通过企业的厚积薄发、人力资源的水泵实现远离平衡的耗散结构特性，使企业逆向做功，让企业从无序混乱转向有序发展。第二，开放。华为通过企业的开放合作和人力资源的开放实现耗散结构的开放性，吐故纳新，吸收宇宙能量，为企业带来有序发展的外来动能。第三，公司活力引擎的核心就是以客户为中心，这也是整个企业发展和管理的核心。

干部是决定因素

从2005年到现在，华为每年在春节前的全公司大会上都有一个重要议程——公司高管宣誓，并且形成《董事会自律宣言》（以下为该《宣言》节选）。

华为承载着历史赋予的伟大使命和全体员工的共同理想。多年来我们共同奉献了最宝贵的青春年华，付出了常人难以承受的长年艰辛，才开创了公司今天的局面。要保持公司持久的蓬勃生机，还要长期艰苦奋斗下去。

我们热爱华为正如热爱自己的生命。为了华为的可持续发展，为了公司的长治久安，我们要警示历史上种种内朽自毁的悲剧，绝不重蹈覆辙。在此，我们郑重宣誓承诺：

1. 正人先正己，以身作则、严于律己，做全体员工的楷模。高级干部的合法收入只能来自华为公司的分红及薪酬，不以下述方式获得其他任何收入：

• 绝对不利用公司赋予我们的职权去影响和干扰公司各

项业务，从中谋取私利，包括但不限于各种采购、销售、合作、外包等，不以任何形式损害公司利益。
- 不在外开设公司、参股、兼职，亲属开设和参股的公司不与华为进行任何形式的关联交易。
- 不贪污，不受贿。高级干部可以帮助自己愿意帮助的人，但只能用自己口袋中的钱，不能用手中的权，公私要分明。

2. 高级干部要正直无私，用人要五湖四海，不拉帮结派。不在自己管辖范围内形成不良作风。

3. 不窃取、不泄露公司商业机密，不侵犯其他公司的商业机密。

4. 绝不接触中国的任何国家机密，以及任何其他国家的任何国家机密。

5. 不私费公报。

6. 高级干部要有自我约束能力，通过自查、自纠、自我批判，每日三省吾身，以此建立干部队伍的自洁机制。

我们是公司的领导核心，是牵引公司前进的发动机。我们要众志成城，万众一心，把所有的力量都聚焦在公司的业务发展上。我们必须廉洁正气、奋发图强、励精图治，带领公司冲过未来征程上的暗礁险滩。我们绝不允许"上梁不正下梁歪"，绝不允许"堡垒从内部攻破"。我们将坚决履行以上承诺，并接受公司监事会和全体员工的监督。

为什么华为公司重视干部的自我约束？如果干部队伍松散了或懈怠了，华为就没有了继续前进的理由。什么叫领导力？彼得·德鲁克讲，领导力的体现就是要有追随者。越是危难时期，越能体现领导力的价值。高层在干什么、想什么，员工都看在眼里。有人说：宣誓有什么用？宣誓是一种文化建设，能够强化使命感与责任感，宣誓反映了这支队伍的活力。管理首先是手艺，其次是实践，最高层次是艺术。干部宣誓是激活干部队伍的必要手段，有利于激发斗志、提升士气。

人力资源管理是华为成功的关键驱动因素

人力资源管理是华为公司商业成功和持续发展的关键驱动因素，也是唯一的驱动因素。《华为公司人力资源管理纲要2.0》将其总结为七个方面：第一，劳动是公司价值创造的主体；第二，导向开放与熵减，持续激发个体创造活力；第三，构筑公司核心价值观底座；第四，形成自我批判的纠正机制；第五，打造价值创造管理循环；第六，激发好"两种驱动力"，即精神动力和物质动力；第七，构建三个创造要素管理体系——干部＋人才＋组织。

华为的管理和机制涉及人力资源的核心问题。关于华为的管理和机制，可以总结为九句话：

第一，以理想主义为旗帜。这个理想主义就是梦想的驱动。除了赚钱，还有更高的东西，这就是理想，是一群人对一个目标的追求。

第二，以实用主义为原则。在商言商，回到商业的基本常识，回到企业的基本面。

第三，以拿来主义为手段。先僵化，后优化，再固化，又简化，是华为管理优化的四部曲。

第四，以文化为纽带。

第五，以制度为核心。

第六，以利益为基础。

第七，用"资本主义"的方式创造价值。

第八，用社会主义的方式分配价值。

第九，力出一孔，利出一孔。

严格自律，奖惩分明

人力资源管理无非两种手段：一种叫激励，即激励人性天使的一面；另一种叫惩罚，即抑制人性魔鬼的一面。外界对华为有一种误解，认为华为钱多，所以敢花钱。华为确实是一个敢花钱的公司，从不吝惜对员工的激励，但华为也是一个敢于惩罚的公司。2018年1月17日，任正非签发文件，惩罚了几个人：他自罚100万元，三个轮值CEO各罚50万元，人力资源管理部总裁罚50万元。事情的背景是，某海外代表处为了业绩排名，虚增合同销售额，存在业务造假行为。公司查出来后，春节前举行了专题自我批判会，主要负责人受到撤职处分，接着任正非又签发了对公司高层承担间接责任的惩罚决定。可以说，华为是一个对自己很狠的公司。很多公司不敢惩罚，总有很多借口，比如"念其初犯""下不为例"，这叫"中国式妥协"。

再比如，华为某国内代表处干部因个人行为不当，并存在违规审批报销和旷工行为，公司对其的惩罚多达14项：

- 严重警告；
- 个人降级1等，薪酬向下调整至新职级中位线；
- 责令退回全部不当所得；
- 按照公司规定赔偿公司损失；
- 免除AT（行政管理团队）成员资格，输送到不合格干部预备队资源池；
- 经虚拟受限股管理机构批准，其持有的虚拟受限股向下调整至新职级对应的长期激励年度指导线，超出部分进行回购；
- 影响饱和配股资格1次；
- 影响TUP①资格1次；
- 冻结其个人职级晋升、涨薪、干部向上任命，冻结期12个月；
- 2019年年度绩效考核结果不高于B；
- 在二级或以上层级业务团队中做检讨；

---

① TUP（time-based unit plan），基于时间的现金性长期激励计划。——编者注

- 缺勤按旷工处理，根据考勤管理规定影响工资、出勤系数、补助、奖金、TUP 收益度等；
- 记入员工个人诚信档案；
- 对其直接主管予以通报批评处分，冻结其个人职级晋升、涨薪、干部向上任命，冻结期 6 个月。

在华为，如果完不成绩效承诺，受到的惩罚很严厉。第一，主管降职或免职。绩效承诺白纸黑字，没有可妥协的余地。第二，副职不能晋升为正职。在华为有一个现象，正职和副职空前团结，因为他们绑在一块，是一个利益整体。第三，该部门全员下一年不能加薪。这就是利出一孔，一荣俱荣，一损俱损。有员工想调出该部门，因为白干一年也不能加薪。针对这种情况，公司还有第四条规定，即从本部门调出的降职使用。所有的路都被堵死了，就剩下一条路——高绩效。

在华为，有个奖叫作"零起飞奖"，在 2013 年年初的颁奖大会上，任正非亲自颁发该奖，获奖者分别是消费者 BG[①] 和企业 BG 的董事长与 CEO。2012 年这两个 BG 把承诺目标定高了，结果到了年底没完成，按华为的规定这得免职或者降职，但是公司 EMT 讨论决定不降职免职，只是免去所有奖金。公司还搞了一个颁奖大会，发的是一个飞机模型，没有奖金。受这两个部门连累，公司的总承诺目标当年也没完成，公司 11 位 EMT 成员有 9

[①] BG（business group），华为的产业经营单元。——编者注

位也是零奖金，其中包括任正非和前任董事长孙亚芳，而当年华为发放的奖金总量约为125.3亿元。

之所以严罚，是因为随着发展，组织会积累一些负能量。华为为此界定了18项腐败行为。

在华为，腐败有两层含义，第一层就是狭义的腐败，第二层是广义的腐败，这18项就是针对广义的腐败，华为称之为"惰怠"。狭义的腐败不是人人可为的，有权利、有资源的才可以腐败，但是这18项广义的"腐败"行为人人可为，不需要权力和资源。华为提倡艰苦奋斗和以奋斗者为本，打击惰怠，就是在做熵减。

任正非认为，不严惩触碰红线的行为就是对那些努力工作员工的惩罚。

构建论功行赏的"分赃机制"

华为最核心的内驱力就是基于价值创造、价值评价与价值分配机制的良性循环，即价值链循环。通过价值链循环实现多劳多得、论功行赏和获取分享。

华为的"分赃机制"由价值创造、价值评价和价值分配三个要素组成，它是一个有内在逻辑的"铁三角"，其核心是实现论功行赏。

价值创造是"功"，在企业就叫作业绩、绩效、效益；价值评价是"论"；"价值分配"是"行赏"。任何一个企业首先要解决的都是创造"功"的问题，发展才是硬道理，要创造更多价值，就要提升能力、持续学习、变革组织、变革流程、提升生产力。经过一个阶段,"功"创造出来以后就要"论"了。华为的理念是"以奋斗者为本",这有一个前提,就是要把奋斗者甄别出来。奋斗者不是自我评价的,是需要制度甄别的。华为的评价体系就是要把目前20多万人的价值创造结果区分出来。这个区分不是依靠领导,而是依靠价值评价体系,否则就会出现一大堆群体性"奴才"。

论功行赏的核心是"论",华为是通过制度化的四大评价体系来论功的,这四大评价体系就是职位评价、劳动态度评价、绩效评价和任职资格评价。这套激励评价体系就是华为的发动机,它能促进全员全力创造价值、科学评价价值,也能合理分配价值。所以任正非也会说"华为分赃分得好""钱给多了,不是人才也变成了人才"。

在价值评价之后,还要与价值分配对接,从而形成一整套的机制体系。华为的价值分配体系有几个重要理念:

其一,价值分配与价值评价结果紧密关联,摒除了年龄、工龄、学历、资历、经历、职称、职务等个人惰性要素作为价值分配的依据;

其二,由"评价分配制"转向"获取分享制";

其三,价值分配要保证充分拉开差距,导向冲锋;

其四,短期激励与长期激励相结合;

其五,物质文明与精神文明相结合;

其六,以奋斗者为本,以"利出一孔"激励"力出一孔",

以"力出一孔"支撑"利出一孔"。

其七，合理确定资本所得与劳动所得的合理界限，向劳动所得倾斜。

机制是成功的，但更重要的是如何落地，需要对机制进行反思，这体现在三个方面。第一，各尽所能。我们要问问自己尽所能了吗？尽了多少？第二，按劳分配。我们做到按劳分配了吗？有多少是按劳分配的？工龄、年龄、学历、职称、职务等是否参与分配？在华为，这些都不参与分配，因为这些要素是惰性要素。第三，多劳多得。多劳能多得吗？有多少是多劳多得的？多劳的人比一般的人多几倍？要量化一下。

司马光讲："治国之要三：曰官人，曰信赏，曰必罚。"唐太宗讲："为国之要，在于进贤、退不肖、赏善罚恶、至公无私。"其实治理一个企业和治理一个国家一样，也要在干部、激励和约束三个要素上下足功夫。

华为在商言"熵"[1]

日益复杂与不确定的外部环境变化，使当前许多大中型企业组织惰性明显，组织活力下降，人均效率降低等问题突出，影响组织的持续创新与发展。多数组织存在普遍管理熵增现象，并且会随企业逐渐发展壮大而越发明显。组织可通过变革与开放双重路径激发组织活力，反向做功，克服熵增，实现熵减，耗散组织冗余负能量，从而延长组织寿命，为组织长期稳定发展提供内部管理路径和实践参考。

热力学定律与熵管理

热力学体系共包含热力学第零定律、第一定律、第二定律和第三定律。其中热力学第二定律由鲁道夫·克劳修斯最早发现，

---

[1] 本文是笔者与中国人民大学公共管理学院组织与人力资源研究所赵宏超博士合作完成的，赵宏超执笔，收入本书后稍有改动。

他在该定律中提出了"熵"的概念，认为自然界的任何时候都是一个高温自动向低温转移的过程，当其处在封闭系统中时，温度会最终达到热平衡，温差消失，无功可做，此时便是熵死状态。由高温向低温转移的过程被称为熵增，是一种自发的增加过程，对于一个不可逆的过程，体系可自发由初态变为末态，但不能由末态变到初态，所以在没有任何外界因素干扰的条件下，不可逆过程的初态与末态不等，即两者之间存在一个只和初态与末态有关但和过程无关的态函数，这就是描述热力学第二定律的"熵"。

"熵"的概念虽来自物理学的热力学第二定律，但不难发现，自然科学与社会科学有时也遵循着同样的发展规律，其对经济学、社会学、管理学等都具有非常深刻的启示。对企业发展而言，企业的生命规律也同样遵循着萌芽、成长、成熟、衰退的过程，亦如春夏秋冬，四季轮回，这是一个由低向高的熵增过程。从企业的内部运作来看，企业的经营规模逐渐壮大，内部的管理难度与日俱增，越来越繁杂的政策制度、流程节点、组织规模积压成疾，管理的协作效率和人均效能逐渐出现熵增与老化；从企业的外部环境来看，科学技术不断更新促使新商业模式层出不穷，外部竞争对手竞争技能与竞争意识的更新进步随时会带来企业从巅峰跌落谷底的骤变。如果企业不能推陈出新、与时俱进，企业终将丧失创造新价值的能力，从而被商业社会的进步发展淘汰。

华为公司在30多年的管理实践探索中成为首个将"熵"引入企业管理实践并成功运用的组织，华为认为，人力资源管理是公司商业成功与持续发展的关键驱动因素，对人力资源管理工作做出了巨大的价值肯定。

什么是耗散结构理论

耗散结构理论最早由比利时俄裔物理化学家伊利亚·普利高津在1969年的一次国际会议上提出。他认为，热力学中关于整个宇宙自发地由有序到无序最终达到平衡死亡状态，与达尔文进化论关于生物从单细胞发展到人的进化过程方向越来越复杂有序之间的矛盾是可以通过耗散结构予以解决的。耗散结构理论认为，一个远离平衡态的开放系统，主要通过与外界交换能量和物质打破平衡态，系统内部张力形成一种非平衡状态下的有序结构，这种结构被称作"耗散结构"，这是一切生物和社会系统的共同特点。有序稳定的平衡结构是一种"死"的结构，它不需要靠与外界进行物质与能量的交换来维持，而有序稳定的耗散结构是一种"活"的结构，它需要不断地推陈出新，与外界进行物质与能量的交换才能使有序持续。耗散结构的核心是开放性与吐故纳新。

普利高津的耗散结构理论开始只被应用到自然科学领域，直到20世纪初期，才逐渐被应用到社会科学领域。国内曾有学者将耗散结构理论引入管理学，提出管理耗散和管理耗散结构。管理耗散是指一个远离平衡状态的复杂组织在不断地与环境进行物质、能量和信息交换的过程中，内部各子系统之间相互作用增加了负熵值，从而使组织有序度大于组织无序度，并形成新的有序结构和新能量。这个耗散的过程是通过组织的内部管理系统自组织系统展开的。回到组织人力资源管理，管理之"熵"是组织中一系列制度在执行过程中有效能量降低、许多无效能量累加产生的低效状态，此现象从热力学角度看是不可逆的。如何应对组织结构中管理效率递减的熵增现象？耗散结构理论成为系统应对组织发展不可逆趋势的重要理论。综上，耗散结构理论指导我们认识组织的耗散必须具备开放与变革两大核心要素，只有这样才能激发组织系统活力，使组织保持动态有序，逆向做功达到负熵成效。

基于耗散理论的组织活力模型

1. 组织活力的三重要素

管理学大师彼得·德鲁克说过："管理的目的在于有效，组织的目标是让每个人有能力从事不平凡的工作，对于组织的考验就是其取得杰出绩效的精神。"组织一片和谐并不意味着组织可以有效抵挡不求有功但求无过的危险状态，德鲁克的经典论述对组织的和谐状态提出挑战。早在20多年前，杰克·韦尔奇就将绩效考核的正态分布曲线称作"活力曲线"，这是管理实践中首次提出关于组织活力和组织活力管理的相关内容。1944年，物理学家薛定谔在其著作《生命是什么》中就试图用热力学、量子力学和化学理论来解释生命的本性，引导人们用物理学、化学的方法去研究生命的本体即生命力，组织的发展活力是来自和依靠人的生命活力维持与前进的。

组织活力命题是基于现代企业人力资源管理实践，并结合热力学定律中的熵与耗散结构理论提出的。组织活力是组织在其特定环境中生存与发展所具备的生命力与行动力。例如，大中型商业组织活力是指其在竞争性的市场经济环境中存活与持续发展的能力，以及组织对外部市场竞争风险与压力的应变能力。社会组织的活力则是指其在满足人民群众社会需要和维系社会安定团结方面的可持续能力。组织活力主要包含组织效益、核心竞争力和人均效能三大要素（见图1-1）。

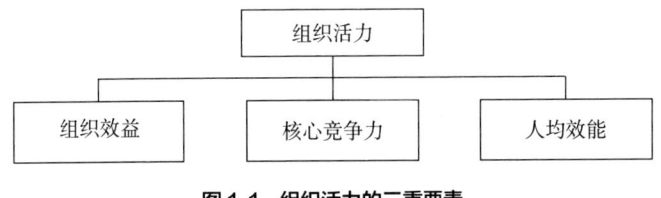

图1-1 组织活力的三重要素

(1) 组织效益

组织效益是指组织置其内外部环境中的成长性，从人力资源管理角度分析，就是组织能否在环境动荡中持续存活与成长。一个没有成长性的公司必然僵化、刻板、毫无生气，这样的组织无法构建起高速运转的商业模式，每个人工作投入的劳动量与最终产出的劳动绩效严重失衡，无法有效实现商业成功。组织效益是组织活力的核心要素。由于企业组织是不同部门主体间为实现同一个组织目标而行动的，因此，组织效益首先成为反映组织成长性和组织活力程度的关键指标。

（2）核心竞争力

核心竞争力直接体现组织活力的高低，业界也始终在思考什么是组织核心竞争力和组织的核心竞争力从何而来的问题。伊迪丝·彭罗斯在1959年出版的《企业成长理论》中将企业的核心竞争力理解为以特定途径、知识和经验来解决问题的优势，这成为企业核心竞争力研究中较具代表性的理论。而后在1984年，沃纳费尔特提出了"资源基础观"，并认为企业本身是一个资源集合体，它是集有形资源与无形资源以及产品和工艺为一体的知识资源。资源基础观是人力资源管理领域的重要基础理论。根据华为公司案例分析得知，核心竞争力是一个组织集所有资源的综合能力体现，组织核心竞争力的优劣直接决定了组织活力的基础，反映组织未来的成长与发展潜力，也就是说，组织的核心竞争力反映了保持组织活力的程度。

（3）人均效能

越来越多的组织开始关注人均效能。换句话说，企业经营利润数字如果落实到个人产出效能上，数据是否可以体现组织的真正实力。人均效能也可以被称为人均劳动效率，是考核商业企业每个职工在一定时期内完成工作量的指标，是活劳动消耗与经营成果的比较。组织活力中的人均效能体现了组织内部人力资源管理水平，是活劳动运转过程中价值呈现的直接方式，是组织活力不可缺少的核心因素。人均效能值的大小可直接反映组织活力的强弱。

2. 基于耗散结构理论的"组织活力模型"解析

熵的引入给了管理学领域重要启示,更多组织深刻意识到熵增现象正日益侵蚀组织生命体的客观现实,而一个远离平衡态的开放系统则为组织管理带来新的组织活力和转化危机的方向,基于耗散结构理论而形成的组织活力模型便是组织管理耗散、保持组织活力的一个系统结构。因此,理想的管理系统应具备线性的非平衡状态和稳定性。任何从长计议的组织都无法避免经历组织体客观规律的演变,为使管理系统能在其存在的时空域内最大限度地避免高数值熵增所导致的无序状态,我们可通过管理系统耗散结构来保持系统熵最小幅度的增长,逆向做功,简化管理系统,保持组织活力,在其可控范围内行之有效地运行。

管理科学不同于其他科学系统。人是区别于技术与信息的特殊存在,是涵盖管理领域的最复杂的应用对象。人力资源管理在管理系统所发挥的作用是公司商业成功与持续发展的关键驱动因素。通过案例分析的研究过程,组织活力模型可以通过开放式的结构模型加以呈现(见图1-2)。

(1) 以组织战略目标为出发点

组织的发展初衷是从组织的战略目标出发的,因此组织活力模型的构建要以组织战略目标为前提。组织战略目标是完成使命和组织宗旨的载体,随着环境、时间和条件的变化不断调整,努力促使组织走向成功,它是开展各项组织活动的依据和动力。组织战略目标是组织的风向标,是指引组织发展方向的

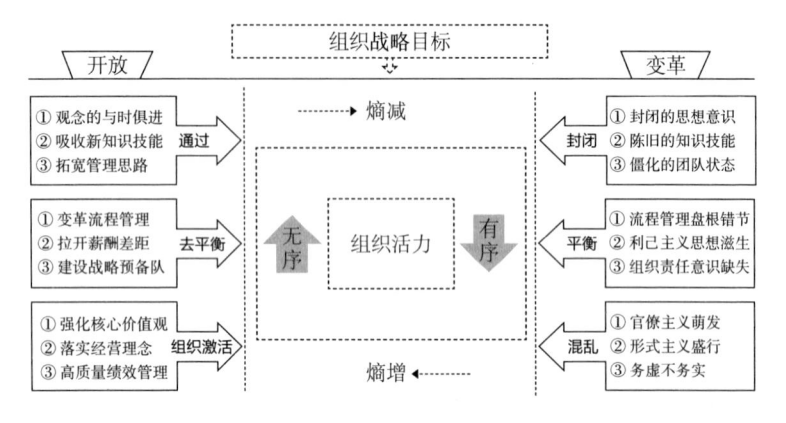

图1-2　组织活力通用模型

基石，所有人力资源管理工作和规划内容都要以组织战略目标为依托。组织活力模型是为保持组织战略目标有效落地而形成的引擎工具，因此，激发组织活力要从组织战略目标出发有的放矢、因地制宜。

（2）组织活力的双重驱动路径

路径之一是无处不在的变革驱动。组织发展的固定周期决定组织内部机构从有序到无序状态的必然性，而组织内部惰怠日积月累的根源，是组织从形成之初到成熟发展阶段而逐渐形成的一系列不可避免的老化现象。如：组织结构壮大、机构臃肿导致责任流失；知识技能陈旧老化使新生代员工没有上升机会；僵化的管理流程让"一刀切"成为惯例；部门间协同困难，决策效率低下；官僚主义、形式主义思想盛行；队伍老龄化并对管理结果逃避担责，论资排辈；等等。通过耗散结构，发现并克服组织内部无处不在的熵增现象，治愈组织顽疾，这些变革的驱动是激发组织活力的必经之路。组织活力除了需要来自目标的牵引，还受利益的驱动，通过耗散结构消除冗余的组织负能量，吐故纳新形成激发组织活力的第一步。

路径之二是开放的正向循环系统。开放的文化孕育开放的思想，打开生态合作空间和业务作战空间，就拥有了未来发展的选择权。正如《黑天鹅》一书作者纳西姆·尼古拉斯·塔勒布所述："在黑天鹅频发的时代，选择权让你具有反脆弱性。热力学定律中的能量守恒系统本质上是一个封闭的系统。"如果组织内部从有序到无序再从无序到有序的循环过程不被任何因素影响，那么组织内部就是围绕着一个闭环系统往复而行的。当系统开始与外界进行物质能量交换时，组织活力便开始逐渐被激发，所以，组织活力系统是耗散并开放的能量系统，为此组织才有机会避免熵死，进入良性发展状态，这是组织活力模型的重要入口。正如任正非所述，一杯咖啡吸收宇宙能量，一桶糨糊黏结全世界，组织不但要开放，更要遵循正向的开放轨迹，这样才能真正达到耗散的目标。思想观念、知识技能、管理思路、流程变革、差异薪酬、队伍建设、文化落地等方面的开放，可以打破组织原有的平衡状态，达到去平衡的组织激活，从而使耗散的开放系统形成正向的循环构建，组织便可以为逆向做功吸取精华与能量，以对抗熵增。

总之，组织活力的核心价值是以激活组织和组织中的人为终极目标的，通过将组织从旧有的无序状态转向新的有序状态作为过程目标，来解决组织发展的活力问题。就像生命体需要定期体检找寻治愈顽疾的解药，组织必须时刻保持充分的活力与激情才能迎接未来一切不确定的竞争变化和内部老化。

华为的探索：保持熵减，抑制熵增

作为全球领先信息与通信技术解决方案供应商，华为公司近年来的发展速度可谓惊人，华为的管理实践一直被视作行业内最领先的管理体系的集大成者。在华为30多年的组织发展过程中不难发现，华为内部管理之所以成为业界的标杆，与其持续稳健的经营管理、开放创新的管理基因息息相关。但正如热力学第二定律所述，任何组织的自然发展都逃不过低温至高温的自然状态，组织成长势必会积蓄更多能量，其中有效能也有冗余的负能，负能的存在会拖垮组织的优秀基因，侵蚀组织的正能量。因此，华为的领军人物任正非将物理学的相关理论和概念引入公司的企业管理，首次对热力学定律在企业组织中的应用进行探索。他认为："人的天性在富裕以后会惰怠的，这种自发的演变趋势现象并不是客观规律，人的主观能动是可以改变它。我们组织的责任就是逆自发演变规律而行动，以利益分配为驱动力，反对惰怠的生成。"在此之前，华为始终保持危机感和坚持自我批判，使组织始终保持在一个相对充满活力的状态下，并不断逆向做功。在具体的实践方面恰如本研究的模型所述，华为内部人力资源管理逐渐构建起激活组织活力的具体措施，并落实到实际的管理过程中，且取得显著成效，成为本土企业人力资源管理实践的标杆。

对于当前华为公司正在面临的内外部经营环境变化，2017年华为公司发布了《华为公司人力资源管理纲要2.0》，这是继《华为公司基本法》后华为人力资源管理的一次里程碑式的总结。在数字革命大背景，以及产业环境更加复杂和不确定的情况下，华为公司再次确定并提出人力资源管理在公司组织管理中的核心价值贡献，即让组织始终充满活力。"人力资源管理要通过实现组织持续的熵减与开放，祛除积弊、焕发活力，保证在业务方向大致正确时高效执行，在业务方向发生偏差时及时纠偏，保障公司在业务上实现持续的商业成功，在适应时代的变迁上实现优先进化。"（摘自《华为公司人力资源管理纲要2.0》）在使组织始终充满活力的转化过程中，华为秉承开放与变革的组织活力双重路径，通过自身独特的实践方式赋予组织远大的抱负与使命，形成面对变化的感知力与影响力，以及应对变化的创造力和整合力。

1. 华为人力资源管理的主要途径及要素

华为的人力资源管理体系坚守开放学习的组织活力路径，坚持自身核心价值观、责任结果导向和自我批判，基于信任和简化流程对差异化业务人群进行差异化管理，从而使人力资源的价值实现形成优化创造的价值管理循环。人才队伍的建设始终是华为组织管理的重要一环，人才只有流动起来才能充满活力，才能有效推动知识技能的创新与提升。人的活力与创造力被激发出来，组织的活力才能持续存在，因此人力资源管理工作成为华为公司商业成功的关键要素，通过全力创造价值、科学评价价值和合理分配价值来实现优化价值创造的管理差异化循环（如图1-3所示）。

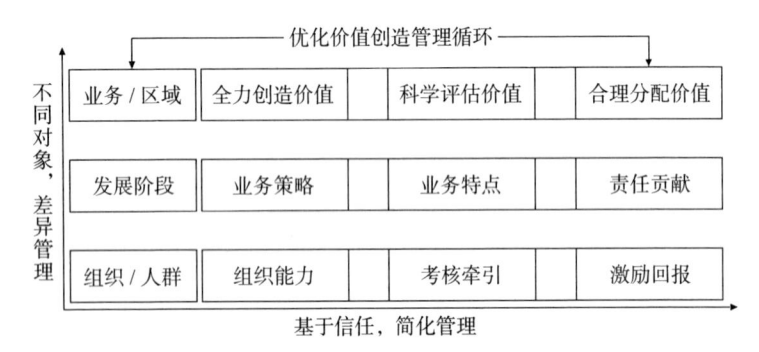

不同对象，差异管理	优化价值创造管理循环			
	业务/区域	全力创造价值	科学评估价值	合理分配价值
	发展阶段	业务策略	业务特点	责任贡献
	组织/人群	组织能力	考核牵引	激励回报

基于信任，简化管理

图1-3 人力资源管理的主要途径

近几年，在华为的内部工作会议中，任正非多次提出关于干部队伍建设和战略预备队的问题，2016年他在《人力资源政策要朝着熵减的方向发展》一文中指出："各部门的循环赋能、干部的循环流动千万不能停，停下来就沉淀了，就不可能适应未来新的作战。预备队方式的旋涡越旋越大，把该卷进来的都激活一下。这种流动有利（于）熵减，使公司不出现超稳态惰性。"他要求公司的高级干部不仅要具备业务洞察力、决定力，还要强调视野、见识和知识。全球能力中心的人才布局，是华为聚集一大批世界级优秀科学家的平台。人才是引领公司前进的关键要素，竞争日益激烈的外部市场对人才的争夺之战也悄然打响。华为在新的历史时期，继续保持以内部选拔培养为主的人才选拔机制，同时也吸纳各国优秀的人才加入，共同构建服务全球的人才体系，在开放、包容、共享的平台中创造有利于组织成长的价值。

(1) 激发好"两种驱动力"

在《华为公司人力资源管理纲要2.0》中，激发好两种驱动力主要是指精神动力和物质动力。精神动力主要是对"核心价值观"的坚持，华为指出，"用公司的愿景和使命去激发员工个人工作动机，以公司的发展提供员工成长的机会，营造信任、协作、奋斗的组织氛围，持续激发组织与员工积极创造的精神动力"，导向奋斗，激发愿景，建立信任，协作共进。物质动力是指"公司坚持'多劳多得'"，优化与完善全产业链价值创造与分享机制，让更多、更优秀的内外部人才参与"公司价值创造中来，让各类人才更愿意、更好地创造更大价值"。对内坚持价值分配优化，对外坚持价值分享，将获取分享制向产业链与生态资源延伸，以更多元与灵活的方式支撑公司业务所需的全球能力布局和与外部优质资源的黏结与整合。

(2) 管理好"三类对象"

干部、人才和组织是华为人力资源管理中要管理好的三类对象。干部的管理要"坚持'从成功实践中选拔干部'，打造'富有高度使命感和责任感，具有战略洞察能力与决断力、战役管控能力，崇尚战斗意志、自我牺牲和求真务实精神'的干部队伍"。人才方面，"坚持'努力奋斗的全球人才是公司价值创造之源'，让外部优才汇聚，内部英才辈出，建设匹配业务、结构合理、专业精神、富有创造活力的人才队伍"。组织方面，"坚持'业务决定组织'，适应不同业务特点、发挥大平台优势，简化组织考核、增强协作牵引,构建聚焦客户、灵活敏捷、协同共进的组织"。通过一系列举措,对公司领袖、主管队伍和干部队伍进行管理机制的固化与落地执行。

(3) 人力资源自身管理

华为公司的人力资源管理一直贴近业务,华为认为,"人力资源管理要来源于业务、服务于业务,构建'以业务为中心、以结果为导向、贴近作战一线、使能业务发展'的人力资源自身体系",在以业务为中心、以结果为导向的过程中,打造出领先的人才要素和优秀的人力资源专业队伍,从而为人才更好地服务。内部人力资源管理体系要贴近一线机动灵活,人力资源自身组织的运作与政策要管控得当,保持充沛活力,服务业务发展。

2. 华为关于组织活力的探索与应用

(1) 业务战略牵引管理变革与发展

华为公司是以通信设备制造起家的,近年来随着业务范围的不断拓展,终端市场也取得了丰厚的成绩。满足客户需求的技术创新和积极响应世界科学进步的不懈探索的两大战略目标,驱动华为公司不断取得进步。华为认为,未来的二三十年中,人类社会将逐渐演变成一个智能社会,这种智能的深度和广度是无法想象的,所以,通过两大战略目标的驱动指引,在变幻莫测的人工智能发展过程中不断提升业务能力要进行内部管理变革(如图1-4所示)。

从1998年开始,华为公司就邀请IBM等多家世界顶级咨询

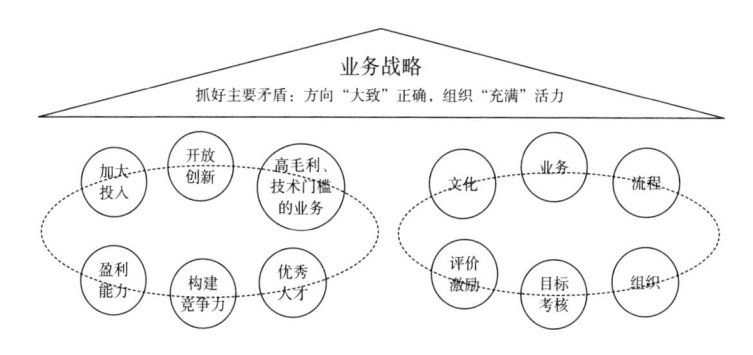

图1-4 业务战略牵引组织变革

公司，对公司的内部管理流程进行全面地梳理与组建，公司先后开展了IT S&P（信息技术策略和计划）、IPD、ISC、IFS（集成财经服务）和CRM（客户关系管理）等管理变革项目，经过十几年的持续努力和坚持，公司在管理过程的变革方面取得了显著成就。以"先僵化，后优化，再固化"的方针为指引，华为已基本建立起一个集中统一的管理平台和较为完整的流程体系，支撑公司取得世界同行业的领先地位。公司在不断发展壮大，但对管理流程的持续变革与优化始终没有停止，所有流程奠定了华为做到行业领先地位的基础，20多万人齐心协力在同一个平台上发力。华为公司的稳定和快速发展是组织长时期逆向做功的正向体现，回到商业原点，变革的目的就是要多产"粮食"和增加"土地肥力"，无法回归到商业原点而出现的流程制度都是组织的熵增现象，需要被简化或清除，需要耗散侵蚀组织活力的多余能量。一方面，将各项业务进行整合管理，革新流程；另一方面，以提升组织效益为目标，使组织始终充满活力。这些举措体现了华为内部的组织变革驱动，体现了人力资源管理的价值最大化，也体现了激活组织活力的管理思想。

(2) 核心价值观的坚守与传承

《华为公司人力资源管理纲要2.0》的制定始终坚持公司的核心价值观——以客户为中心，以奋斗者为本，长期坚持艰苦奋斗。华为认为，公司必须正确地坚持以客户为中心，否则就会以领导为中心，帮派林立，出现熵增；如果不强调艰苦奋斗，公司发展到一定程度大家就开始惰怠，逐渐地又会犯大公司病，所以要时刻警惕旧病复发的可能性。居安思危以坚持自我做功，加强团队内部监督，打破自身平衡舒适的状态，产生张力和思想流动，在反思的过程中去实现自我的提升，实现组织的熵减。华为内部管理者始终以一种过冬的心态在应对当下的组织发展，例如2001年任正非在华为内部工作会议上说："十年来我天天思考的都是失败，对成功视而不见，也没有什么荣誉感、自豪感，而是危机感。也许是这样才存活了十年。我们大家要一起来想，怎样才能活下去，也许才能存活得久一些。"

任何组织的成长经历都无法避免过冬，华为也经历过难熬而漫长的寒冬，只是这样的寒冬对时刻保持危机感的华为而言不会太久。即便在近十年取得巨大成就之后，华为也始终认为成功并不是未来前进过程的可靠导向，前进的路上不会铺满鲜花。任正非深刻认识到华为需要走得更远更久，距离目标还有差距，这种对自我批判的坚持是自上而下影响华为整个组织活力的重要源泉。就像任正非所说："如果一个公司真正强大，就要敢于批评自己，如果是摇摇欲坠的公司根本不敢揭丑……正所谓'惶者生存'，不断有危机感的公司才一定能生存下来。"公司的使命是智能社会的转型、为客户创造价值、为社会做出贡献，员工的目标是为达成组织的使命而进行高质量地工作，公司与员工是紧密连接的有机体。华为公司对员工价值观是否一致也有着很高的要求，不同的工作人员或许有不同的工作动机与要求，但是作为骨干队伍，高级管理者则需要从大的方向上保持高度一致，带领20多万大军忠贞坚守公司的核心价值观，自我做功，努力克服人性的天然弱点，激发团队精气神，导向熵减，从而激发组织活力。

（3）打破平衡，以创新应对不确定性

华为认为，价值评价标准不能模糊，要始终坚持以奋斗者为本，多劳多得，因此"获取分享制"成为公司价值分配的基本理念。通过非物质表彰的方式，激发员工活力，华为在这方面走在很多业内人力资源管理的前列。2016年，任正非《在中亚地区部员工座谈会上的讲话》一文中说道："我们要敢于拉开分配差距，破格提拔贡献者，优秀员工要多拿钱、快速提拔。不拉开差距，优秀苗子就起不来，被压得嗷嗷叫，升不了官，团队士气就低落。铁军都是打出来的，打赢了就快速提拔，士气高涨，战斗力就强。"正是这种敢为天下先的勇气，使得华为的内部人员队伍充满活力与士气，他们打破原有的组织平衡状态，经过几年的去平衡化过程实现了组织的激活。对于不确定性的研究，华为是国内少有的领先企业，其对不确定性与确定性的准确定位与把握，使得管理机制的灵活应变与创新完善更具科学性与实用性。

2015年埃森哲董事长皮埃尔拜访任正非，在二人的会谈中，任正非提出："对不确定性的事情，由精兵组织来应对。对确定性的事情，由平台或共享组织来支持与服务。对不确定性的考核是风险的把握，对确定性的考核是效率与效益。"华为内部将不确定的探索与管理交由思想研究院，通过战略务虚研讨会的方式不断实行多路径的研究探讨与反复验证，并融合多种技术思想、多种人才和多种合作方式，最大限度地搭建管道战略路径，最终甄选确定未来5~10年的主路径。对于确定性的产品研发管理，华为通过改变研发的投资结构，扩大研究和创新的投入比例等措施来实现对平台或共享组织的支持与服务。以创新的内部机制对抗内外部的一切不确定因素历来是华为所坚守的，未来华为要成为具备领导世界能力的全球性大型集团，创新必然是价值创造的重要来源。要管理好机会激励、思想激励，让大家在努力的过程中看到进步的机会。

中华文明孕育了上下五千年的历史，但在历史上存续超过200年的朝代屈指可数；工业文明的兴起让西方大国巨型产业如雨后春笋般诞生，而时至今日又有多少企业活过了"中年危机"仍存活于世？宇宙星空交替更迭，大到星河，小至细胞，一切组织迟早会死去，而我们能做的就是在生命的长河里竭尽所能让组织的存在更健康一点、更长久一点。

华为企业文化的渊源与内在逻辑

在苦难中孕育的企业文化

一家公司所走过的历程，也是企业文化的发育和弘扬过程。华为的成长历程本身就有其文化孕育、弘扬和实践的过程；反之，华为经营管理的实践也是在不断地验证其企业文化。

我们现在所讲的文化都是泛文化，什么都要扯上文化。不要把文化的范围扩得那么大，文化没有那么复杂。我们看看一个企业在成长过程中坚守的一些东西、它的一些主张，它赞成什么、反对什么、追求什么，就能够寻找到它的文化脉络。企业所走过的历程，就是其文化不断积累的过程。

要想知道华为的文化是如何积累下来的，就不得不提到任正非的个人成长经历。他出生于贵州的一个教师家庭，父亲是中学老师，后来成为民族中学的校长，母亲是小学老师，看起来家庭条件不会太差。但贵州以前是一个贫穷而封闭的省份，而且任正非在家中排行老大，下面还有6个弟弟妹妹。人口多，负担重，所以，日子也不免充满艰辛。他小时候吃的盐是矿盐，盐包在一个布袋里，每次做菜，母亲把这个盐袋放进锅里浸一下，食物就有咸味了。曾经有一位记者采访任正非时问：你小时候有没有吃不饱饭的时候？任正非回答说：你应该问我，小时候有没有吃过饱饭。这句话说明了什么呢？从任正非自身的成长经历可以看出两个字：苦难。

华为文化所呈现出来的特色也是苦难的，华为文化就是苦难的文化。华为是吃过苦、倒过霉、摔过跤的一家公司，华为文化是在这个基础上发育出来的文化。

任正非当过兵，在部队做过副团级干部。军队的文化对他的影响是终生的，所以，这也成为华为文化的一个重要来源。当然，我们不能因此而认为华为文化是军队文化，只能说，华为文化中带有一定军队文化的因素。

在部队任职的过程中，任正非出席过党的第十二次全国代表大会和全国科学大会。但是，因为基建工程兵的整建制裁撤，最后他离开了部队，进入了一家国企——南海石油集团，担任下属子公司的部门副经理，手下也有七八个人。1987年，任正非在这个位置上捅了"娄子"，一笔200万元的货款被骗走了。在那个时代，出了这么大的事，在这家单位肯定是干不下去了。他回忆起这段经历的时候说："我不得不离开这家公司。"实事求是地讲，任正非是被公司开除的，而且是背着200万元的负债。

因为这件事，夫人也和他离了婚，而这一年，任正非已经

43岁了。理论上说，多大年龄创业都不能算晚，但43岁的任正非是什么情况？妻离子散，一穷二白，父母年迈，弟弟妹妹需要帮助，任正非被甩到了社会上。在走投无路的情况下，他想到了创业。

1987年9月15日是华为诞生的日子。有人写书说，任正非怀着产业报国之心创立了华为，事实并不是这样，而是他要养家糊口，不得不去创业。那段时间，他的生活太苦了，租的是农民房，买的是便宜菜。所以，每当有人问他创业动机的时候，他都会说，无非是倒霉了，想证明自己而已。为了证明自己，他创立了华为。

华为创立之时，按照深圳市高科技企业的注册规定，注册资本不能低于2万元，员工人数不能少于5人，而任正非当时只有3500元。无奈之下，他只能联合5个出资人，一人出资3500元，凑钱注册公司。后来，这5个人都没有参与公司的经营和管理，在华为初创阶段就撤资了。

注册当年，公司基本上没有什么业务，只有两位员工，就是任正非和他的同学。到1988年，华为又招聘了七八个人。

华为不是含着"金汤匙"长大的，苦难伴随着它的创立，苦难赋予了华为的品格与性格，笔者觉得这是它的文化源头之一。

华为注册在深圳南油集团家属楼的一个三居室里。这里既是办公室、仓库，也是生产车间，还是宿舍。任正非经历的苦难非常多，所以他能够洞察世事，练达文章，比我们这些教授更有智慧。

因为经历了苦难，所以在创业的过程中，在企业经营管理的过程中，遇到什么样的困难与挫折，任正非和他所领导的公司都可以承受。但是，华为的许多年轻干部没有经历过苦难，无法承受挫折，怎么办？华为的办法是，制造苦难，锤炼他们的人生。

2019年7月31日，任正非在CNBG（运营商业务）向CBG（消费者业务）移交"千疮百孔的烂伊尔2飞机"战旗交接仪式上的讲话中（即《钢铁是怎么炼成的》），阐明了华为所历经的苦难及这些苦难对于华为及华为人的价值。

我曾讲过"钢铁是怎么炼成的"，其实在当前的困难时期就是华为公司在炼钢。全体华为员工就像铁矿石一样，要经过烈火的煎熬，去掉渣滓，出来铁水；铁水添加一些矿物质，除掉硫、磷等杂质，变成钢水；钢水变成钢锭，千锤百炼的钢锭再被压轧成钢材。华为的员工又岂止受千锤百炼的折磨？钢材的痛苦只有钢本身才知道，华为员工的痛苦也只有华为员工和家人才知道。因此，我们公司要走向称雄世界，注定是一条坎坷的道路。

华为企业文化的特质

从苦难中走来，到今天，不过短短30多年。是什么让华为能发生这么大的变化呢？如今，大家都在讨论华为的转型成功，但笔者认为，不管是它的文化还是管理，华为一些最基本、最重要的东西一直没变,也是它一直在坚守的。

1. 乌龟精神——厚积薄发

2013年,任正非接受新西兰记者采访,当时记者提问:华为凭什么当老大?凭什么能超越爱立信、诺基亚这些世界级企业,排到世界第一的位置上?任正非认为,华为之所以能超越它们,答案只有4个字,就是"不喝咖啡"。"兔子们"早就出发了,诺基亚、爱立信、北方电讯这些企业更是早已跑了近百年,百年之后华为才站在起跑线上。想要超越"兔子",能有什么办法?似乎是命中注定,兔子生来就速度快,而乌龟永远速度慢。但乌龟并不是无所作为的,它想超越兔子,只有一个选择,就是把"兔子们"跷着二郎腿喝咖啡的时间用在爬行上。所以,笔者一直认为,所谓的"996""007"都是伪命题,除非你不想超越兔子。如果想超越,别无他径,只有在"兔子们"休息的时间里用来爬。华为发展的现实证明了这一点,乌龟一样可以超越兔子,但是没有捷径,不存在什么弯道超越、变道超越或造道超越。企业之间的长跑没有弯道可言,只能凭实力。华为就是这样,从原来的一个小山村慢慢爬到了一些中小城市,再慢慢爬到核心城市,最后爬到了全球,为全世界170多个国家和地区提供服务。

所以,华为最伟大之处在于不着急、等得及。我们很多企业很着急、等不及,老想找风口,老想走捷径,老想多元化,老想一飞冲天。

同时，华为也遇到了一个伟大的时代。有人可能觉得，是时代成就了华为，曾经的中国有200多家通信企业在拼杀，世界上的通信企业更是不胜枚举。但是，如果没有坚持、没有坚守，它们很难都活到今天，因为坚守下去真的很难，因为诱惑太多。有多少人、多少企业是经得起诱惑、耐得住寂寞的？

古人说，博观而约取，厚积而薄发。华为发展的头几年看上去没有多少增长，但是它一直在积蓄能量、积蓄力量，一旦有机会，就可以迅速"薄发"。

华为是怎么做到厚积薄发的？我们看看1998年审议通过的《华为公司基本法》里的一条规定：我们保证按销售额的10%拨付研发经费。这一点，有多少企业能做到？这是华为在1996年给自己定的纪律。资料显示，截至目前，华为只有2008年金融危机那一年的研发投入低于这个标准，其他年份都坚持了下来，2022年，华为的研发投入占销售收入的比例已经超过了25%。现在，很多企业都在讲创新，都在讲创业，讲起来容易，做起来难。天上没馅饼，地上有陷阱，创新、创业就得投入，不投入哪有收获、何谈创新？唯有投入，才可能有创新成果。

有人曾经指出，华为有钱，所以才敢于投入。其实，华为没钱的时候，借钱也要投入。它的口号是，先生产，后生活。当初，华为辛辛苦苦赚到了钱，并不给大家分，涨工资都是打白条。曾经有一位华为员工一年涨了14次工资，但是只拿到了14张白条。任正非的第一辆车是二手标致，高管们开的都是奇瑞QQ和夏利。而且，在20世纪90年代，不止任正非住的是农民房，高管们住的也都是农民房。所以，华为不是因为有钱才加大投入的。

一般企业有了这些钱会干什么？买几个公司，报表一合并，业绩是不是噌地就上去了？搞点多样化，做做房地产，来钱快不快？别忘了，任正非是学建筑的，曾就读于重庆建筑工程学院，学的是给排水工程，但华为至今也没有涉足房地产行业。当年，深圳市政府要建华为新城，给华为划了一块地，华为本可以将之用于商业开发。公司内部测算过，如果在那块地上盖商住楼，不用卖给别人，卖给华为员工，净利润就有100亿元。所以公司开会，大家都觉得应该盖商住楼，第一可以改善员工生活，第二还能有100亿元的利润，何乐而不为？但最后，任正非投了反对票，他认为：一个公司一旦赚了大钱，就不愿意赚小钱了。在这个世界上，最能管得住自己的只有自己，我们把这种力量叫作自律，要经得起诱惑、耐得住寂寞。我们讲竞争战略，讲差异化战略，要领先于竞争对手，靠什么？不投入怎么领先？怎么拿到超额利润？因为具有这样的战略眼光，华为的研发投入已经达到了世界水平。2017年，全球研发投入最多的十家公司中，华为排名第八；2018年，华为又跃升为第五名；2021年名列世界第二。这是世界级的研发投入，已经和国际接轨了。

提到5G技术，任正非很有底气地说，美国也不得不买，因为别人没有。为什么？华为5G比竞争对手领先一年半到两年，这就是华为的领先体系。领先是怎么来的？拿钱砸出来的。华为每天平均申请8个专利，由此可见华为的投入。

华为还砸人力资源。2017年，除了研发投入华为排名世界第八，在全球企业员工收入水平大排名中，华为也排名第八。这印证了《华为公司基本法》中的两大精神：第一，加大研发投入；第二，加大人力资源投入。所以，华为所说所做，我们貌似都能看明白，但许多公司和华为的差异就是，华为说完就做，而它们说完就完。

华为之路虽然独特，但是走得很艰难。这只"乌龟"每天坚持爬，慢慢地，它就开始超越竞争对手，开始厚积薄发了。可以看到，竞争对手都在走下坡路的时候，华为的态势是向上的。2012年，华为全面赶超世界企业以后，竟然有意把自己的销售收入压低，和爱立信保持着10亿美元的差距。为什么？让爱立信继续领跑，能够再给华为带几年路。但是，当爱立信的颓势无法逆转之后，华为只能冲上去。

2010年，华为首次进入《财富》世界500强的名单，排在第397位。当天这个消息发布的时候，华为高管们正在陆续进入会议室准备开会。这时，一位高管走进来说了一句话：告诉大家一个"不幸"的消息，华为进入世界500强了。会议室里没有掌声，华为的网站、报纸也都没有报道，因为这是一个自然而然的结果。因为它坚持爬，所以才会一路往上走。华为用了11年的时间，从2010年的397位上升到2021年的44位，在《财富》世界500强排名榜上上升了353位（在美国持续打压后的2022年，排名降到第96位）。所以，一分耕耘，一分收获，这就是华为坚守的，一心一意往前走，把距离交给上天，把爬行的时间交给自己。

2. 薇甘菊精神——血性扩张

华为公司有一个特质，就是像薇甘菊一样，拥有强大的生存能力与扩张能力。薇甘菊是一个外来物种，其特点是对生存条件要求极低，在哪儿都能生长。在我们的星球上，生存最艰难的不是人，也不是动物，而是植物。植物一旦扎下根就不能移动，不管是天灾还是人祸，都无法逃避。而对薇甘菊来说，它对生存条件的要求很低，而且有干掉本地物种的能力。否则，怎能在异国他乡扎根？

薇甘菊有什么特点？第一，它的种子很轻盈，能随风飘荡到很远的地方。第二，繁殖能力强，花能繁殖，根能繁殖，枝、节也可以繁殖，而且繁殖得很快。第三，长得快。因为这样的特点，薇甘菊能够任意生长。人们常说，大树底下不长草，但薇甘菊长出来，能把大树绞杀。

华为就像这种能绞杀大树的薇甘菊，别看它不起眼，没有强大的枝干，但它有一种顽强的生长力和适应力。华为就像山村里的一棵薇甘菊，枝蔓从农村延伸到城市、全国，最后延伸到全世界，为全球30多亿人口提供网络服务。华为现在特别幸福，为什么呢？第一，哪个国家的钱都能赚。我们很多企业只赚自己眼前的钱，最多只会赚中国人的钱，但华为是赚全世界的钱。第二，24小时赚钱。因为时差的原因，中国人睡觉了，国外还在赚；中国人过春节，外国不过，华为还是在赚钱。第三，365天无休，全球员工每天都有人在工作。华为就像薇甘菊，拼命地长大，拼命地适应，拼命地发展。

任正非在公司多次讲到薇甘菊精神，提出要像薇甘菊一样追求霸主地位，把自己的根扎在别人的土地上。不仅如此，它还能把别人的树、别人的庄稼进行绞杀，让自己有更大的施展空间。就像一颗种子一样落地就要拼命扎根，拼命吸取营养，拼命地生长。在原始森林里，95%的阳光和雨水都被大树垄断了，一棵小树要是长不起来，怎么会有未来？所以，企业的各种矛盾和问题都是次要的，股份不重要，奖金更不重要，最重要的是长大。唯有长大，最终把竞争对手踩在脚下，才能体现出企业的价值和企业家的价值。

笔者去其他企业讲课时，学员们都会热血沸腾，但是课后他们又纷纷摇头，说学不了华为，华为没法学。其实，人的内心要有一种信念、一种精神，如果内心的声音总是"不行"，那怎么能"行"呢？华为正是有了薇甘菊精神，才拥有了属于华为的血性。

现在，我们整个民族的血性都在衰退，特别是现在的一些大学生，就像大观园里长大的孩子，斯文有余，血性不足。但是有时候，年轻是非理性的，你若从来没有过非理性的冲动，年轻是不是也会很苍白？做企业也一样，也需要有一股血性，血性不是冲动，而是面对工作、面对困难，以及面对不可能的一种态度。

组织和个人一样，成事无非由两个要素决定，一个是技能，一个是态度。中国的企业技能落后，而技能在短期之内很难追赶，但是态度可以弥补技术的不足，而且态度是由自己决定的。最可怕的是，技能不行，态度也不行，那结果只有：洗洗睡吧。

有一个短视频是根据华为的真实故事改编的。其中有一个镜头我印象非常深刻，就是有一个华为的小伙子，一边在非洲大草原上扇自己的耳光，一边大吼：一棵树在非洲都可以长大，为什么我不能？我认为这就是血性。血性当然是一种天赋，有的人确实学不来，但作为一个组织，血性是可以培养的。怎样让年轻人有血性，这是管理问题；怎样让我们的企业有血性，怎样让我们企业的员工有血性，这是对我们管理的挑战。

那么，怎样使一个公司充满血性呢？对任正非来说，就是怎样把他身体里涌动的血性的基因复制给20多万员工，怎样让一群跨民族、跨地区、跨国家的华为人都有这样的血性。这是一项重大的基因工程，也是一项重大的文化工程。

3. 尖毛草——管理的理性

光有血性还不行，组织还必须具备另外一种特质。就像生长在非洲的尖毛草，它的特点是，早期成长极其缓慢，在一寸多高的时候，别的草都在迅速往上蹿，它却长不高。上面的茎叶不长，地底下的根却没停止，无时无刻不在向大地延伸，它的根系最深可以达到地下28米处。一旦机会来临，尖毛草每天能长半米，三五天就能长到两三米高——这象征着华为的第二个特质。

这个特质所代表的是厚积薄发，是华为的理性。光有血性，只是草莽英雄。企业除了有豪情、有口号，还要有理性。

如果说华为的A面是血性，那么，它的B面就是理性。具体来说，华为在经营上保持了血性，在管理上保持了理性，并实现了理性和血性的均衡。朱元璋曾有诗云："百花发时我不发，我若发时都吓杀。"就像尖毛草那样，在别人野蛮生长的时候，它按兵不动，积聚能量，积攒力量，一旦机会来临，就能把竞争对手甩在后面。要么不做，做就要做第一名。

运动员都是从基本功开始练起来的；能征善战的士兵是从"一、二、三，齐步走"开始的；一个人要快跑冲刺，必须下蹲深呼吸；尖毛草从贴地面长起来，任何事物的"薄发"都得益于在其成长初期打好基础，积蓄力量这个过程。把基础打好，假以时日，发展的必备要素积累起来了，一旦机会来临，积累的所有力量就不会浪费，它们会帮助企业实现超越。聚焦、坚韧、沉静、内敛、不着急等特质，都是理性的表现。

朴素地说，华为战略的特质可以概括为三点：第一是聚焦，盯住目标，心无旁骛；第二是压强，整合资源，集中投入；第三是坚持，长期主义，水滴石穿。中国企业在这40多年里确实实现了高速发展，但是也出现了一些机会主义倾向。市场经济虽然到处充满了机会，但还是应当拒绝机会主义，因为机会主义可以一时赚钱，却无法造就一番事业。

4. 狼性——团队作战

从成长的角度看，华为坚守的是乌龟精神，而从企业内部看，华为张扬的是狼性精神，打造的是充满狼性的人力资源团队。外界也给华为贴上了军队文化、加班文化或者狼性文化的标签。虽然任正非从来没有在任何一次讲话或者任何一篇文章中提出过"狼性文化"的概念，但是华为确实是提倡狼性精神的。2007年，华为的营销部门还做了一个"狼狈计划"：一线为狼，后台为狈，"狼狈为奸"—— 一切为了胜利，一切为了前线，一切为了服务。正如曾经的美军参谋长联席会议主席登普西的名言："要让打胜仗的思想成为一种信仰，没有退路就是胜利之路。"任正非在讲话中也提出，华为"向美国学习的精神并没因为美国打击我们而改变"。

狼性和人性一样，一面是天使，一面是魔鬼。华为所提倡的狼性是指狼在竞争中体现出来的正向特点，而不是它的残忍和狡猾。第一，狼的嗅觉灵敏，能闻到三千米之外食物的气味。敏锐的嗅觉能够帮助企业寻找机会，也能够帮助企业找到客户的需求和痛点，还能知道10年、20年后科学技术的方向在哪儿。第二，狼具有强烈的进攻精神。华为坚决提拔那些"眼睛盯着客户，屁股对着老板"的干部，这是华为的价值主张。一旦闻到"肉味"，发现市场机会，不请示、不汇报、不纠结、不研究、不讨论，本能地就会扑上去，这就是狼性。而"眼睛盯着老板，屁股对着客户"的人是价值的破坏者，其所作所为只是实现自身利益最大化。第三，华为提倡的狼性，不是独狼，而是群狼，是团队作战。

任正非对公司狼性的解读是：敏感性，团队性，不屈不挠。

在《下一个倒下的会不会是华为》一书的第一版，任正非在献词页写下了"视野、意志、品格"6个字。

视野是什么？就是敏锐的嗅觉；意志是什么？就是强烈的进攻意识；品格是什么？就是胸怀他人，就是团队精神。以客户为中心就是嗅觉，以奋斗者为本就是强调进攻意识，长期坚持艰苦奋斗指的就是团队奋斗。30多年来，虽然表达上有差异，但华为的文化从来没拐过弯，表达方式从"绝不让雷锋吃亏"到"以奋斗者为本"，都是非常直接的。华为文化是一以贯之的，从来不会朝秦暮楚、朝令夕改，而且华为文化的内在结构没有冲突，具有内在逻辑性，能够自洽与耦合。

必须看到，华为员工大多数是80后、90后，也是独生子女时代的"产物"，而且还是知识型员工。怎样把这批独生子女大学生变成战士，这是任正非一直在做的事情。华为把一批年轻的知识分子变成了能够为一项事业前仆后继的战士、斗士。

有人说，华为员工是为了钱，钱当然是一个因素，我们不能要求每一个人都做无私的奉献者，但问题是，给钱多就有人去吗？华为驻伊拉克代表处遭遇过轰炸；非洲的员工遭遇过持枪抢劫，死亡随时与他们擦肩而过；在智利和日本大地震中，华为的员工在美丽逆行。在生活条件艰苦、危险随时降临的国家和地区，这些邻家子弟为什么能够前仆后继、义无反顾？怎样在他们身上赋予狼性，怎样赋予他们血性，怎样把他们的能量激发出来，让他们能够为公司的目标付出？这才是最核心的问题。人力资源管理的核心就是如何把"喜羊羊"变成"大灰狼",不能改变他们就是管理的失败、文化的失败、机制的失败。

人是可变的,华为一直坚守这一点。《荀子·劝学》中讲:"蓬生麻中,不扶而直。"麻能够改造蓬[1],但需要我们的文化、机制和管理发挥作用,把一群养尊处优、不食人间烟火的孩子改造成为战士,打造出一支铁军,让他们认同公司的价值观。这样,他们就有了狼性,有了血性,有了理性。

资源是会枯竭的,唯有文化生生不息

1. 充满活力的机制

在华为,任正非始终关注的核心问题是队伍,是人力资源管理,是如何让组织始终充满活力。他认为,一个公司取得成功有两个关键,一是方向大致正确,二是组织充满活力。方向不可能精准,因为世界充满了不确定性,"黑天鹅""灰犀牛""蝴蝶效应"等长期存在,所以只能大致正确。组织一定要充满活力是指狼性、血性一定要长期保持,理性也要长期保持,这是核心。所以,华为的人力资源管理和华为的文化就是把一群戴眼镜的知识分子变成战士。

人力资源管理是公司商业成功与持续发展的关键驱动因素,

---

[1] 参见:吴春波.华为的蓬与麻 [M]// 华为没有秘密 2.北京:中信出版集团,2018.

这是华为对自身成功的解读。这里请注意，不是人力资源，而是人力资源管理，这是华为用30多年的实践总结出来的企业成功的关键驱动因素。任正非提到，华为人都是"五流"的：一流人才去了美国，二流人才充实了公务员队伍，三流人才进了央企，四流人才投奔了外企，五流人才才会选择华为。华为所做的就是通过它的人力资源管理，把五流人才变成超一流人才。并且，它所改变的不是个体，而是一个群体。

2016年，任正非提出，华为人力资源政策要朝着熵减的方向发展。2017年6月2日—4日，公司在上海开了三天的战略务虚会，任正非做了《方向要大致正确，组织要充满活力》的讲话，这是他最关注的问题之一。他最担心这支队伍散了，或者变成了乌合之众。吉姆·柯林斯在写了《从优秀到卓越》和《基业长青》之后，又写了《再造卓越》，主要研究那些出问题的公司普遍犯的错误：第一阶段是狂妄自大，之后的四个阶段依次是盲目扩张、漠视危机、寻找救命稻草和被人遗忘或濒临灭亡。他认为，企业的倒下都是从狂妄自大开始的。所以，组织失去活力的最大表现就是不能继续艰苦奋斗，而是懈怠、躺平、摆烂和内卷。顺便说一下，懈怠、躺平、摆烂和内卷作为个体的短期现象并不可怕，可怕的是它们成为组织成员的集体选择。

2. 惩罚也是生产力

华为不光是一个敢奖励的公司，还是一个敢惩罚的公司，惩罚对于公司的机制与活力具有重要的意义。

第一,从人力资源管理的角度看,激励与约束是两种最重要的管理手段,通过激励,激发正能量,回报员工的价值贡献,驱动员工继续创造更大的价值;通过约束,抑制负能量,驱使员工修正自己的行为,把个人行为聚焦于价值创造上。

第二,惩罚也是对激励的强化,呈现了公司价值观的正义,而正义之师是不可战胜的。让好人不吃亏固然重要,同时也不能让小人得志,否则,也是对好人的不公平。正如任正非所说:"不严惩触碰红线的行为就是对那些努力工作员工的惩罚。"

第三,一个充满活力的内部机制必须做到奖罚分明、奖优罚劣、奖善罚恶,奖励弘扬人性天使的一面,惩罚抑制人性魔鬼的一面。可以讲,激励与惩罚是有活力机制的双翼,同等重要,缺一不可。

第四,从现实看,我们传统的中庸文化善奖不善罚,主张以和为贵,息事宁人,一团和气,给个面子。

华为是赏罚分明的公司,敢赏也敢罚。奖励不是唯一的方式,罚也是一种生产力。人性的焕发需要两个因素,一个叫激励,一个叫约束,换一句话,就是奖励与惩罚。

3. 自我批判,自我驱动

惰怠是组织失去活力的表现,在华为,它被当成腐败行为来对待,之所以如此重视,就是为了保持组织的活力。

实际上,队伍既可以保持活力,也可以走向堕落,所以任正非提出要长期关注组织活力的问题。不要以为，华为公司有这么先进的管理就可以杜绝腐败，只是华为敢于发现自己的问题，敢于割自己的肉，敢于治自己的病。每个公司都有问题，最可怕之处在于，这些问题长期存在，每年都谈，但就是解决不了。所以，华为有一个重要机制，也可以说是一种重要的文化，就是自我批判。

认识到自身的不足，才有进步的动力。华为的自我批判是一个常态化的系统工程，有许多具体的举措和步骤。每一个进步都基于感知与领先者的差距，也就是古人讲的：知耻而后勇。华为的蓝军参谋部曾经列举了任正非的"十大罪状"，在华为开展自我批判，可谓刀刀见血。自我批判是华为一个非常重要的机制和力量，也是一种文化。

华为还积极学习中国共产党。中央八项规定审议通过之后，华为在第二年就推出了自己的"干部八条"[①]：

（1）我绝不搞迎来送往，不给上级送礼，不当面赞扬上级，把精力放在为客户服务上。

（2）我绝不动用公司资源，也不能占用工作时间，为上级或其家属办私事。遇非办不可的特殊情况，应申报并由受益人支付相关费用。

（3）我绝不说假话，不捂盖子，不评价不了解的情况，

---

① "干部八条"全称为"华为公司改进作风的八条要求"，最早于2013年11月4日在公司内部发布，后于2015年和2017年进行过两次修订。——编者注

不传播不实之词，有意见直接与当事人沟通或报告上级，更不能侵犯他人隐私。

（4）我们认真阅读文件、理解指令。主管的责任是胜利，不是简单的服从。主管尽职尽责的标准是通过激发部属的积极性、主动性、创造性去获取胜利。

（5）我们反对官僚主义，反对不作为，反对发牢骚讲怪话。对矛盾不回避，对困难不躲闪，积极探索，努力作为，勇于担当。

（6）我们反对文山会海，反对繁文缛节。学会复杂问题简单化，六百字以内说清一个重大问题。

（7）我绝不偷窃，绝不私费公报，绝不贪污受贿，绝不造假，我们也绝不允许我们当中任何人这样做，要爱护自身人格。

（8）我们绝不允许跟人、站队的不良行为在华为形成风气。个人应通过努力工作、创造价值去争取机会。

最新版本的"干部八条"还包括了宣誓程序，干部每年都要履行，对着员工举起右手宣誓。有人质问，宣誓有什么用？我们认为，第一，宣誓有强大的仪式感；第二，宣誓能够强化责任感与荣誉感；第三，宣誓能够产生监督效应。华为是从2005年开始实行宣誓制度的，除了2008年因故中断一次，这项制度一直延续至今。如果没用，为什么要坚持？华为干部宣誓是层层进行的，从高层到中层再到基层，每一层级都要组织进行。这就是文化建设。宣誓仪式比所谓的拓展训练、团建更有意义。

2017年，华为宣传了四个"知名人士"。第一个是满广志，他是"蓝军"的一个旅长。满广志号称"六边形"①旅长，他和"红军"打了33场战争，32场都赢了，最后一场与"红军""同归于尽"。在华为，蓝军参谋部就是"啄木鸟"，专门挑公司的毛病，专门攻"红军"的方案。一个组织内部一定要有反对的力量，不然就是"奴才文化"，高唱凯歌，表面上歌舞升平，实际上是掩盖问题。

第二个是向坤山。这个人是不听从上级指示、不听从军令、擅自行动，但是取得了胜利的典型代表。

第三个是梁山广，他为华为提的意见很到位，因此在华为连升两级。但是受到各种情况的限制，他后来很难得到认同，所以，任正非又亲自签发文件，指定了他的保护人，给出一系列的政策保护他不受打击报复。

第四个是孔令贤，2014年他被破格提拔三级，最后还是无法在华为生存，不得不依依不舍地离开。任正非知道以后，隔空喊话："回来吧，加西亚，是公司错了，不是你的错，回来吧，我们的英雄。"

以上四个"知名人士"就是自我批判的价值，是华为通过典型事件树立英雄形象来影响干部群体的一种举措。

---

① 指攻击、防御、速度、耐久、敏捷、谋略等六种能力满格。

需要强调的是，自我批判绝对不是提提意见，也不是我们所理解的民主生活会。华为的自我批判是一个系统工程，是一套制度体系。[①]

华为未来会怎样，能走多久、走多远都无法预测，但任正非对这个问题有明确的思考，他提出了华为胜利的三大保障：第一，有一个坚强有力的领导集团，他们首先要"坚强有力"，同时要听得进批评；第二，支持公司扩张的制度和规则，让制度和规则守望华为，而不是让任正非独自承担守望华为的任务；第三，要有艰苦奋斗的群体，而且这个群体要善于学习。所以，华为能走多远不取决于它的技术，不取决于它的营销，而是取决于它的人力资源活力状态与人力资源管理的能力，取决于高层对人力资源的管理和规则，取决于人力资源群体的努力。做到这三点，华为除了胜利无路可走。强大的人力资源管理、组织充满活力、高层的团结和自我批判，保证华为能够有一个庞大的、奋斗的人力资源队伍，这才是华为能够做久做大的基础保障。

以制度与机制的确定性应对外部的不确定性

那些通信巨头、那些跑得最快的"兔子"，最大的错误是小看了跟在它们后面吃土的"乌龟"。世界巨头，永远不要轻视跟在你后面的企业。因为当有一天你不进步了、惰怠了、不奋斗了，

[①] 参见：吴春波.华为是如何自我批判的（上），华为是如何自我批判的（下）[M]// 华为没有秘密 2.北京：中信出版集团，2018.

可能就会有人踩着你的头颅跑到前面去。所以，危机意识、奋斗意识、组织活力，是企业文化必须主张的内容。

总结华为这30余年的发展，华为的成功来自三个重点。

第一，以理想主义为旗帜。理想主义是什么？就是梦想，就是造梦。当年的华为也是如此，面对中国200多家通信企业的竞争，它只能筚路蓝缕，顽强拼搏，最后几乎超越了所有人，成为"巨大中华"（巨龙、大唐、中兴、华为）中的一员。现在，这四家中有三家已经撑不下去了，只有华为，还在世界的围剿中艰难挺立。

第二，以实用主义为原则。在商言商，不仅仅是处理好政商关系，更重要的是遵循商业的本质和商业的常识，使之回到商业的本质来经营商业。

第三，以拿来主义为手段。以组织的自我批判为前提，以"先僵化，后优化，再固化"为原则，系统地、持续地引进世界级领先公司的管理体系。

文化是纽带，制度是核心，利益是基础。所以，如果简单地把华为的成功归纳为华为文化的成功，是失之偏颇的。在强调一个因素的时候，并不能忽视其他因素的关联、结构与内在逻辑。制度始终是华为管理的核心。

有记者向任正非提问：据说你既不懂技术，不懂营销、财务，也不懂管理，那华为为什么需要你呢？你在华为的价值和作用是什么？任正非的回答是，他对华为的价值就是"糨糊"。

任正非的"糨糊哲学"有三种成分：文化、制度和利益。这里的文化就是用资本主义的方式创造价值，用社会主义的方式分配价值，以及"力出一孔，利出一孔"。所谓的"力出一孔"就是三个"一切"：团结一切可以团结的人，调动一切可以调动的积极因素，以及开发一切可以开发的潜力，聚焦于价值创造，持续地挖掘组织与个人的潜力。所谓的"利出一孔"是指价值分配，让奋斗者得到合理的回报和持续的激励，驱动他们继续为客户和公司创造更大的价值。所以，不能片面地强调"以人为本"，如果不能持续地创造价值，"以人为本"就不可持续。企业的文化一定要回到企业的本质。我们应该坚持以"事"为本，"事"就是高绩效，高绩效不只是绩效高，而是把所有潜力持续发挥出来产生的绩效。

从公司运作的角度看，华为的商业模式永远以客户为中心，永远拜一个教——"上帝教"。顾客就是上帝，华为永远以客户为中心，永远做乙方。客户如果需要华为的产品和服务，就会源源不断地给华为输血，华为想自尽都不行，客户会救你的。为什么要以客户为中心？是常识的要求。在这个世界上，给华为送钱的唯有客户——国家要税收；员工要工资、奖金；供应商要货款；自来水公司、电力公司都是要钱的……只有客户给华为送钱。但是华为也一直在反思，我们真的以客户为中心了吗？客户在公司是唯一的中心吗？有很多公司是多中心的，上级是中心，股东是中心，客户是中心，员工也是中心。很多公司还在搞员工满意度调查，因为墙上贴着"以人为本"。

以人为本在理念上没有错，但在现实中却存在陷阱，因为人有好坏之分。我们到底要以好人为本还是以坏人为本？每个人都认为自己是好人。这个"人"首先应该指客户，以客户为本永远不会错。如果我们以员工为本，工资高高的，工作闲闲的，大家不思进取，哪个客户会给你送钱？客户不送钱，公司倒闭了，是对人最大的迫害。

所以，企业文化建设是一个系统工程，不是单一的，不是靠一部《华为公司基本法》、一部《华为公司人力资源管理纲要》就能产生优秀文化的。华为的文化建设包含了一系列的措施，其中最重要的是三个方面。第一，"宪章"的顶层设计，把自己的文化说清楚。为此，华为花费了整整三年时间，先后改了8稿，最后确定了《华为公司基本法》的内容。要弘扬文化、培育文化，必须要把文化说清楚，说都说不清楚，怎么能够让大家认同呢？第二，高层以身作则。华为提出，各级干部必须关注企业文化建设，承担文化传承的责任。文化有两个关键词，分别是"传"和"承"。"传"是老员工传递给新员工，"承"是新员工接受了老员工传给他的东西，是你传我承的过程。员工不接受文化，"传"是没有用的。第三，用制度来扶持、培育文化。制度包含两个方面，激励性的制度和惩罚性的制度。你认同这样的文化，我给你激励；你不认同这样的文化，我给你惩罚。这样的文化是"滴灌"式的，润物细无声地在肥沃的土壤中生长。

有了文化，怎样让它落地呢？这就体现在干部的任用标准方面，即你想当干部，就必须先认同华为的文化，不认同的当不了干部。文化的基础是当干部的基础，所以，华为会选择那些认同公司文化、认同公司核心价值观的人当干部，它是华为干部任用的一个标准。哪个公司都有文化，而文化的关键是说到做到。怎么做到？靠制度。华为的干部选拔有两个标准，文化和绩效。这不是华为的创新，是跟通用电气的杰克·韦尔奇学来的。在华为，晋升必须满足企业文化和绩效的要求，否则就被列入清退的名单，想退一步做员工都没有机会。如果满足不了文化方面的要求，只是绩效达标，还可以做回普通员工重新出发。所以，文化是通过制度来影响人和淘汰人的。通用电气在这方面比华为更激进，它将文化置于绩效之上，宁可牺牲绩效，也要保证企业价值观的传承。韦尔奇提出，要用显微镜找出不认同公司文化的人，并把他们清除出去。所以，文化是依靠制度而不是说教来落地的。

那么，华为的干部任职资格是怎样的呢？首先依然是文化和价值观的认同，其次还有具体的关键行为标准，如文化建设、团队建设、干部培养、知识与素养培育等。

实际上，华为也存在一个文化理念的演变过程。1988—1996年，华为处于生存期，也是企业文化的孕育形成期，这个时期形成了产业报国的理念，是一种自发形成的文化；1996—2005年，华为进入成熟期，在世界级市场拼杀，这时，华为有了自动"立宪"的底气；2005—2008年，华为实现了国际化，强调高绩效文化，能够实现文化的自发修正；2008年到现在，华为成为世界级企业，能够走出混沌，形成了以客户为导向的文化特征。

可以看出，华为并不存在自己独特的文化，它也处于不断修正、不断成长和发展的过程中。那么华为的文化到底是什么？

任正非说过，他也讲不清楚华为的文化是什么，但华为文化具有包容性，是多年以来坚持把世界上经过优秀实践印证的好的东西都吸纳进来的过程。因为来源广泛，没有什么语言能够解释华为文化的具体形式，所以任正非把它解释为"洋葱头"，即不断包容、吸纳，然后把自己的文化做大做强。

华为坚持的是以奋斗者为本的文化，以奋斗者为本有四条很重要的理念。第一，华为提倡奋斗，这是一个奋斗的公司。第二，为客户奋斗，而不是为自己奋斗。因为以客户为中心的导向是华为的目标，所以奋斗也必须是面向客户的，既不是为领导，也不是为部门，更不是为股东。第三，华为不让奋斗者吃亏。第四，华为的奋斗首先是思想上的奋斗，不惰怠。

企业有大的文化，也有小的文化。比如，华为在洗手间里专门设置了捐款箱，提倡平均年薪超过70万元、和美国大学的终身教授收入差不多的年轻人，自愿给清洁工一些小费。华为员工上下班的班车上也有小费箱，在食堂用完餐，还要交一些洗碗费，等等。这些举措的目的是什么呢？第一，感谢后勤人员提供了这么好的环境。第二，激励一些基础岗位保持干劲。任正非也不忘记叮嘱干部和员工，永远不要忘了"卖火柴的小女孩"。他提议，大家回家过年的时候，不要忘记给小区附近的困难人口捐一些钱物。他给大家布置了作业，要他们春节期间给父母洗一次脚，回来以后，任正非还让他们写文章、谈感受。一些员工的感触很深，写的文章还会刊登在《华为人》报上。任正非还要求员工把第一个月的工资寄给父母。我们从来没有强调过华为文化有多么伟大，因为华为的文化是清新的，是出淤泥而不染的文化。华为要从文化中尽可能地剔除负面影响，不和坏的社会风气同流合污。

华为的人力资源体系为公司文化提供了强有力的支撑，是企业文化的使能器。华为的人力资源体系的主体框架由三部分构成，这三部分也可称为"人力资源管理价值链"。第一，价值创造，即用高绩效来创造价值。第二，价值评价。其中，对劳动态度的评价就是靠文化，所以，华为的文化不是弘扬出来的，不是培养出来的，也不是培训出来的，而是考核出来的，是被制度逼出来的，因为每个人都要接受劳动态度考核。第三，价值分配。

在这个价值链当中，最重要的是价值评价体系。很多企业在这方面没有做好，价值评价体系是扭曲的，必然会带来价值分配的扭曲。论功行赏，重点在"论"。如果"论"上出现了问题，在考核评价上就会出现"大锅饭"，拉不开差距。价值评价拉不开差距，价值分配肯定也拉不开差距。过程扭曲了，结果也一定是扭曲的。所以，核心的问题是价值评价体系。

华为的价值评价体系由4个子评价体系构成。

第一，职位评价体系，是对职位价值的评价体系。它决定了每个职位的相对价值和货币化的价值量，也就是说，这个职位值多少钱是由这套评价体系事先确定好的。这套体系是合益咨询公司在1997年为华为建构起来的。正是基于这套职位评价体系，华为"以岗定级，以级定薪，人岗匹配，易岗易薪"的人力资源管理体系才得以运作起来。也就是说，华为的人力资源管理体系是以职位（不是岗位）为基础和平台的，人力资源管理活动是基于职位体系展开的。中国企业人力资源管理体系之所以出现"机无力""无连接""摊大饼""石墨化"等现象，一个重要的原因就在于缺乏职位管理体系这个基础和平台。

第二，任职资格评价体系，是对人的资格与能力的评价体系。有什么样的资格，就能进什么样的"坑"，就能拿什么水平的薪资，同时也可以决定在这一职位上是否能够晋级或加薪。这套评价体系来自英国国家职业资格体系（NVQ）。

第三，绩效评价体系。这是从 IBM 公司引进的，旨在评价一个人在这个职位上的价值贡献度。显然，它为奖金的分配提供了依据。

第四，劳动态度评价体系。从实质上看，这是对企业核心价值观的评价体系。这个体系是华为原创的，华为也是国内企业中率先实施企业核心价值观评价的企业。

华为这四大价值评价体系中除了劳动态度评价体系，其他均为"拿来主义"的结果，并没有什么创新。华为引进三家世界级公司的领先实践，将它们组合在一起，为自己所用。四大价值评价体系各有侧重，又相互支撑，形成了有内在逻辑关系的价值评价体系。

在这个评价体系当中，奋斗者创造了价值，然后要进行科学的价值评价，最后才是价值分配，让奋斗者不吃亏，这样下来，文化自然而然就得到了认同。如果只是停留在口号上，停留在领导者的演讲稿上，你说不让"雷锋"吃亏，员工会信吗？华为制定了一个不让"雷锋"吃亏的制度，通过制度来保障"雷锋"不吃亏。员工开始并不一定相信这个理念，经过亲自验证，结果证明，做"雷锋"，做奋斗者，确实不吃亏——文化就这样从假设到验证悄然落地了。

在价值评价之后，还要与价值分配对接，从而形成一整套机制体系。华为的价值分配体系有几个重要理念：其一，价值分配与价值评价结果紧密关联，摒弃了把年龄、工龄、学历、资历、经历、职称、职务等个人惰性要素作为价值分配的依据；其二，由"评价分配制"转向"获取分享制"；其三，价值分配要保证充分拉开差距，导向冲锋；其四，短期激励与长期激励相结合；其五，物质文明与精神文明相结合；其六，以奋斗者为本，以"利出一孔"激励"力出一孔"，以"力出一孔"支撑"利出一孔"；其七，确定资本所得与劳动所得的合理界限，向劳动所得倾斜。

简单补充一下劳动态度如何进行量化考核。在华为，有一个关键事件考核法，即通过对关键事件的全过程记录，对过程和结果进行考核，将每个人的关键事件都记录在平台上。如果一个人宣称自己认同公司，有责任心，怎么证明呢？就要使用关键事件考核法，比如，这个季度，你为公司提出过几个合理化建议？如果部门人均提出了三个，而你只提出了两个，怎么能说明你有责任心呢？所以，在不能量化的领域，关键事件考核法能帮助实现客观考核。

此外，华为的劳动态度考核和退休金、加薪、配股及晋升挂钩，所以，要想得到这些利益，劳动态度必须过关，否则一切都将付诸东流。

华为坚持"小改进，大奖励"。持续改进也是华为重要的文化，是它坚守的重要价值主张。华为人常说一句话：伟大是改出来的，持续的改进也能伟大。比如本年度的绩效指标完成了，为了不让"雷锋"吃亏，奉献者定当得到合理回报，大家就去快乐地分田分地了。那么，对完不成绩效承诺的人，怎么处理呢？主管被降职或免职，没什么谈判余地。因为目标是自己承诺的，没完成就要接受处理。什么样的人被降职呢？完不成绩效，感到痛苦，但能做出自我批判的人。什么样的人被免职呢？找理由，找借口，强调客观原因的，不但免职，还要"罪加一等"；副职也别盼着正职倒霉，正副职的责、权、利是捆绑起来的，副职必须辅佐正职，把工作干好，如果正职干不好，副职也得不到晋升。如果管理者不行，整个部门受影响，所有员工都不能加薪。这些机制把大家都捆在一条没有救生衣的船上，保证这条船驶向幸福的彼岸，保证是带着大家去分钱的。如果这条船沉了，不会有人幸免，一荣俱荣，一损俱损。所以，如果有员工觉得跟着这个领导没出路，想找关系换个部门，可以，但从本部门调出的都要被降职。当所有的路都被堵死了，员工面前就只剩下一条路——高绩效。这就是华为的高绩效文化。所以，高绩效是用制度来保证的。

2013年，在一次华为颁奖大会上，任正非亲自给5个人颁了奖。他们的奖品是一个飞机模型，仿制的是我国第一艘航母上的飞机，其成本价大概是300元。除此之外，这5个人没有拿到奖金。为什么他们没拿到奖金？因为他们2012年的承诺没有完成。我们知道，消费者BG和企业BG都是2012年成立的，刚成立的时候,大家信心满满,把目标定得过高了,没想到,年底没完成,因此两位BG高管没奖金。受他们连累,整个公司的承诺都打了折扣,包括任正非等9位公司高管,都是零奖金,而华为当年全公司奖金数是125.3亿元,相当于人均8万元。

华为文化并不难学,难的在于,如何结合公司实际,如何通过长期的学习和持续的改进,把公司文化变得更好、更优秀、更卓越。

华为价值分享的理念与实践[①]

关于华为是怎么进行价值分享和实践的，笔者将分四个部分来讲：第一，华为价值分配和价值分享的理念；第二，华为员工持股计划；第三，华为的 TUP 实践；第四，华为的其他价值分享方式。

华为价值分配和价值分享的理念

1. 人力资源管理是华为商业成功和持续发展的关键驱动因素

正确的分享必须有正确的理念。在人力资源管理中，摸着石头过河是一个非常危险的操作，因为价值分配和价值分享关系到薪酬分配、绩效管理、人力资源招聘和人力资源政策，所以这些理念对我们是有价值引导作用的。华为的基本理念就是，面对不

[①] 本文根据 2019 年 12 月 14 日笔者在中国人民大学 2020 年第（16）届中国人力资源管理新年报告会上的演讲整理。

确定性,保持方向大致正确,组织充满活力,以组织内部的确定性来应对外部的不确定性。只要沿着正确的方向,不一定要那么精准,继续前行就够了。同时要充满活力,一个没有活力的组织即使有第二曲线也飞不起来,还需要充满活力的机制和一支铁军,这是人力资源管理的根本。

华为总结30多年走过的道路得出一个结论:人力资源管理是公司商业成功和持续发展的关键驱动因素。对任何组织来讲,这就是人力资源管理的价值。这里千万别漏掉"管理"两个字,《华为公司基本法》第二条明确地界定:"认真负责和管理有效的员工是华为最大的财富。"不被有效管理的人力资源,只是一种资源。

2. 华为价值分配与价值分享的基本理念

华为的人力资源管理最基本的理念是坚持核心价值观,用公司的愿景和使命激发员工个人的工作动机,提供员工成长的机会,营造信任、协作、奋斗的组织氛围,持续激发组织与员工积极创造的精神动力。

首先,还是要奋斗。为什么要奋斗?因为有梦,因为对现状不满,因为要改变命运。奋斗是华为的价值主张,也是价值导向。华为坚持核心价值观的内在精髓是构建适应业务与人群多元化,持续营造聚焦贡献、自我批判、奋斗进取的组织氛围。

其次,不断赋予组织发展新愿景,用组织愿景牵引个人工作动机,将组织成长与员工发展机会相连接,激发组织与个人追求更高、更好的目标。对华为来讲，员工薪酬已经比较高了，在这种情况下，还需要愿景的驱动，需要使命的驱动，需要精神的力量。拿破仑讲过，精神力量和物质力量的比例是 4∶1。愿景与使命的作用就是激励员工增强使命感，鼓励员工挑战高目标，用集体与个人荣誉感激发组织与员工群体持续创造更大的责任感和内在动力。

最后，在价值分配上坚持多劳多得与获取分享制，优化与完善全产业链价值创造与分享机制，让更多、更优秀的内外部人才参与公司的价值创造，让各类人才更愿意、更好地创造更大的价值。

多劳多得是个比较老的概念，华为重提这个词，具体做法有三个"坚持"。

一是坚持劳动回报优于资本回报，让公司价值创造的主体获得更多的价值回报。价值分享的第一次分配就是明确资本所得和劳动所得的比例。华为不仅提出这个理念，而且给自己量化了指标，即劳动所得与资本所得的比例为 3∶1。劳动是拉车的，资本是坐车的，如果大家都坐在车上，谁来拉车？劳动所得是创造价值，资本所得是分享价值，当资本所得的人越来越多的时候，就会形成食利者阶层，所以要抑制资本的贪婪。

二是坚持优化获取分享制，完善与优化现行制度，让公司业务边界内的成熟业务经营得更好，让发展初期的业务不断成长。传统的企业内部分配制度是评价分配制，即根据对员工绩效能力的评价进行分配，员工只能被动地接受分配的结果。而获取分享制首先强调的是获取，强调的是员工的高绩效，员工以个人的获取成果参与价值分配，这就使得员工在价值分配中拥有了主动权。

三是坚持优化责任结果导向，激励好优秀员工，掌握好不同组织中个体评价与分配"拉开差距"与"平衡稳定"间的妥协与灰度。这些理念与"以客户为中心、以奋斗者为本"是有内在逻辑关系的。将获取分享制向产业链与生态资源延伸，以更多元与灵活的激励分享方式，支撑公司业务所需的全球能力布局和优质外部资源的联结与整合。坚定不移地拉开差距，打破平衡，解决公司第一曲线问题，第一是要开放，第二是通过耗散结构抑制熵增，强化熵减，使组织充满活力。有了差距就有了矛盾，有了矛盾就有了动力，有了动力就可以使组织充满活力。

基于贡献差异，拉开激励差距，才能打破平衡，形成张力。华为基于以下 5 个方面来优化价值分配体系，从而保证组织活力：一是坚持多劳多得，二是坚持获取分享制，三是坚持拉开差距，四是坚持砸开人才金字塔，五是强调精神激励。

3."宁做海盗，不当海军"——华为价值分享的"海盗逻辑"

华为价值分配最基本的理念，实际上和华为的价值主张、愿景、使命这些长期坚持的东西是相联系的。这些理念并不新鲜，20 余年前的《华为公司基本法》已经把公司价值创造、价值评价与价值分配的基本理念阐释清楚了，华为现行的人力资源管理体系正是这些基本理念在实践中的验证与应用。以下理念都来自《华为公司基本法》，虽然与华为当下的提法有些差异，但实质和内核没有变，只是表达方式发生了一些变化。这些探索为华为的价值分享搭建了非常好的理论框架和实践框架。

- 华为主张与顾客、员工与合作者结成利益共同体。
- 努力探索按生产要素分配的内部动力机制。
- 绝不让雷锋吃亏，奉献者定当得到合理的回报。
- 用转化为资本的形式，使劳动、知识以及企业家的管理和风险累积贡献得到体现和报偿。
- 利用股权的安排，形成公司的中坚力量并保持对公司的有效控制，使公司可持续成长。
- 知识资本化与适应技术和社会变化的有活力的产权制度，是不断探索的方向。
- 实行员工持股制度。一方面，普惠认同华为的模范员工，公司与员工结成利益共同体及命运共同体。另一方面，不断地使最有责任心与才能的人进入公司的中坚层。
- 实行按劳分配与按资分配相结合的分配方式……股权分配的依据是：可持续性贡献、突出才能、品德和所承担的风险。股权分配要向核心层和中坚层倾斜，股权结构要保持动态合理性。

随着公司进一步的发展，华为后期一些新的提法都是从这些基本理念发展而来的，比如"深淘滩、低作堰"。"深淘滩"就是要强化人力资源管理，挖掘人力资源潜力，提高组织效率。面对美国的制裁，面对舆论哗然，华为真的很难。但华为是个硬骨头，没有被吓倒。美国之前制裁一个公司，那个公司就放假了；美国制裁华为，华为继续加班，这就是对自己狠。"低作堰"就是和利益相关者分享利润，也包括内部员工。

在内部，对资本所得和劳动所得的平衡坚持效率优先，兼顾公平，防止高工资、高福利对企业未来成长构成威胁，使公司永远处于低成本运作。以长期贡献能力和实际贡献定薪酬，以短期贡献定奖励。华为对干部有两个基本要求：第一个要求，"打粮食"，这是短期贡献；第二个要求，"肥沃土壤"，这是长期贡献。华为支付薪酬、长期激励、价值分享的评价依据就是：打破平衡、保持饥饿、大胆倾斜、增强活力；以岗定级，以级定薪，人岗匹配，易岗易薪；从评价分配制转变为获取分享制。

乔布斯有句名言叫"宁做海盗，不当海军"，因为海盗自食其力，多劳多得，而海军要靠政府拨款。华为的分配方式，就特别像"海盗"的分配。

华为员工持股计划

1. 员工持股计划的历程和结构

2001年，华为用规范的虚拟股票期权来取代原来实行的内部股权，在2002年年初，对员工手中持有的1元/股的内部股股票，按照一定规则，有条件地转成虚拟受限股。按照2001年年末公司净资产折算，转换后的每股价格为2.64元。华为用这种一步到位的方式，将净资产与股权价值联系在一起，成为接近实际意义的员工持股安排。

从演变过程来看，华为员工持股计划一直在不同阶段的实施过程中发现问题，并不断优化。华为的员工持股计划原来是自发的、不规范的、中国式的、华为式的，慢慢持续优化，经国外咨询公司完善，与国际接轨。这是一个很漫长的过程，持续了20多年。

华为有两个股东，一个是作为自然人股东的任正非，一个是华为员工持股会。据公司公布的数据，截至2018年年底，在222亿总股份中，任正非持股1.01%（因为任正非也参与了公司员工持股计划，其累积持股占1.14%），目前任正非所占股份已减持到0.8765%，在中国富豪榜上，他排在200名开外。任正非曾讲要向乔布斯学习，后者当时持有的股份仅占总股份的0.6%。

华为的主要高层治理结构如下：首先，由有选举权的持股员工选举产生持股员工代表会；其次，由持股员工代表会选举董事会、监事会，再选举常务董事会、常务监事会、副董事长、常务副董事长，这是华为的高层治理结构。虽然华为不是上市公司，但基本上是按照上市公司的治理要求来做的。董事会有17人，常务董事会有7人，有3位轮值董事长，轮值董事长每人轮值半年。在这个结构里，任正非处于第五层，只是一个董事。

华为这些年实行一个政策，退休员工也可以继续持有华为股份，享受分红。在职员工持股占88.94%，退休员工持股占10.05%。

华为目前的持股分配机制，在中国应该不会有第二家。很多企业都说重视人才，都说激励员工，都在讲分享，但就是不给钱。现在很多互联网新贵一上市，老板暴富，员工该干什么还干什么，所以分享真的需要境界。

2. 华为员工持股计划的特点

任正非在2019年接受《洛杉矶时报》采访时说："我们外部环境是社会主义，公司内部是员工资本主义。我们内部吸收了资本主义的合理动力，在外部获得了社会主义平衡的大环境。我们遵守国家的制度和法律，改变自己，使自己在这样的规则下获得胜利。"这段表述，对于理解华为内部的运作机制及价值分享理念与方式有重要的启发意义。

华为员工持股计划的特点如下。

一是普惠制，员工持股人数庞大。华为是全世界实行员工持股计划最大的公司，有两个指标可以来衡量：第一，持股员工比例最高；第二，员工持有的股份比例占比最高。顺便说一下，华为在中国无法上市，原因是在国内上市有严格的限制，企业有限责任公司股东人数不能多于200个，而华为有十余万个股东。

二是性质上属于"虚拟受限股+饱和配股"。

三是员工出资购股，按每股净资产值定价。

四是高分红，低股价，有保留和回购。

五是所有者持股比例低，但不影响其控制力。

六就是持续优化。

员工持股计划给华为员工带来了实实在在的收入和激励，也带来了实实在在的回报。有人做过测算，如果拿出一笔钱投资中国股市，2003—2013年，十年回报是0.35倍；投资上海房地产回报是5.3倍；但是拿这笔钱投资华为员工持股计划，收益是18倍。华为员工持股计划真正实现了员工利益和公司利益有机连接的目标。

华为的TUP实践

华为目前实施的另外一种长期激励和价值分享计划叫作TUP。TUP是基于时间的现金性长期激励计划，不是股权计划。员工在授予5年有效期内的每一年可获得年度收益，并在5年有效期满后获得期末收益。

TUP的原则是分期设定、授予锁定、逐年解锁，三年解锁、五年到期、离职失效。现金激励的来源是公司净利润，与奖金或工资合并计税。

TUP制度设计的目的是提高工资、奖金等短期激励手段的市场定位水平，增强获取和保留优秀人才的竞争力，丰富长期激励手段，消除一劳永逸、少劳多获的弊端，使长期激励覆盖到所有华为员工，将共同奋斗、共同创造、共同分享的文化落到实处。目前，国内还没有第二家企业采用TUP，华为也是在国外咨询公司的帮助下引进了这个工具。

TUP 与员工持股计划相比，优势在于以下几点。

首先，因为 TUP 是现金激励，不涉及股权，会更适合中国企业。TUP 本质上是一种利润分享计划，是调节劳动所得与资本所得的杠杆。

其次，TUP 比员工持股更普惠，受众更广，而且与员工持股计划可以叠加。如果把 TUP 算上，享受华为的普惠长期激励和价值分享的人数要远远多于 10 万人。

再次，TUP 推进了向基层员工的扩展。参与华为的员工持股计划一般都有职级限制，而 TUP 降低了标准，职位级别达到 13 级就可以获取，4~12 级的骨干员工也可以获取。TUP 还可以拓展到外籍员工。华为有 4 万名外籍员工，涉及 135 个国籍，员工持股计划从法律意义上在外国没有办法执行，而 TUP 实现了对外籍员工的激励。

最后，TUP 的实施基本以 5 年为单位，采取的是"递延＋递增"的分配方案。比如，2014 年给你的 TUP 授予资格配置一万个单位，虚拟面值假定为 1 元。第一年没有分红；第二年给予 1/3 的分红权，第三年再给 1/3，第四年再授予 1/3；第五年在全额获取分红权的同时，员工得到了两部分收益，即各年拿到的分红权，以及 5 年到期后每股的面值增值权。

华为 TUP 的 5 年分次授予不仅实现了长期激励，也具备了员工持股计划"金手铐"的作用。

华为的价值分享伴随着华为的不断发展。虽然不能说华为的价值分享直接带来了华为的增长，但二者一定是正相关的。从 100 亿元增加到 1000 亿元，华为用了 9 年时间；从 2014 年开始，华为每年增长 1000 亿元。一般基数很大，增长会很慢，但在华为没有看到这种现象。

华为的其他价值分享方式

分享不但是人力资源的管理理念和实践，更是一种重要力量，从华为的其他分享方式中可见一斑，比如，坚决反腐，持续改进，全员分享节约奖励。

2014 年，华为将公司 26 年反腐管理改进所分享的节约奖励 3.74 亿元平均发放给在职员工，每人 2500 元。

2015 年，华为将管理改进所分享的节约奖励 1.77 亿美元平均分给每个员工，每人 1000 美元。

2019 年 11 月 11 日，公司决定向应对美国打击遏制做出贡献的员工颁发"奋斗特别奖"，发放基线是员工一个月的工资，同时向参与国产组件切换的人员发放 20 亿元奖金。

这些奖励的特点是阳光普惠，人人参与分享。

分享可以有各种方式，比如全体员工分享反腐败成果，让全员反腐败更有动力；分享管理改进的成果，让全体员工更积极地投身管理改进；分享抗击美国的极限施压，让全体员工为公司的极限生存做出更多贡献。

重点是这些分享都基于一定的理念，即构建一个分享体系。

这个体系不仅是物质的，精神的也可以分享，这种感动会化作现实中奋斗的力量。所以发奖是一种分享形式，是很有效的生产力。

华为公司级的奖励就有 300 多种，比如"明日之星"奖就是一个特别的存在，其评选方式是民主投票决定，人人均有机会。截至 2022 年，"明日之星"已评选 8 届，累计有 29.59 万人获得了"明日之星"荣誉，约有 69% 的在职员工获得过此荣誉。任正非所期望的是，在公司真正能够"遍地英雄下夕烟，六亿神州尽舜尧"。

人力资源管理既是手艺，也是科学，同时也是一门艺术。价值分享是一个很重要的人力资源管理理念，也是一个重要实践，更是一种重要力量。任正非具有化腐朽为神奇的管理艺术，他能让各类激励发挥出最大的效果。

最后还是要回到一个问题，不管是长期分享还是短期分享，精神层面的分享还是物质层面的分享，一定要做好价值评价。雷锋不是自封的，奋斗者也需要甄别。没有评价体系，分享也会走向"大锅饭"。

人力资源管理实际上肩负着一个重要责任，就是让组织始终充满活力，让干部与员工不懈怠、不腐败、不安于现状，因为奋斗者永远是公司的价值主体。避免狂妄自大、不淡定、投机、走捷径，中国企业任重而道远，我们和别人差距还很大，所以还需要继续奋斗。

2 对企业家管理思想的研究

第二部分关注的是任正非的经营管理思想。企业家是以企业家精神引领企业为客户创造价值的人，其行为与行为结果是企业的经营管理实践与企业的成长发展。企业家对于企业的经营管理行为依据一定的经营管理理论或思想，这些理论或思想或是通过模仿和学习得到的，或是通过痛苦的思考与探索得到的，任正非属于后者。在 30 余年管理华为的实践中，任正非形成了一套完整的经营管理思想。在当下不确定的环境中，这些经营管理思想对于我国企业和企业家具有重要的参考价值。

华为的精神谱系

核心价值体系与内在机制及管理体系构成了企业核心竞争力，而核心价值体系的本质是对企业内外部各类矛盾关系的是非善恶判断标准，隐藏其背后的则是企业创始人崇尚的精神与相关的价值主张。

企业精神是企业核心价值体系的重要内容和内核，是企业价值创造的前提。精神激励是伟大组织的引擎，精神的力量是组织重要的驱动力。

企业文化可以区分为理念层、制度层、行为层和物质层。理念层包括企业核心价值观、愿景、使命和企业精神，制度层包括经营方针、经营模式、内部机制、管理制度、规章制度等，行为层包括企业形象、口号、礼仪、仪式等，物质层包括产品和服务等。企业精神是企业文化的源头与灵魂。美国著名管理学家埃德加·沙因认为，企业文化是一种假设，企业文化建设是从假设到验证，再到实践的过程，而企业精神则是这种假设与验证的源头。企业精神同时也是企业文化的灵魂与内核。

任正非与华为是非常重视精神的作用的,他认为,"资源会枯竭的,唯有文化生生不息",换言之,比起物质来,他更重视精神的力量,精神决定物质,精神赋能于物质。在治理公司的过程中,任正非始终把精神作为牵引公司成长的重要力量,让精神激励超越物质激励的极限,使精神文明与物质文明建设成为公司发展的动力双翼。

在《华为公司人力资源管理纲要2.0》中,精神激励是这样被界定的:

> 坚持核心价值观,用公司的愿景和使命激发员工个人工作动机,以公司的发展提供员工成长的机会,营造信任、协作、奋斗的组织氛围,持续激发组织与员工积极创造的精神动力。

2011年,在《从"哲学"到实践》一文中,任正非指出:"什么驱动力使华为成功,我认为是华为的核心价值观描述的利益驱动力,驱动了全体员工的奋斗,是一场精神到物质的转移,而物质又巩固了精神力量。"

2017年,在《让精神文明与物质文明建设成为公司发展的动力双翼》一文中,任正非认为:"纵观华为30年来创业与发展史,其实也是一部精神文明与物质文明建设的并建共进史,不同历史时期精神文明与物质文明建设双轨驱动、交替支配,共同支撑着公司的发展。"

2017年6月1日，在与中国地区部代表与主管座谈时，任正非强调："先讲一下什么叫物质文明、什么叫精神文明。我们创业这30年来，就是物质文明和精神文明融合在一起，共同推动公司发展的，以物质文明促进了精神文明，以精神文明巩固了物质文明。但是，前30年我们强调物质更多一些，希望加快改善大家的生活。现在绝大多数员工（除了新员工）都有一定改善，那我们在新时期多强调一点精神。"

华为所倡导和坚守的精神是什么？

《华为公司基本法》早就对企业精神和企业文化有了明确确定，而这些内容均出自任正非。

> 第四条　爱祖国、爱人民、爱事业和爱生活是我们凝聚力的源泉。责任意识、创新精神、敬业精神与团结合作精神是我们企业文化的精髓。实事求是是我们行为的准则。
>
> 第六条　资源是会枯竭的，唯有文化才会生生不息。一切工业产品都是人类智慧创造的。华为没有可以依存的自然资源，唯有在人的头脑中挖掘出大油田、大森林、大煤矿……精神是可以转化成物质的，物质文明有利于巩固精神文明。我们坚持以精神文明促进物质文明的方针。

坚持开放是任正非和华为长期的价值主张，在构建公司的精神体系方面也不例外。在长期倡导与坚守华为精神体系的同时，任正非也在不断地吸取外部的精神力量，他把自己崇尚的精神以不同的形式传播到华为，吸纳这些精神的实质，通过不断地吸纳和内化过程来构建、强化和优化华为精神，从而形成华为的精神体系，并以此来引领公司的成长与发展，继而滋养、丰富、巩固与强化公司的精神体系。

正如 2007 年 6 月 12 日在题为《以生动活泼的方式传递奋斗者为主体的文化》的讲话中，任正非所指出的那样：

> 什么是文化？我多次提到，华为是没有文化的，都是从世界的先进文化借鉴来的，就像洋葱一样，剥一层是日本的，再剥一层是欧美的……再剥一层是孔夫子的，再剥一层是反对孔夫子的，只要是好的，我们都要吸取，包含爱立信、阿尔卡特、朗讯、思科、微软，它们优秀的管理也要吸取。剥到最后，剩下的核心是很小的，就算是华为文化吧，就是奋斗精神和牺牲精神。其实奋斗与牺牲精神也是几千年来就有的，也不是我们发明的。过多强调华为自己的文化是没有必要的，只要这个文化与别的先进文化不融合，最后是存在不下来的。

在 2005 年版的《致新员工书》中，任正非解释了华为企业文化与企业精神的来源及构成："若说华为有没有自己的核心文化，那就剩下奋斗与牺牲精神算我们自己的吧！其实奋斗与牺牲也是从别人那里抄来的。物质资源终会枯竭，唯有文化才能生生不息。一个高新技术企业，不能没有文化，只有文化才能支撑它持续发展,华为的文化就是奋斗文化,它的所有文化的内涵,都来自世界的,来自各民族的、伙伴的……甚至竞争对手的先进合理的部分。若说华为有没有自己的核心文化,那就剩下奋斗与牺牲精神算我们自己的吧!其实奋斗与牺牲也是从别人那里抄来的。"

华为精神来自任正非以开放的心态像海绵一样不断地吸纳古今中外的优秀文化,并以此为内核,像洋葱头那样层层扩展与强化,从而形成华为的强大精神体系。换言之,任正非作为企业家的精神谱系是华为精神谱系的源头,企业家的精神谱系传承在华为就形成了公司的精神谱系。

可以讲,任正非是华为精神的挖掘者、呈现者、传播者、践行者、培育者、守望者和发展者。

人无精神不立,企业无精神不强。任正非倡导的和华为公司实践的一系列精神,构成了华为的精神谱系。

所谓"谱系"意味着传承、代际与起源,正如谱系学创立者、法国哲学家米歇尔·福柯认为的那样,通过放弃对"深层"的探索,将目光转向表层,寻找时间的细节、微小转换以及细微轮廓的外现,来发现其深层价值来源及其演变过程。

华为的精神谱系不同于其核心价值观体系,前者更多的是由外部导入,后者则是内生的,也更规范、更稳定。但不难看出,两者存在着内在联系,精神谱系诠释与强化核心价值观体系,它是核心价值观的底蕴和基础,而核心价值观体系不可能凭空构想,它在导引和激发着精神谱系。

这里笔者试图以谱系学的方法，梳理不同时期任正非崇尚与倡导的各种精神，来展现华为核心价值体系的谱系及其演变。

雷锋精神

雷锋精神是任正非在华为长期倡导且占主体地位的精神，倡导的其他精神大多也与雷锋精神存在着紧密关联，因此雷锋精神是华为精神谱系的基础与核心。

任正非的出生和成长年代与其经历的军旅生涯，决定了雷锋精神对其深刻的影响。雷锋精神是那个时代的主流精神，那个时代的几乎所有人都把雷锋精神作为主流的价值主张。

任正非在《致新员工书》（2007年版）中，明确地把雷锋精神与焦裕禄精神作为公司倡导的精神。

> 我们崇尚雷锋、焦裕禄精神，并在公司的价值评价及价值分配体系中体现：绝不让雷锋们、焦裕禄们吃亏，奉献者定当得到合理的回报。
>
> 我们呼唤英雄。不让雷锋吃亏，本身就是创造让各路英雄脱颖而出的条件。雷锋精神与英雄行为的核心本质就是奉献。雷锋和英雄都不是超纯的人，也没有固定的标准，其标准是随时代变化的。在华为，一丝不苟地做好本职工作就是奉献，就是英雄行为，就是雷锋精神。

在 2014 年版的《致新员工书》中，任正非将这段话修改为：

> 我们呼唤英雄，不让雷锋吃亏，本身就是创造让各路英雄脱颖而出的条件。雷锋精神与英雄行为的核心本质就是奋斗和奉献。雷锋和英雄都不是超纯的人，也没有固定的标准，其标准是随时代变化的。在华为，一丝不苟地做好本职工作就是奉献，就是英雄行为，就是雷锋精神。

任正非的《致新员工书》写于 1994 年、2005 年、2007 年和 2014 年，并不断修订，在这 4 个版本中，提倡雷锋精神的内容基本没有变化。

关于发扬雷锋精神，任正非明确地界定了以下几个问题：第一，华为公司崇尚雷锋精神；第二，雷锋精神的实质是奉献；第三，雷锋精神的标准是动态演变，做好本职工作就是雷锋精神；第四，崇尚雷锋的奉献精神，但公司要给奉献者以合理回报。

其实，在公司创立之初，任正非就提出，在华为"绝不让雷锋穿破袜子，绝不让焦裕禄累出肝病来"。这样的表述非常朴素，也非常直白。前者是对员工的承诺，后者是对干部的承诺。

1996 年开始制定的《华为公司基本法》基于任正非的原意，做了文字上的修饰："我们绝不让雷锋吃亏，奉献者定当得到合理的回报。"前者是对全体员工的精神倡导，后者是对公司制度体系的要求。

自此，雷锋精神、焦裕禄精神与责任意识、创新精神、敬业精神与团结合作精神成为华为的主流精神体系，同时也成为华为企业文化的精髓。

需要强调的是，任正非提倡的雷锋精神同社会上的观点存在着区别。人们一般认为，雷锋精神就是无私奉献，而任正非提倡的雷锋精神则包含两个层次：在精神层面提倡无私奉献，在物质层面承诺奉献者应得到合理回报。这是任正非灰度管理哲学的经典思想，也是对雷锋精神的深刻升华。

任正非在《不让雷锋吃亏——才会促进千百个雷锋不断成长》一文中说："在核心价值观中写进绝不让雷锋吃亏，奉献者定当得到合理回报，这在有些人看来，不免感觉刺眼。华为无意与当今的世风论短长，华为也不宣传让大家都去做雷锋、焦裕禄，但对奉献者公司一定给予合理回报，这样才会有更多的人为公司做出奉献。这既是核心价值观，也是公司的基本分配政策。"

"我们经常强调'雷锋精神'，但我们不是按雷锋精神来进行价值分配的，而是要按劳取酬的。我们只是强调精神上要'雷锋'，分配上按贡献取酬。""物质和精神是共存的，雷锋是精神榜样，但同时必须给'雷锋'的责任贡献结果合理的物质回报。""雷锋是一种精神，但不能作为一种机制。"这些都是任正非对雷锋精神的准确把握。在功利性企业中，如果仅仅提倡无私奉献，奉献者会越来越少，奉献精神必将式微，这在社会实践中已得到验证。任正非反其道提出自己的假设，在华为不让奉献者吃亏，那么奉献者就会越来越多，雷锋精神就会在公司发扬光大。华为的实践也验证了任正非假设的正确性和可行性。

2020年3月,在海外小微国家基础服务保障改善方案汇报会上,任正非是如此解读雷锋精神的:"华为价值评价标准不要模糊化,坚持以奋斗者为本,多劳多得。你干得好了,多发钱,我们不让雷锋吃亏,雷锋也是要富裕的,这样人人才想当雷锋。"

即使在美国持续精准打压华为的特殊时期,任正非也承诺,公司的人力资源政策、薪酬结构政策和晋升措施保持不变。他认为因公司打压而愿意为公司无偿工作是"错误的极'左'思想,是在破坏公司的价值观""不符合大多数人性的政策是不可长久的"。他坚持认为,"公司需要雷锋精神,但绝不是让'雷锋'吃亏,不是让'雷锋'白白付出,反而是号召让'雷锋'多赚钱,我们要团结所有优秀人员一起奋斗,这才是我们的目的"。

华为主张的三大价值观之一"以奋斗者为本",实际上就是源自不让雷锋吃亏的理念:第一强调奋斗与奉献;第二,承诺让奋斗者得到合理回报。

自创业开始,雷锋精神就成为华为的精神支柱,在华为传承了30余年,相信在未来还会继续发扬光大。

"千手观音"精神

千手观音是佛教六观音之一,是我国民间信仰的四大菩萨之一,是大慈悲的象征,她能够默默地保佑信仰者渡过各种难关、消除各种病痛。"千手"表示遍护芸芸众生,"千眼"则表示遍观大千世界。

《千手观音》又是一个舞蹈的名字。2005年春晚，中国残疾人艺术团的21位平均年龄只有21岁的聋哑演员将这一舞蹈演绎得惟妙惟肖，营造出层出不穷、千变万化、无比震撼的视觉冲击力，赢得了全国乃至全世界观众的高度评价。

当年看过《千手观音》后，笔者曾写了《感动"千手观音"》[1]一文发表在《华为人》报上，文中提到，在"千手观音"中，感悟了命运，透悟了人生，理解了执着，看到了沉静，看到了奉献。

《千手观音》同样也感动了任正非。

任正非在《把财经管理体系建成跟随公司业务快速变化的铜墙铁壁》一文中说："差异化产生的命运差异，不是宿命，人的主观努力是可以改变的。要教育员工正确认识社会差异的客观性，只有通过主观的努力，通过自身对社会、对企业的贡献，这样才能减少与他人的差异，对于一味抱怨、期待他人减少差异的人，等待他的只能是更大的差异。"

《千手观音》的领舞邰丽华通过手语告知世人，残疾不是缺陷，而是人类多元化的特点。残疾不是不幸，只是不便，要保持健康的心态面对自己，面对人生的不圆满，你的前途会更加光明。这样的信念对健康人也是一样的。

这正是"千手观音"精神的实质。

需要补充的是，有人写文章讲，任正非看完《千手观音》表演后决定更改华为的狼性文化，由以狼性为代表的"蓝血绩效文

---

[1] 吴春波. 华为没有秘密：珍藏版[M]. 2版. 北京：中信出版集团，2016.

化"变为"千手观音文化",其实这是一种误读,"千手观音"从本质上讲是公司倡导的精神。

概括起来讲,"千手观音"精神就是:团结合作,艰苦奋斗,无私奉献,追求完美。

可可西里精神

《可可西里》是一部电影,2004年由陆川导演。该片反映的是一位记者和巡山队员为了保护可可西里的藏羚羊和生态环境,在可可西里无人区与藏羚羊盗猎分子顽强抗争甚至不惜牺牲生命的故事。该电影反映的主题是艰苦奋斗,无私奉献。2007年6月,在与新员工座谈时,任正非提出:"华为文化是什么东西,我也讲不清楚了,它的包容性,这些年来把别人好的东西都吸纳进来太多了,我解释不清一个具体的表现形式。有人问我,华为文化形象描述一下是什么,我想了半天讲不出来。这次,我看了《可可西里》的电影,以及残疾人表演的'千手观音',我想他们的精神就叫华为文化吧!在华为,是以奋斗者为本!"

任正非把可可西里精神与"千手观音"精神并列,把它们作为华为精神的象征。

狼性精神

外界把华为的企业文化归纳为"狼性文化"是一种误读,原因在于：其一，企业文化是公司坚守的核心价值体系，涉及企业内外部各种关系与矛盾，简单地用"狼性"是无法概括公司文化的；其二，自公司创立以来，任正非与华为从来没有把企业文化认同为"狼性文化"；其三，狼性如同人性，一面是天使，一面是魔鬼，如果提倡狼性文化，实际上也是在倡导狼性中贪婪、自私、凶残等恶的一面；其四，企业文化是一个不断优化的动态过程，以固定不变的狼性文化来定义公司的企业文化，无疑否定了企业文化的优化与升华过程。

华为从来没有把公司的文化称为"狼性文化"，它是外界给华为文化贴的一个标签，但在华为从不忌讳提倡狼性，其提倡的狼性是有内涵与外延界定的。

2008年7月15日，在公司市场部年中大会上，任正非对此有过明确的解释。

> 最近网上曲解了华为的"狼文化""床垫文化"。床垫不是文化，文化是可以传承的，床垫只是一个睡午觉的工具，它不能传承。其他公司睡午觉也许不用床垫，因此"床垫文化"没有推广的价值，也不一定需要批判。我们没有提出过"狼文化"，我们最早提出的是一个"狼狈组织计划"，是针对办事处的组织建设的，是从狼与狈的生理行为归纳出来的。狼有敏锐的嗅觉、团队合作的精神，以及不屈不挠地坚持。而狈非常聪明，因为个子小，前腿短，在进攻时是不能独立作战的，因而它跳跃时是抱紧狼的后部，一起跳跃，就像舵

一样操控狼的进攻方向。狈很聪明,很有策划能力,以及很细心,它就是市场的后方平台,帮助做标书、网规、行政服务……我们做市场一定要有方向感,这就是嗅觉;以及大家要一起干,这就是狼群的团队合作;要不屈不挠。不要一遇到困难就打退堂鼓,世界上的事情没有这么容易,否则就会有千亿个Cisco(思科)。狼与狈是对立统一的案例,单提"狼文化",也许会曲解了狼狈的合作精神。而且不要一提这种合作精神,就理解为加班加点,拼大力,出苦命。那样太笨,不聪明,怎么可以与狼狈相比。

2018年4月4日,任正非在接受深圳卫视记者采访时,特别指出:"我们永远都是狼文化。可能媒体把'狼'歪曲理解了,并不是我们的拟人化的原意。第一,狼嗅觉很灵敏,闻到机会拼命往前冲;第二,狼从来是一个狼群去奋斗,不是个人英雄主义;第三,可能吃到肉有困难,但狼是不屈不挠的。这三点对奋斗都是正面的。"

由此看来,任正非所提倡的狼性精神的内涵是指狼性的三个特征:敏锐的嗅觉(以客户为中心)、强烈的进攻欲望(奋斗进取)和团队合作(持续地群体奋斗)。这与华为的核心价值体系是相匹配的。

除了上述三个特质,狼性精神还包括为团队利益个体所做出的牺牲以及对纪律与规则的坚守。

概括来讲,任正非不认同"狼性文化",但提倡狼性精神,

"狼性精神"从本质上讲，就是华为长期坚持为客户创造价值的奋斗精神。

乌龟精神

今天，乌龟是许多人骂人时经常提及的动物之一，而在古代，乌龟与麒麟、龙和凤凰并称为四大瑞兽。

乌龟有以下特点：第一是长寿，俗话说龟鹤延年；第二是四爪着地，砥砺前行；第三是适应性强，半水栖半陆栖；第四是聚焦，昂头挺胸。

2013年10月19日，任正非在2013年度干部工作会议上，发表了题为《用乌龟精神，追上龙飞船》的讲话。在讲话的开头，任正非就引用了古代龟兔赛跑的故事。

古时候有个寓言，兔子和乌龟赛跑，兔子因为有先天优势，跑得快，不时在中间喝个下午茶，在草地上小憩一会啊！结果让乌龟超过去了。华为就是一只大乌龟，二十五年来，爬呀爬，全然没看见路两旁的鲜花，忘了经济这二十多年来一直在爬坡，许多人都成了富裕的阶层，而我们还在持续艰苦奋斗。爬呀爬……一抬头看见前面矗立着"龙飞船"，跑着"特斯拉"那种神一样的乌龟，我们还在笨拙地爬呀爬，能追过他们吗？

其后，他在该讲话中提出了"乌龟精神"："乌龟精神被寓言赋予了持续努力的精神，华为的这种乌龟精神不能变，我也借用这种精神来说明华为人奋斗的理性。我们不需要热血沸腾，因为它不能点燃为基站供电。我们需要的是热烈而镇定的情绪，紧张而有秩序的工作，一切要以创造价值为基础。"

回顾华为30余年的成长与发展历程，不难看出，它坚守的就是乌龟精神，积跬（龟）步而至千里，由弱小而壮大，由追赶而超越进而领先。

华为像龟，一路跋涉，变成了象龟，变成了"忍者神龟"。乌龟精神与当下流行的"长期主义"的实质是相同的。华为的成长与发展历程非常完美地诠释并体现了乌龟精神和长期主义的实质与内涵。

凤凰涅槃精神

"凤凰涅槃"是中国古老的传说，是指凤凰浴火燃烧，向死而生，在浴火后重生，并得到永生。凤凰涅槃精神代表的是一种不屈不挠的顽强精神和一种勇敢奋斗的坚强意志。

在华为有一句传承多年并广为认同的话，叫作"烧不死的鸟是凤凰"，实际上这是凤凰涅槃精神的另一种表达。

在2005年版的《致新员工书》中，任正非就希望新员工："要承受得起做好事反受委屈，'烧不死的鸟就是凤凰'，这是华为人对待委屈和挫折的态度和挑选干部的准则。没有一定的承受能力，今后如何能做大梁。其实一个人的命运，就掌握在自己手上。生活的评价，是会有误差的，但绝不至于黑白颠倒，差之千里。要深信，在华为，是太阳总会升起，哪怕暂时还在地平线下。"

1999年1月，任正非在市场部集体大辞职四周年颁奖典礼上，发表了题为《凤凰展翅，再创辉煌》的讲话，他说："因为虽说烧不死的鸟是凤凰，但凤凰也只是一个个体，凤凰是生物，生物是有时限的。我认为它给我们带来的是一种精神，这种精神是可以永存的……作为我个人也希望树立一批真真实实烧不死的鸟做凤凰。有极少数的人是真正'在烈火中烧'，如果说他们能站起来，那他们对我们华为人的影响是无穷的……人的生命是有限的，但他的精神是抽象的，是永恒的，我认为应把这种精神记述下来，流传下去。我相信这种精神是可以在华为公司传播下去的。"

任正非从凤凰涅槃精神中提炼出华为干部与员工应坚守的精神，这与公司长期倡导的理念是一致的，如"烧不死的鸟是凤凰""从泥坑爬起来的人就是圣人""是太阳总会升起的，是金子总会发光的"等。它代表着面对挫折的不屈不挠的坚守，历经磨难后的执着精神。

在美国持续精准打压的三年多时间里，华为就是抱着向死而生的凤凰涅槃精神在逆境中生存的。

李小文精神

李小文（1947年3月2日—2015年1月10日），中国著名遥感学家、地理学家,中国国内遥感领域泰斗级专家。1968年,他毕业于成都电讯工程学院(今电子科技大学);1981年,获加利福尼亚大学地理学硕士学位;1985年,获加利福尼亚大学地理学博士学位和电子工程与计算机科学硕士学位。

2014年4月18日,李小文先生在中国科学院大学做讲座时被拍的一张照片走红网络。照片中的李小文院士身穿一袭青衣,脚穿布鞋,不修边幅,凝神聚焦在手中的稿子上。

网友称李小文先生为"扫地僧""布鞋院士",评价其"外表不羁但是有着仙风道骨""维护了传统知识分子的风骨、本色、随性""穿布鞋的他,站在学术的前沿"。

这张照片所展现的李小文院士的精神风貌就是:简朴、聚焦、认真与踏实。

任正非也看到了这张照片,并指示公司有关部门与李小文院士沟通购买照片的版权,用于企业形象广告。据闻,李小文院士将照片版权无偿转让给了华为。

于是就有了以李小文院士这张照片为主题的华为企业形象广告,广告共有4组。该系列广告从2014年6月5日开始,分别刊登在《人民日报》《参考消息》《环球时报》《中国青年报》《经济日报》《光明日报》《科技日报》《21世纪经济报道》《第一财经日报》等纸媒上,故在网络上很难看到全部广告,也没有成为新闻头条,引人关注。这4组广告的广告词分别为:

"华为坚持什么精神?努力向李小文学习""在大机会时

代,千万不要机会主义。开放,开放,再开放。"

"华为坚持什么精神?踏踏实实向李小文学习。""在大数据时代,敢于像当年挖掘巴拿马运河、苏伊士运河那样的大视野、大战略、大决心,寻找大数据时代的'巴拿马'、'苏伊士'。"

"华为坚持什么精神?就是真心向李小文学习。"

"李小文精神就是时代精神,真心向李小文学习。"

广告词是任正非撰写的,其语句简洁朴实,恰如李小文院士的风骨。

有人评价,这也许是一家民营企业对中国科学家的"最高致敬"。

2014年6月18日,在华为"蓝血十杰"颁奖会后,任正非接受国内多家媒体集体采访,道出了发布该广告的缘由:"我们为什么做了'李小文'广告,其实我们很多员工都不听我们的,包括高级干部,他们常常不看公司的文件夹,而是从互联网上吸取能量。所以做个广告也是给员工看的,目的还是希望华为继续踏踏实实地做事,坚持艰苦奋斗精神。"

2018年10月17日,在上研所5G业务汇报会上,任正非强调:"我们要多支持像刘盛纲[①]、李小文这类伟大的科学家,他们

---

① 刘盛纲,中国科学院学部委员,著名电子物理学家,在太赫兹科学技术、电子回旋脉塞、自由电子激光、微波电子学、微波等离子体电子学等领域提出了一系列新概念,建立了有关理论,并进行了实验研究,做出了国际公认的原创性和奠基性工作。

就是灯塔。"

华为推出李小文院士系列广告的背后，还有更深层次的原因。从2013年之后，有一种精神开始在国内倍受推崇，这就是所谓的"互联网精神"。"互联网精神"最初由几位互联网企业的大佬提出，随后迅速被国人接受，甚至连一些主流媒体都不断地传播"互联网精神""互联网思维"。

从某种意义上讲，任正非倡导的"李小文精神"就是对"互联网精神"的回击。任正非通过该系列广告告诫华为员工：这个时代的精神是李小文精神，而不是互联网精神，公司员工应该认真地学习李小文精神。

现今，所谓的"互联网精神"已很少有人提及，而任正非倡导的"李小文精神"还在华为继续传承着。

以色列人民精神

以色列是个充满传奇的国家，以色列人民也历经了苦难。

1997年4月，时任公司常务副总裁孙亚芳女士在赴以色列考察之后，写下了万余字的考察报告，题为《探索以色列崛起之谜》。

孙亚芳女士在文章中提出了向以色列人民学习的7个方面。

> 尽管这次出访时间很短，来去匆匆，我们很难全面了解这个民族，但我从一些粗浅的了解中开始喜欢上这个民族。

这是一个热情、开放、充满活力、自强不息的民族,她聪明而不懒惰,执着而不保守,富有而十分勤俭,充满个性而又高度团结。从这个民族优秀的品质和可贵的精神中,引发出许多思考。

(1)我们在学习美国的技术、日本人的管理和德国人的认真的同时,还应学习以色列民族自强不息、执着追求的精神。

(2)我们应该拥有像以色列民族一样博大的胸怀和高深的境界,团结起来,共筑华为人的精神家园。

(3)我们应该像以色列民族一样,善于吸取世界各国的优点,博采众长,为我所用,真正在华为建立一个开放的学习型组织。

(4)我们应学习以色列人面对矛盾的胸襟和处理矛盾的技巧,敢于面对矛盾,善于化解矛盾,在矛盾中锻炼自己。

(5)我们应学习以色列人的修养,提高个人素质和文明程度,从点滴小事做起,从自身做起,以实际行动来提升华为公司的企业形象。

(6)我们应学习以色列民族勤俭节约的主人翁精神,为公司节省人力、物力、财力资源,从点点滴滴做起。

(7)我们应学习以色列民族的创新精神,敢于走别人没有走过的路,敢于向自己挑战,向未来挑战。

文章发表时,任正非还特别写了按语。

孙亚芳的文章向我们提出了什么？就是学习以色列人民自强不息的奋斗精神，高度的民族与群体的团结精神。我们还要向韩国人民学习爱国主义精神。

自强不息永远是一个企业不断走向希望的精神支柱，但精神需要物质来支持与巩固。这就是公司的基本法要解决的问题。我们也可以把这篇文章看成基本法的辅导报告之一。

虽然文章没有写我们的公司怎么办，没有谈到通信，但当华为人能兼容世界最优秀民族的优良特性时，还有什么人间奇迹创造不出来？我们用这么高的成本吸收了这么多的高素质人才，在经济学上讲是不合适的，但是在政治上讲是合算的。只有这样才能率先在中国建立一个兼容百家的群体。这篇文章写清了一个多么好的榜样。希望大家认真读读。

显然，以色列人民身上所体现出的自强不息和团结奋斗的精神，与任正非一直提倡的集体奋斗精神是非常契合的。

顺便补充一下，任正非非常崇拜以色列前总理拉宾，他自称是"拉宾的学生"，他尤其赞赏拉宾提出的"以土地换和平"的妥协精神。1994年1月26日，在《团结奋斗，再创华为佳绩》一文中，任正非就给市场营销人提出了希望："我还是要求你们学习两个人，一个是韩信，一个是阿庆嫂。委曲求全是人生最伟大的美德，一方面要忍辱负重，另一方面要学会为人处事。"

以色列人民精神的主要体现是：坚韧、执着、奋斗与团结。

日本人民精神

在公司内部，任正非长期号召员工向日本人民学习，早在1994年版的《致新员工书》中，任正非就要求员工："希望丢掉速成的幻想，学习日本人的踏踏实实、德国人的一丝不苟的敬业精神。"

1997年，在孙亚芳那篇《探索以色列崛起之谜》一文的按语中，任正非提出："向日本人学习管理，他们执着认真，任何一件小事，都（被）分解成很多作业程序，开始做时，拟定者都很烦琐，而后来人引用就十分便当，大大降低了管理成本。"

2001年，任正非在其著名的文章《北国之春》中系统阐述了日本人民精神的内涵。

> 我亲自领悟过日本人民的勤奋，没有他们这种精神，就很难用二三十年时间，就从二战的废墟中崛起。日本民族善于精工，在产品经济时代大放过光芒，让全世界人民对日本人民刮目相看。我也领教了他们在困难时期战胜萧条的忍耐与乐观精神。
>
> ……
>
> 他们无怨无悔、勤奋努力、不断奉献的精神，创建了日本的繁荣。日本目前虽然遇到了困难，但其国民的忍耐、乐观、勤奋和奋斗的精神未变，信念未变，对生活和工作的热

爱未变。天道酬勤，相信日本能够度过这寒冷的冬天。

……

什么叫成功？是像日本那些企业那样，经九死一生还能好好地活着，这才是真正的成功。华为没有成功，只是在成长。

2014年3月，在日本研究所工作汇报会上，任正非提出："日本'短、薄、精、小'的人才及质量管理的能力，对我们有很大价值，华为正在构筑全球化的价值链，我们的发展战略与日本产业界的优势有很强的互补性，要坚持与日本产业界合作共赢的发展方式。"

2015年任正非为汪中求的《日本工匠精神：一生专注做一事》专门写了转载按语："我们公司也有工匠精神，我们从一个年产几百万，到年产4000亿是怎么过来的，多少辛酸泪。我们要重视技师文化的建设，给他们合理报酬和激励，文员、支付系统的员工……都是一种特殊的技师，我们都要关怀。李建国是工匠第一人，他的任务是要让千万技师、技工成长起来，我们要后继有人。我们质量要百尺竿头更进一步。"

2019年在接受日本媒体采访时，任正非讲道：

"《北国之春》写出了日本人民的奋斗历程和奋斗精神，我们也是充分理解的，因为我们也曾经贫穷过。"

"漫山遍野的樱花是非常美的，这漫山遍野的樱花就代表了日本民族精神。日本人民的高度团结是世界少有的，这就是日本的美。"

"日本人在工作上的认真和生产上的高质量管理，更值得我们学习。

"日本人在面对困难时，也有很多值得我们学习的地方。比如说我去日本，看到日本人吃饭的时候，每桌都要点一个来自福岛的菜，这就是对灾区的支持。我们也要学习日本这种精神，多买一些贫困山区的蔬菜和肉类，支持贫困山区脱贫。另外，在中国汶川大地震救灾中，我们也看到了日本地震抢险队所表现出来的顽强和奋勇精神。"

2019年9月，任正非在华为深圳坂田总部会见了日本著名歌曲《北国之春》的词作者井出博正。任正非告诉井出博正："我那时写的不光是《北国之春》，我写的是整个日本，因为那个时候全世界都是经济非常困难的时候，日本人是怎么度过这个最大的困难的？我们怎么向日本人学习？"

2019年5月18日，在接受日本媒体和学者的群访时，任正非提出："日本人民的精神是未来工业文明中最重要的一种精神。当然，我们有很多方面也在向德国学习，特别是流程化管理。所以，我们把日本人民的管理方法、德国人民的管理方法，日本人民的精神、德国人民的精神都融合到华为的精神中。"

上述讲话可以看出任正非崇尚的日本人民精神包含：勤奋精神、奋斗精神、工匠精神和团结合作精神等。

"蓝血十杰"精神

《蓝血十杰》是一本书的名字，作者约翰·伯恩在书中介绍了以查尔斯·桑顿为代表的10位哈佛天才，他们卓有成效地将数字化管理模式用于战争，为盟军节省了10亿美元的经费，他们是二战期间美国空军的后勤英雄。战后，他们加盟福特汽车公司，把数字管理引入现代企业，拯救了衰退的福特，开全球现代企业科学管理的先河。

关于"蓝血十杰"西方有个传说，贵族的血是蓝色的，代表着高贵与智慧，故名为"蓝血十杰"。

"蓝血十杰"精神就是科学管理精神，他们信仰事实与数据，崇拜效率与控制。如果说泰勒是科学管理理论的奠基人，那么"蓝血十杰"则是科学管理实践的里程碑。

2013年11月29日董事会常务委员会就评选管理体系中"蓝血十杰"的事宜做出决议，以表彰对管理体系建设和完善做出突出贡献、创造出重大价值的优秀管理人才。这是华为管理体系建设的最高荣誉奖，获奖者被授予荣誉勋章。

2014年6月18日，公司召开了首届"蓝血十杰"表彰大会，获奖者有在职员工，也有离职员工，还有咨询公司的顾问。这次颁奖典礼还邀请国内媒体观摩，会后任正非首次接受了国内媒体的集体采访。在表彰大会上，任正非做了《为什么我们今天还要向"蓝血十杰"学习》的讲话，他指出："互联网现在已经改变了做事的方式，使传送层级减少，速度加快。我们今天坚持用五年时间推行 LTC 落地，实现账实相符，'五个一工程'，就是继续'蓝血十杰'的数字工程的目的。"

2013 年，在《用乌龟精神，追上龙飞船》一文中，任正非说："这些年在管理变革中，涌现出大批优秀人才，我们从选拔'蓝血十杰'开始，对他们实施表彰，以鼓励那些默默无闻做出贡献的人。郭平说要寻找'蓝血十杰'，我认为一定要找到并授予他们光荣，而且逐级的评选鼓舞那些做出贡献的人。"

2014 年，在德国 LTC 教导队训战班座谈会上，任正非说："在这个时代，我们还是要继续学习蓝血十杰，对数据、对事实要有宗教般的崇拜，根据数据和流程来综合管理。"

截至 2018 年，华为已经有 1077 人获得"蓝血十杰"奖，据了解，2018 年后华为没有再评选"蓝血十杰"奖。

关于"蓝血十杰"精神的实质，任正非 2014 年在华为内部管理研讨会上就做了最恰当的总结："我们要学习蓝血十杰对数据和事实近乎宗教崇拜的科学精神，学习他们从点滴做起，建立现代企业管理体系大厦的职业精神，学习他们敬重市场法则，在缜密的调查研究基础上进行决策的理性主义。"

美国人民精神

2016 年 8 月 13 日，任正非在华为公司 IPD 建设"蓝血十杰"暨优秀 XDT 颁奖大会的讲话中说："1992 年，我第一次去美国，就感到一种氛围的冲击。第二次去美国，我们想到改革公司。我很幼稚，曾买到一本书，以为我们跟着这本书就能变革成功。IBM说'可不是这么简单'，派来了庞大的改革顾问小组进入我们公司，手把手教，历时20年才走到今天。这么有经验的顾问指引，尚且如此困难，所以当初想靠一本书就能变革成功，的确很幼稚。"

1994年12月，任正非第一次去美国，写下了《赴美考察散记》。

> 美国人踏踏实实、十分专一的认真精神，精益求精的工作作风，毫无保守的学术风气，是值得我们学习的。美国人没有像中国人那么多远大的理想，也没有胸怀祖国、放眼世界的抱负，也不像我们那样充满幻想。这个民族踏踏实实、不屈不挠的奋斗精神是值得我们学习的。
>
> ……
>
> 美国的繁荣是一代一代的牺牲换来的。美国人民绝大多数是勤劳的、好学的。我们应该学习他们的不屈不挠的奋斗精神，为振兴中华做出我们应有的努力。

1997年12月，任正非写下了《我们向美国人民学习什么》。

> 我很多次去过美国，美国人民的创新机制与创新精神留给我很深的印象。
>
> ……
>
> 拼命奋斗是美国科技界普遍的现象，特别是成功者与

高层管理者。是由数百万奋斗者推动的技术进步,管理进步,服务网络的优良服务,而取得的。

……

中美之间的风风雨雨还会不断地出现,但不影响我们向美国人民学习他们的创新机制与创新精神,以促进我们更快地富强起来。

在2011年《从"哲学"到实践》一文中,任正非指出:"美国国家对公民权利的严格保护,有章可循的司法制度,崇尚学术自由和创新精神的教育思想,富有活力的自由市场经济,发达的社会福利制度,多样性、包容性的文化,以及美国民众在关键时刻爆发出来的英雄主义,都是美国强大的关键。先进的制度,极大地解放了生产力,激发着美国人民全力创造财富。这种制度吸引了来自全世界各国的精英和杰出人才为其服务。"

同时,任正非也指出了美国存在的问题:"但是,三十年河东,三十年河西,盛极而衰也在美国逐步显现。由于强大,不再顾及他人,单边主义越来越厉害,逐步从世界的核心漂移,越来越多的国家不赞成美国。由于傲慢与偏见,逐步形成了更多的自我心态,从过去的开放,逐步转向封闭,不承认别国、别人的优势的上升。这种自闭,影响了美国的进步。由于过去的强大,在贸易上也处在极优势,从而导致福利主义,形成了高成本,制造业振兴困难,形成复杂的社会问题。而在高薪酬的成本拖累下,竞争优势不再,随着新兴国家的兴起,越来越使美国竞争力削弱,它将不再是世界的经济中心。它不继续立国时的开放，我们追赶上去，不是没有可能的。"

在 2013 年《用乌龟精神，赶上龙飞船》一文中，任正非指出："我们要正视美国的强大，它先进的制度、灵活的机制、明确清晰的财产权、对个人权利的尊重与保障，这种良好的商业生态环境，吸引了全世界的优秀人才，从而推动亿万人才在美国土地上创新、挤压、井喷。硅谷那盏不灭的灯，仍然在光芒四射，美国并没落后，它仍然是我们学习的榜样，特斯拉不就是例子吗？我们追赶的艰难，绝不像喊口号那么容易。"

即使华为在遭受美国多轮无理打压时，任正非也没有否定美国人民的精神，这表现出他的胸怀与理智。

在 2018 年 4 月 8 日的一次讲话中，任正非就要求相关部门"要正视美国的强大，看到差距，坚定地向美国学习，永远不要让反美情绪主导我们的工作"。

2019 年 3 月 13 日，任正非接受 CNN 采访，他说："至今我还是认为美国是很伟大的国家，因为它先进的制度、灵活的创新机制、明确清晰的财产权、对个人权利的尊重与保障等各方面，吸引了全世界的优秀人才，从而推动亿万人才在美国土地上投资和创新。没有美国这两百多年的开放，就没有美国从一个小国变成世界上最强大的国家。"

任正非还强调："撇除个人利益、撇除家庭危机、撇除华为公司利益，我们始终认为美国是一个伟大的国家……我们向美国学习的决心不能改变，不能因为我个人受到磨难就改变。"

2019年5月23日,在接受德国电视一台纪录片的采访时,任正非谈道:"我对美国的创新精神、创新机制的推动有很深的感慨。有一篇文章叫《不眠的硅谷》,硅谷人为了奋斗,在车库……通宵不眠,当然硅谷今天还是这种精神。我们吸取了一些精神力量,我们也要艰苦奋斗,也要努力,从简单开始逐渐走向中高端。"

"哈佛等名校毕业生到非洲做工作,挣很少的钱,就是为了一种理想,这个理想过去叫'清教徒精神'。华为的精神和清教徒精神没有什么区别,我们这种精神也是为了一种理想,为了人类社会。"

自2019年美国政府连续精准打压华为之后,任正非一直强调:"无论怎样,我们永远不记恨美国,那只是一部分政治家的冲动,不代表美国的企业、美国的学校、美国社会。我们仍然要坚持自强、开放的道路不变。你要真正强大起来,就要像一切人学习,包括自己的敌人。""我本人原来是最亲美的人,我推动了近30年向美国学习直到今天。""直至今天我也不反美,仍然在研究近二百年进程中欧、美的经验与历史。"

2020年8月,在与战略预备队学员和新员工座谈会上的讲话中,任正非再次强调:"'要让打胜仗的思想成为一种信仰,没有退路就是胜利之路',这是美军马丁·登普西上将的话。你看,我们高举美国将领的话,向美国学习的精神并没有因为美国打击我们而改变。"

概括来讲,任正非所崇尚的美国人民精神包括创新、奋斗、敬业、爱国、英雄主义、重视人才,以及自我批判等精神。

德国人民精神

在 1994 年版的《致新员工书》中,任正非就希望新员工:"丢掉速成的幻想,学习日本人踏踏实实、德国人一丝不苟的敬业精神。"

1997 年,在一篇文章的按语中,任正非强调:"向德国人学习一丝不苟的实干精神,他们的踏实认真,才使'奔驰''西门子'……成为世界名牌产品。"

在《北国之春》一文中,任正非认为:"日本人民的勤劳,与德国民族的执着,在机电产品产业时代,震撼了世界。"

2015 年 5 月在公司质量工作汇报会上的讲话中,任正非提出:"每个人都愿意兢兢业业地做一些小事,这就是德国、日本的质量科学,没有这种文化就不可能有德国、日本这样的精密制造。我们为什么不能有这种文化?我们要借鉴日本和德国的先进文化,最终形成华为的质量文化。"

任正非所倡导的德国人民精神就是敬业、严谨、踏实和一丝不苟的工匠精神。

阿甘精神

阿甘是电影《阿甘正传》的主人公,影片描述了因先天智障,智商只有75的小镇男孩福里斯特·甘自强不息,在多个领域创造奇迹的励志故事。他先后成为大学橄榄球明星、越战英雄、世界级乒乓球运动员、摔跤选手、国际象棋大师和商业大亨,不仅获得两任美国总统的接见和授勋,还出访中国,甚至还无意间发现了"水门事件"的真相。

2013年,任正非指出:"华为的成功没什么秘密,华为就是最典型的阿甘。阿甘精神就是目标坚定、专注执着、默默奉献、埋头苦干!这个社会聪明人太多,要做阿甘,要傻一点。"

2014年4月9日,在与巴西代表处及巴供中心座谈会上,任正非提出:"多一点阿甘精神,一步一步积累正能量,越困难的地方越锻炼人,要坚持干部内生,破格提拔,去除冗余,激活组织。一个年轻人呢,不要太多地去感觉社会对自己的评价。无私的贡献最终也会有结果的。大家也看过阿甘这部电影,《阿甘正传》。如果这些互联网充满了负面思想,天天要问个为什么、为什么,你消耗了你的能量,不如去把合同做好。我认为人只有走到一个很高的位置以后,才能把负能量变成正能量。我认为要奉劝年轻的孩子们就是像阿甘一样傻一点,相信正能量,努力汲取正能量。等你地位高了以后,思想丰富了,哲学思想成熟了,你再去接触负能量,你可以把负能量变成正能量。"

2014年6月,在德国LTC教导队训战班座谈会上,任正非指出:"通过20多年的持续管理变革,我们已经建立了一个基于流程的管理体系,但是端到端的主干流程集成与贯通仍然是最大的短板。我们要继续向'蓝血十杰'学习,发扬阿甘精神,扎扎实实、一点点地搞管理变革,构建公司美好的未来……在这个世界上,阿甘是最伟大的人。阿甘精神就是傻,相信领导,按领导的话干,不挑领导的刺。一个年轻人相信这些以后,他就是傻嘛,上级也觉得他傻,所以让他当了排长,又当连长、营长、团长,最后又有机会当了军长。所以我说,傻一点,做阿甘没有坏处。"

2015年1月在达沃斯论坛上,在回答记者提问"华为的长处"时,任正非答道:"最长项就是傻,华为从上到下都是大傻瓜。为什么呢?好不好都使劲干,因为人多了,自然而然就能给你摸到这个方向,而且我们号召大家听听外面的东西,在这个社会其实阿甘很可爱,这个社会不需要太多聪明人,如果满社会都是聪明人,谁来种粮食?"

2015年12月18日,在接受采访时,任正非再次强调:"华为没那么伟大,华为的成功也没什么秘密!华为为什么成功,华为就是最典型的阿甘,阿甘就一个字'傻!傻!'阿甘精神就是目标坚定、专注执着、默默奉献、埋头苦干!华为就是阿甘,认准方向,朝着目标,傻干、傻付出、傻投入。"

2016年1月13日,任正非在华为市场工作大会上说:"君不知20多年来,华为走出去多少优秀青年,留下我们这些'傻子',他们不走有我们这些'傻瓜'的机会吗?他们把胜利的光荣让给了我们,我们不是受到家人的表扬了吗?我们既然胸怀世界,就要敢于气吞山河,团结一切你不愿意团结的人,反对过你而且有反对了的人，也包括反错了的人。"

2020年3月17日在与研发体系座谈会上，任正非再次强调："为什么世界上很多是'傻子'成功了？'傻子'的特点就是不聪明，熬进去终于把他熬明白了，再去周边吸收营养，逐步优化架构，华为公司就是这么走过来的。"

任正非认为自己也很傻。2015年9月6日，在接受福布斯中文网采访时，当记者问是什么因素促成任正非的成功时，任正非回答："我最大的问题就是傻、执着，这是我太太说的。我啥爱好都没有，我就是聚焦在一个窄窄的面上，不做点事，不无聊吗？"

在我国也有一位与阿甘相类似的人，他就是电视连续剧《士兵突击》里的许三多。任正非曾向干部推荐这部电视剧，并希望员工"要多看看《士兵突击》，要像许三多那样把我们的基础工作做扎实"。

任正非讲自己和华为傻，不是自谦，也不是自黑，与其他公司相比，华为确实有点"傻"，但不愚。古人云，傻人有傻福气，聪明反被聪明误；今人讲，这个世界上到处都游荡着有才华的穷人。以一个"傻"字概括华为的成功，非常简单且准确。

网上有文章称任正非曾写过《我最痛恨聪明人》一文，笔者并未检索到该文，所以任正非是否痛恨聪明人不得而知，但任正非倡导阿甘、许三多的"傻"则有据可查。

阿甘因"傻"而成功，华为的成功是因为"傻"，任正非的成功也是根源于"傻"。

阿甘之傻表现在：执着、坚守、聚焦、坚韧、沉静与奋斗。

任正非用"阿甘精神"解释了华为所取得成功的一个要素。

加西亚精神

加西亚是阿尔伯特·哈伯德所著的《致加西亚的信》中的人物,这是一本仅用一小时写成的小册子,却成为人类有史以来发行量最多的十本书之一。

作者在1913年版序言中说:"日俄战争期间,每一位上前线的俄罗斯士兵人手一册《致加西亚的信》。日本人在俄罗斯士兵的遗物中发现了这些小册子,他们断定这肯定是一件十分有价值的东西,于是,这篇文章又有了日文版。后来日本天皇下了一道命令:日本政府官员、士兵乃至平民都要人手一册《致加西亚的信》。"

书中讲述了一个真实的故事:安德鲁·罗文中尉把美国总统的一封信送到身在古巴丛林里的反抗军首领加西亚手中的经历。

《致加西亚的信》1997年在《华为人》报上首次转载时,任正非专门写了编者按:"每个华为人是否都有责任心,能'把信带给加西亚'?值得我们反省自查。我们是不是在'一转身之后'就懒散下来,投机取巧,推诿塞责,划地自封?是不是轻飘飘地以流程和狭隘的本位观念遮掩自己的缺乏责任心?本文中的送信人如果害怕危险拒绝送信,或者把信信手扔进小河里,或者在途中走进一家酒吧喝上两盅,都有理由,但战争将是另一种结局,一个国家可能完了。让我们时时处处检点,努力做实,尽心尽力做好自己的本职工作，能'把信带给加西亚'。"

10年后，2007年《华为人》报再次转载此文并配发编者按："十年前，《华为人》刊登了这篇文章，激励了无数员工奋力拼搏，努力成为那个'把信送给加西亚的人'；十年后，我们再次来回顾这篇文章，其中自动自发的强烈责任心，认真做实、尽心尽力做好本职工作的优秀品质……依然是每一位华为人应孜孜不倦追求的职业素养。"

同一篇文章，在公司内刊两次转载，十分罕见。

确切地讲，加西亚精神应该被称为罗文精神，罗文精神的实质是敬业、忠诚、执着、勤奋与坚韧。

亮剑精神

《亮剑》是一部国产电视连续剧，所谓的亮剑精神，用主角李云龙的话讲就是："古代剑客们在与对手狭路相逢时，无论对手有多么强大，就算对方是天下第一剑客，明知不敌，也要亮出自己的宝剑，即使倒在对手的剑下，也虽败犹荣，这就是亮剑精神！""面对强大的对手，明知不敌，也要毅然亮剑，即使倒下，也要成为一座山、一道岭！""狭路相逢，勇者胜！亮剑精神就是我们这支军队的军魂！剑锋所指，所向披靡！"

查阅相关文献资料，笔者还没有找到任正非提过亮剑精神，但在其讲话或文章中，经常出现与"亮剑"相关的内容。

"历史上的英雄大多数都'吊儿郎当',像李云龙那样,因为他抓的是主要矛盾,其他方面可能有缺点。我在泰国代表处民主生活会上纪要的批示:真英雄,是发自我的内心的。"(2016年5月)

"要明确从实战中练兵选将,在识别南郭先生和铲除平庸的同时,要提拔李云龙式的干部。李云龙式的干部是实战出来的,不是考试、述职评出来的。我们要的是粮食,不是电影里面的军服帅哥,军服帅哥不能打仗有啥用。"(2017年9月)

"要搞明白服务对象,为谁服务,首先就要懂得谁。谁是最好的HR(人力资源)呢?赵刚,李云龙的助手,他和李云龙配合很好,学明白了战争,最后升得比李云龙还快。政治部主任也要会打仗,你要不会打仗,你怎么为军队服务?"(2018年4月)

"BG机关和地区部BG建设资源和能力中心,就是各个野战军团,担负起穿插作用,使代表处堡垒政策变得灵活机动。"(2019年2月)

"只有平庸的领导,没有平庸的员工,李云龙手下人人是好汉,马谡拥有千万雄兵仍会痛失街亭。要以此为抓手,激活组织,迎接更大的困难和挑战。在极端恶劣的情况,创造多个世界第一。改革,就是必须用自身的风险,去换取无穷的战斗力。"(2019年3月)

"干部管理工作要对结果负责,若管理结果不好,则相关干部管理组织要整建制置换；管干部的人，如果不是'赵刚'那样的，也要置换掉，到内部劳动力市场去，去找工作机会去。"（2019年6月）

"干部可以在战场上选拔，但是素质提高也是必需的，没有说允许像李云龙一样骂骂咧咧。战时状态，既要激进又要保守。市场努力向前进攻，加强经营质量；研发坚持加大战略投入，'向上捅破天，向下扎到根'。"（2019年7月）

"主官要有主动求战、求胜的欲望，要有坚如磐石的信念，具备坚强的意志和自我牺牲精神。美国的两个主力作战师，101师和82师，为了争夺荣誉，士兵甚至会打架。如果大家平稳成一碗水，看似很理性，但是没有活力，这样的主官就要淘汰。主官一定要有自豪感、荣誉感，一定要胜利。抢占上甘岭，主官首先要'剃头宣誓'，誓死奋斗。我们的主官剃个头，嗷嗷叫，枪一响，上战场，谁会不跟你冲。'跟我冲''给我冲'，是两种不同的领导方式。以后要先找到领头人，再立项，没有合适的人，也别立项。"（2019年7月）

2017年，在《让精神文明与物质文明建设成为公司发展的动力双翼》一文中，任正非对亮剑精神的实质做了全面的概括："《亮剑》中政委赵刚在探视养伤的李云龙时曾经说过这样一段感悟，'一支部队也是有气质和性格的，而这种气质和性格是和首任的军事主管有关，他的性格强悍，这支部队就强悍，就嗷嗷叫，部队就有了灵魂，从此，无论这支部队换了多少茬人，它的灵魂仍在'。一支队伍精神文明的建设首先依赖是否有一群目光远大、敢于亮剑的干部，习惯于'溜须拍马、投机取巧'的南郭先生是无法打造队伍的精神世界的。"

华为自初创期就倡导的"胜则举杯相庆，败则拼死相救"，实际上与亮剑精神是一脉相承的。

亮剑精神代表着打胜仗的血性，团队奋斗，奉献牺牲，英雄主义，等等，还代表着军事主官的领导力、任职能力、相互协作以及培养路径等。

满广志精神

满广志，1974年出生，中国人民解放军军事科学院国际战略专业研究生毕业，是中国陆军第一蓝军旅旅长。2019年9月25日，满广志获"最美奋斗者"个人称号。满广志被称为"六边形"旅长。在2014—2016年的"跨越·朱日和"实兵演练中，他率领第一蓝军旅取得32胜1负（红军部队"惨胜"）的战绩，"踏平朱日和，活捉满广志"这个口号几乎成了所有红军部队的终极目标。

任正非在讲话或文章中多次提出向满广志学习。

"你们看看满广志，他不就是三十多岁的年轻人，怎么就能把31个红军师给消灭了？第32个红军师也只是一个惨胜，所以中国人民解放军全军都喊'踏平朱日和，活捉满广志'。"

"我们公司的队伍中，有成千上万个'满广志''向坤山'……我们如何指导他们成长，是我们各级干部部门的责任。360度考核，别只盯住英雄的缺点，要给他贵人指点、开开天光。我们也要活捉'满广志'，活捉的目的是让他升官，担负更重的责任。"

"我们要加强干部的战略洞察能力、决断能力、自我牺牲精神的培养。这次向满广志学习，向向坤山学习，向梁山广和孔令贤学习，为什么？其实我们这个队伍，有成千上万这样的人。过去30年，我们积累了一大批优秀的、执行力很强、客户沟通和亲和能力很强的干部，一定要在战略洞察上加强成长。为什么？我们要变成一百多个小华为了，你要学会当家。当我们把权力给你们的时候，你们的担责就大了。"

"在研发系统的总体办中可以组成一个'红军'和一个'蓝军'，'红军'和'蓝军'两个队伍同时干，'蓝军'要想尽办法打倒'红军'，千方百计地钻它的空子，挑它的毛病。'红军'的司令官以后也可以从'蓝军'的队伍中产生。"

"史上破产的公司从来没有说是一点点垮的，都是兵败如山倒，像雪崩一样崩溃。所以，我们不能崩溃，就要进行整改。在整改过程中，不要影响冲锋陷阵的积极性，我们要焕发出战斗活力，就要向满广志、向坤山学习，让大家把工作干劲爆发出来。我们鼓励英雄积极冲锋，但在大兵团作战的形势下，必须遵守流程。"

"我特别支持无线产品线成立蓝军组织。要想升官，先到蓝军去，不把红军打败就不要升司令。红军的司令如果没有蓝军经历，也不要再提拔了。你都不知道如何打败华为，说明你已到天花板了。两军互攻最终会有一个井喷，井喷出来的东西可能就是一个机会点。我不管无线在蓝军上投资多少，但一定要像董事们'炮轰华为'一样，架着大炮轰，他们发表的文章是按进入我的邮箱的时间排序的。一定要把华为公司的优势去掉，去掉优势就是更优势。"

"消灭满广志的112师，所有师旅长都在演习中'牺牲'了，是一个政治副主任带着打赢的。这是全军唯一一个战胜满广志的师。我们的改革落后于军队，落后于国家。人力资源的改革首先是强调人力资源与干部部人员要深入战场，自己独立承担一个任务的计划、预算、核算，我就算你开始搞明白了一点。"

2017年公司干部总部还专门组织向满广志、向坤山学习的专题活动。正如任正非所言："我们有称霸世界的能力，也需要有称霸世界的队伍，而且要有称霸世界队伍的纪律。"

2013年9月5日，任正非在《最好的防御就是进攻》一文中说："我们在华为内部要创造一种保护机制，一定要让蓝军有地位。蓝军可能胡说八道，有一些疯子，敢想敢说敢干，博弈之后要给他们一些宽容,你怎么知道他们不能走出一条路来呢?"

《华为公司人力资源管理纲要2.0》也提出:"干部在日常工作中要践行核心价值观,学习与发扬'满广志''向坤山'的求真务实精神。"

任正非认为:"自我批判是一种武器,也是一种精神。"满广志代表的蓝军精神有一个重要的内涵就是:把公司的自我批判由个人行为变为组织行为。

满广志精神就是蓝军精神,其内涵包括:敢打胜仗,求真务实,勇于创新,敢于担当,自我批判,等等。

西点军校精神

西点军校即美国陆军军官学院,创办于1802年,是美国第一所军事学校。

军人出身的任正非,对西点军校的向往与崇拜是可以理解的。

2019年5月23日,任正非在接受德国电视一台纪录片采访时表示:"当时,解放军有一个代表团考察了西点军校,《解放军报》有对西点军校的连载描写。对西点军校的作风,我的印象比较深刻。所以,我们在早期建设公司时,是学习西点的风格来管理的。当然,我们是一个生产企业,不可能像军队那么不讲成本。"

1998年,任正非向华为大学推荐《西点军校领导魂》一书。

2006年11月20日，在题为《华为大学要成为将军的摇篮》一文中，任正非说："华为大学能不能把'将军的摇篮'这句口号公开喊出来，当然，这将给教学极大压力，给学生极大压力。我们执行830计划，最大的困难是缺少带兵的人，缺少优秀的拥有成功实践经验的干部。这些人在学习与实践中，会逐步成长为各级管理骨干，我们称之为'将军'。华为大学在这个历史时期应负有很大的使命。要研究一下，黄埔军校、抗日军政大学、西点军校为什么出了这么多将军。为什么我们担负不起这个历史使命来呢？黄埔军校培养了林彪、徐向前、陈赓等一大批共产党、国民党的高级将领，你们分析一下，黄埔军校为什么能够培养出这样的学生？抗大为什么能培养出一大批走上抗日前线的将领？抗大毕业的20万学生对中国革命和建设起了多大作用……现在我们也要'北伐'了，为什么我们担不起这个历史使命来呢？担不起这个责任来呢？我们要研究我们的教学方法。"

2017年4月，任正非在哈佛商学院演讲中提出："美国是最自由化的国家，而美国军队是最守纪律、最自强不息的组织，从而塑造了美国一代又一代的杰出领导人、企业家，有1/2的总统、企业家出自军人。这说明纪律和自由是可以并存的，是相辅相成的。没有纪律的自由就是无政府主义，没有自由的纪律就是盲从和奴性。而使纪律和自由相辅相成的关键，是理想和信仰的共同性。中国的先哲孔子，认为人生的最高境界是'从心所欲而不逾矩'，这不就是自由和纪律并存的最佳状态吗？所以，华为对干部员工的要求就是：有理想，守纪律。"

2019年11月26日,在接受CNN记者采访时,任正非谈道华为向西点军校学习的内涵:"作为一个企业,需要有组织、有纪律,不能是一盘散沙,这点我们是向美国西点军校学习的。西点军校的老校长我见过,我对他说,'我年轻时候对美国西点军校就非常崇拜,崇拜西点军校的管理方法、教育方法,崇拜西点人的努力奋斗'。我们在公司早期建设中大量引用西点精神和方法,特别是末位淘汰,但是以前末位淘汰的打击面太大了,把普通员工也纳入末位淘汰系统,过分残酷了。现在才明白,我们需要淘汰的是管理者,而不是普通'士兵',通过对管理者的淘汰,把压力传递到他的管理工作上去,我们就进步了。"

西点军校的校训是"责任、荣誉、国家",这也是西点军校精神的实质。

黄埔军校精神

黄埔军校精神曾被概括为"爱国家,爱百姓,不要钱,不要命",正如该校校门那幅著名的对联:"升官发财请往他处,贪生怕死勿入斯门。"

2021年5月28日,任正非在干部管理工作汇报会议上说:"世界上有最好的两个大学,黄埔军校就是两条绑腿,抗大就是一条小板凳,小青年、初中生坐那里听一点革命真理,拿到一点火花,就去当高级干部了。"

这两所学校为什么能成为中国最著名的学校?

任正非认为："抗大的校训很好，黄埔军校的校训很好，西点军校的校训也很好，我现在不敢肯定说这些校训是不是影响了整个结果：黄埔的校训是不是形成了北伐的阵营，抗大的校训是不是形成了共产党能占领全中国的队伍，美国西点的校训是不是支撑了美国成为世界霸主。"

任正非希望华为大学能够传承黄埔军校精神和抗大精神，以此培养出更多的具有黄埔军校精神和抗大精神的学员。

套用任正非的话讲，就是"用优秀的精神来培养更具优秀精神的人"。

抗大精神

在任正非眼里，黄埔军校与抗大是中国两所最好的军校，2019年1月17日，在接受多家国内媒体采访时，他讲道："黄埔军校就是两条绑腿，抗大就是一条小板凳。你们看关于抗大的电影，搬个小板凳，坐在黄土飞扬的土地上，听到毛泽东没有麦克风的讲话，就建设了新中国。黄埔和抗大怎么不是世界上两所伟大的名校呢？"

任正非长期把抗大精神与黄埔军校精神并列提倡。

在《华为大学要成为将军的摇篮》（2006年）一文中，任正非提出："抗大的校训是什么？西点的校训、黄埔军校的校训是什么？我们华为大学有校训吗？抗大的'三八作风''坚定正确的政治方向，艰苦朴素的工作作风，灵活机动的战略战术''团结、紧张、严肃、活泼'；西点有'责任、荣誉、国家'；它们都有鲜明的口号……为什么西点、黄埔、抗大出了这么多将军，你们都要好好研究一下，这些都是榜样。"

抗大精神集中体现在其校歌中："人类解放，救国的责任／全靠我们自己来担承／同学们，努力学习／团结紧张，严肃活泼／我们的作风／同学们，积极工作／艰苦奋斗，英勇牺牲／我们的传统。"

芭蕾脚精神

《芭蕾》是一幅获摄影金奖的照片，作者为美国摄影师亨利·路特威勒，他用4年时间记录了纽约芭蕾舞团演员的演出与排练，该作品是其摄影作品集《芭蕾舞》中获金奖的一张。照片中是一双芭蕾舞者的脚，一只脚穿着舞鞋光鲜亮丽，另一只脚赤裸着满是伤痕。它反映的不仅仅是舞蹈，还"表达了人类情感的各种形态：爱、绝望、热情、希望，还有最重要的是，快乐"。照片中的美与丑、优雅与不堪，形成强烈的视觉冲击。

可以说，这是一幅体现奋斗、坚持、奉献、快乐的摄影作品。

据说，这幅照片是任正非首先发现的。2015年，华为购买了这幅作品的版权，作为企业形象广告。

1月4日，芭蕾脚广告在全球许多机场和媒体投放，配发的英文广告文案是：The journey is hard and joyful.（旅程是艰难的，也是快乐的）。

2015年3月18日开始，这则广告在国内陆续投放，随之，在全球范围内引起巨大的反响。

中文版的广告文案是："我们的人生，痛，并快乐着。"其后广告文案选用了罗曼·罗兰的一段名言："人们总是崇尚伟大，但当他们真的看到伟大的面目时，却却步了。"

2015年1月在达沃斯论坛上，任正非讲道："我们除了比别人少喝咖啡、多干活，其实不比别人有什么长处。就是因为我们起步太晚，成长的年限太短，积累的东西太少，我们得比别人多吃点苦。所以我们有一只芭蕾脚，一只很烂的脚，我觉得就是华为的人，痛并快乐着。华为就是那么一只烂脚，它解释了我们如何走向世界……""我说这就是华为人生，痛并快乐着。华为就是那只烂脚，如果不表现出来，社会还觉得我们这只脚还挺好。"

痛，指的是公司在成长过程中面对的一个又一个苦难、挫折与失败；快乐，指的是渡过劫难后的欢愉。

2015年3月18日，《人民日报》为此发表评论："其中（芭蕾脚）有华为引以为豪的艰苦奋斗、以苦为乐的企业文化，也折射了中国品牌在海外筚路蓝缕、努力开拓的不懈精神。"

2015年4月9日《中国青年报》的文章《华为："芭蕾脚"撑起联接世界的梦想》认为："'芭蕾脚'背后是华为联接世界的梦想。"

2020年2月29日，上海芭蕾舞团戴着口罩的芭蕾舞演员跳着《天鹅湖》的"停工不停功"的练习视频在媒体上出现。任正非在公司内部推荐了这个视频："从这群芭蕾舞演员身上可以看到这种内生力量。成熟的企业深知危机是常态，无论外界环境如何变化，修炼好内功，梅花香自苦寒来，这也是华为精神。"

华为公共及政府事务部致信上海芭蕾舞团："公司创始人任总在网上看到了贵团'停工不停功'的练习视频，非常感动，转发给我们。在疫情特殊时期，'口罩芭蕾'所代表的'梅花香自苦寒来'精神和积极乐观的人生态度，和华为的精神是一致的。""我们希望将'口罩芭蕾'的奋斗之美，传递给华为在170多个国家的员工和家属、客户、合作伙伴等，激励大家以积极心态面对当前的挑战。我们计划将视频字幕翻译为十几种语言，用社交媒体的方式传播，我们在支付你们版权费用后，且仅用于公益性传播，不会用于商业用途。"

上海芭蕾舞团团长辛丽丽回复："华为广告里那张'芭蕾脚'，就是我们的生活，太真实了。""这是华为企业精神和上芭精神的共鸣。一种坚韧不拔的精神，一种逆境中也要努力向上的精神。"

顺便说一下，芭蕾脚精神与芭蕾舞鞋是相关的。任正非高度警惕华为背叛自己的核心价值体系，警惕华为会穿上那双童话故事中具有魔力的红舞鞋，因为一旦穿上那双"红舞鞋"，跳起舞来就会永无休止，直到耗尽舞者的全部精力为止。

外界看到的是华为的辉煌、成功和华丽，但这只是华为的 A 面，华为还有不为人知的 B 面，这就是血淋淋的、丑陋的、不堪的苦难。一双芭蕾脚，把华为的 AB 面直观地展现在世人面前。外界在探寻华为辉煌背后的秘密，因为人们坚信华为一定有秘密。

但一双芭蕾脚把华为的全部秘密直观地展现了出来：右脚丑陋，是因，是过往，是实质；左脚是华丽，是果，是当下，是表象。

芭蕾脚与"口罩芭蕾"，既是华为艰苦奋斗精神的真实写照，也是华为的精神图腾。

衡水中学精神

衡水中学是河北省衡水市的一所中学，创建于1951年，其校训只有四个字——"追求卓越"。

2019年，任正非在接受中外记者采访时，至少5次提到衡水中学，在公司内部也多次提到这所中学，而且少见地用了"伟大"两个字，称之为："伟大的衡水中学。"并在公司号召学习衡水中学精神。

"我们华为大学在上课前经常播放衡水中学的早操视频，衡水中学是中国一个落后地区的中学。大家知道中国的教育制度和教育方法是很难改变的，衡水中学也认为改变不了，但是他们改变了适应这种外部环境的胜利办法。我们向这个学校学习什么呢？我们也改变不了世界，改变不了外部环境，那么我们只能改变在这种环境中取得胜利的方法。我们学习衡水中学的是，不改变外部环境，在这个环境中能胜出。"

"我们公司的战略预备队都在学习衡水中学的精神。他们改变不了教育制度，就要适应教育制度……我们公司也改变不了社会环境,也改变不了大世界,也改变不了美国,我们就要向衡水中学学习,建立适应社会的方式,我们也跑步。"

"战略预备队在华为大学学习,学员大多数是博士、硕士,至少受过高等教育,包括世界名校毕业的,在非洲等世界各国的基层工作几年、做出杰出成绩的人员到华为大学受训,受训以后再回去,再受训再回去,让他们一层层自己走上来,他们都要向这些中学生学习,为这个国家的振兴而努力奋斗。"

"我们公司为什么推崇衡水中学的教学?华为大学上课,要先看衡水中学学生跑步,为什么?一个中学生能做到的,华为大学(的人)为什么做不到?很多人不认可衡水中学的教学模式,但怎么就不允许人家应对呢?衡水中学至少把孩子们的意志提升起来了。"

"西方不亮东方亮,不需要面面俱到。要像衡水中学一样,我们改变不了外界环境,我们可以改变适应外部环境的胜利方式。我们要用灵活机动的作战方式,灵活机动地改变研发方式等,使得华为公司适应未来条件,能够生存下来。"

"应对美国的制裁,我们最好的方式是做好自己的事,我们要学习衡水中学,我们改变不了环境,我们可以改变适应这种环境的胜利办法。"

2016年5月30日,在全国科技创新大会上,任正非在《以创新为核心竞争力,为祖国百年科技振兴而努力奋斗》的讲话中呼吁:"我们国家百年振兴中国梦的基础在教育,教育的基础在老师。教育要瞄准未来。""今天的孩子,就是二三十年后冲锋的博士、硕士、专家、技师、技工、现代农民……代表社会为人类去做出贡献。因此,发展科技的唯一出路在教育,也只有教育。我们要更多关心农村教师与孩子,让教师成为最光荣的职业,成为优秀青年的向往,用最优秀的人去培养更优秀的人。"

任正非一向重视基础教育,这与他本人的经历有关。在2019年5月接受国内多家媒体采访时,他道出了心声:"只有教师的政治地位提升,经济待遇提升了,我认为才可能使得教育得到较大发展。我个人为什么感受很深?我父母是乡村教师,在贵州最偏僻的少数民族地区从事乡村教育工作,父母这一辈子做教师的体会对孩子们的教育就是一句话,'今生今世不准当老师',如果老师都不让自己的孩子当老师,国家是后继无人的。我亲身经历了他们政治地位低、受人歧视、经济待遇差的窘境,我们自己跟着他们,也亲身体会了这个苦,所以没有选择去当老师。"

时任衡水中学的校长郗会锁在一次论坛上做出回应:"什么是华为大学?很多都是名牌大学的博士生,回到华为大学再深造。让这些人学习衡水中学,为什么?我觉得他说到了点子上,学习衡水中学的精神。我觉得一个企业、一个学校都是相似的,成功最核心的、最根本的地方就在于一种精神、一种文化。当大家抱怨我们把优秀学生招走的时候,有没有想到衡水中学是如何从一所破破烂烂的学校实现成功逆转的，靠的就是一种精神。当别人觉得我们的师生是生活在痛苦和地狱中的时候，其实他不知道我们的学生和老师在享受着拼搏的快乐，刻苦但不痛苦，这是多么好的一种境界。"

任正非倡导的衡水中学的精神到底是什么？用 2019 年 7 月 31 日任正非在《钢铁是怎么炼成的》一文中的概括就是："要像衡水中学一样，我们改变不了外界环境，我们可以改变适应外部环境的胜利方式。"

任正非以衡水中学精神来彰显华为面对苦难绝不屈服外部压力的决心与信心。

"全营一杆枪"精神

"全营一杆枪"精神，出自一部名为《绝密543》的国产电视连续剧（还有一部同题材的纪录片《角逐超高空》）。该剧以 1959 年 RB-57D 侦察机和 1962 年 U2 侦察机被中国人民解放军击落为历史背景，讲述了空军地空导弹部队"英雄二营"克服重重困难，保卫新中国领空的故事。一个地空导弹营作为一个整体，聚焦一个目标，将雷达开机发射时间由 8 分钟压缩到 6 秒钟，创下了世界防空史上地对空导弹打下高空侦察机的纪录。而创造这一奇迹的二营，并不是一群精英，而是一群个性突出、起点低、基础差且不为人重视的群体。这个营包括炊事员在内的全员，曾在人民大会堂接受毛泽东主席的接见，这是毛泽东主席在新中国成立后唯一一次接见过的整建制部队。

"全营一杆枪"精神与华为长期提倡的"胜则举杯相庆,败则拼死相救""一切为了胜利,一切为了前线,一切为了服务"的精神一脉相承。

需要说明的是,在新中国成立前的梨园界有一种精神,叫作"一棵菜"精神,北京人民艺术剧院现在依旧传承"一棵菜"精神。"一棵菜"精神强调戏曲演出是一个完整的艺术整体,演员、音乐、舞美不分主次,严密配合才能演好一台戏。

"全营一杆枪"精神可以说是"一棵菜"精神在军营中的体现。

2017年8月17日,在《华为公司人力资源管理纲要2.0》沟通会上的讲话中,任正非提出:"考核要形成一种共同的奋斗精神,像我们过去的'胜则举杯相庆,败则拼死相救'。像电视剧《绝密543》部队那样全营一杆枪(光它一个营就击落了四架U2飞机,也是全世界第一个用导弹击落飞机的典范)。"

任正非还向公司的干部推荐了这部电视连续剧,并要求三级以上的管理团队写出学习心得。

2018年3月21日,在产品与解决方案、2012实验室管理团队座谈会上的讲话中,任正非提出:"'全营一杆枪'的目的就是要打下飞机。对公司来说,只有商业成功,才能说明市场销售与服务好,才能说明产品有竞争力,也才能说明技术领先。只有从2012实验室到P&S(产品与解决方案)、从研发体系到市场体系都做到全营一杆枪,公司才能实现商业成功。我们不能是孤芳自赏，不能是问题全在他人身上。'全营一杆枪'意味着面向客户需求，我们要构筑从机会到变现的 E2E（端对端）全流程解决方案能力。一个营的官兵必须凝聚为一个整体，聚焦一个目标，才能取得胜利。"

2019 年 12 月 17 日，在 GTS（全球技术服务部）人工智能与交付模式结合实践进展汇报的讲话中，任正非提出："我们可以组织多个教导队，教导一队、教导二队、教导三队……到各个地区去'播种'。教导队之间也要做好评比，建立竞争机制，打好项目有奖励，优秀的多涨一点奖金，差一些的就少涨一点，做得不好也有淘汰，然后大家都去推动代表处的转型。这不就是《绝密 543》吗？我们可以叫'开放 345'。"

2019 年 7 月 19—20 日，在运营商 BG 组织变革研讨会上，任正非说："将来每个项目组也是这样，集体立功，集体受奖，就像电视剧《绝密 543》一样，才能避免包产到个人。"

《华为公司人力资源管理纲要 2.0》中也提出："要管理好个体分配'拉开差距'和'稳定平衡'的关系，避免无谓的组织内耗，形成'全营一杆枪'。对于需要发挥个人作用的业务，针对个体激励要更胆大地拉开差距，充分发挥个人英雄主义的引领作用。"

"全营一杆枪"精神与任正非在公司强调的"力出一孔"和"利出一孔"的经营管理理念也是一脉相承的。

管子曰："利出于一孔者，其国无敌。"任正非也坚信："如果我们能坚持'力出一孔，利出一孔'，'下一个倒下的就不会是华为'；如果我们发散了'力出一孔，利出一孔'的原则，'下一个倒下的也许可能就是华为'。"

"全营一杆枪"精神体现的就是"力出一孔"，也意味着华为除了胜利，无路可走！

"一人一厨一狗"精神

《一人一厨一狗》是华为员工于2019年写的一篇文章，也是"华为系列故事"丛书中的一篇，文章的作者为海外员工叶辉辉。

2013年年底，24岁的叶辉辉在入职华为不到一个月后来到岛国科摩罗常驻。该国位于非洲大陆与马达加斯加岛之间，人口只有80万。当地经济落后，基础设施很差，缺电缺水，是疟疾和登革热肆虐的"世界上最不发达"的国家之一。

叶辉辉在科摩罗常驻6年多，早期的办事处只有"一人一厨一狗"。但叶辉辉认为："在我看来，我一点也不后悔当初的选择，科摩罗的经历对我的人生观、价值观有很大影响，是人生中不可或缺的宝贵经历，这些年我变得更加成熟自信，更加乐观坚韧。"

2013年，任正非在《用乌龟精神，追上龙飞船》一文中说："从太平洋到大西洋，从北冰洋到南美洲，从玻利维亚高原到死海的谷地，从无边无际的热带雨林到赤日炎炎的沙漠……离开家乡，远离亲人，为了让网络覆盖全球，数万中外员工，奋斗在世界的每一个角落，只要有人的地方就有华为人的艰苦奋斗，我们肩负着为近30亿人的通信服务，责任激励着我们，鼓舞着我们。"

后来叶辉辉又养了两只当地土狗，名字分别叫"收入"和"回款"。他说："这两个名字时刻提醒着我们的'奋斗'方向，一个也不能少。"

2019年7月29日，叶辉辉参加了EMT的"20分钟"分享，与任正非对话。任正非表示一定要去科摩罗看看，还开玩笑地说他过去之后就是"两人一厨一狗"了。

任正非在当天对话中希望："叶辉辉应该写一篇短文，介绍科摩罗办事处从'一人一厨一狗'发展起来的经历，讲讲最初的感受。与《枪林弹雨中成长》里的华为人故事一样，'一人一厨一狗'代表华为精神，这种精神很了不起，华为有这种精神就是美国打不倒的原因。这篇文章要写好，如果将来能成为小学生课本的教材，我给你发一个奖章。"

自此，"一人一厨一狗"成为华为精神的代表。

华为还根据叶辉辉的事迹制作了短视频，标题为《三分钟告诉你什么是华为精神》，并在公司办公区域内张贴大幅宣传画《一人一厨一狗就代表华为精神》。

需要说明的是，任正非是在精神层面提倡"一人一厨一狗"，而在物质层面他认为这种现象应该改变。2020年3月6日，在海外小微国家基础服务保障改善方案汇报会上的讲话中，他指出："南苏丹、科摩罗、马拉维、布基纳法索、赤道几内亚、乍得等这类艰苦国家，它们的生活标准要达到瑞士富人的生活标准，必须自建一些服务设施，允许有花园、室内外体育设施、小影院、咖啡室、多功能厅……允许有大吊灯。工作环境也应大幅提高到欧洲标准。""如果说'一人一厨一狗'代表华为精神，但那是不提倡的。如果没电，为什么不装发电机？如果没有通信，为什么不连接卫星？如果没有活动场地，为什么不可以修个篮球场、游泳池？如果当地条件差、社会不安全，为什么不把外墙修得高一些？我们的艰苦奋斗是指思想上的，并非身体上的，人人都应享受奋斗的快乐。""'一人一厨一狗'的现象在华为公司也不应该存在，在前线守'哨卡'的员工应该是我们关爱最多、最幸福的员工。"

科摩罗的办公条件已今非昔比，但"一人一厨一狗"精神将会长存。

"一人一厨一狗"与"蚊子龙卷风""被打劫记""北极圈边的坚守"等展现的都是华为人艰苦拼搏和自强不息的奋斗精神。

都江堰精神

都江堰精神源自战国时期秦国蜀郡太守李冰于公元前276年至公元前251年修建的都江堰水利工程，该工程直到今天还在发挥着巨大的防洪、灌溉和航运作用。李冰父子在修建都江堰过程中遵循"深淘滩，低作堰"的治水理念。

"深淘滩"是指宝瓶口的水道要深挖，保证内江的流量足够大；"低作堰"是说飞沙堰不能太高，以免内江水危害下游。任正非把这一理念运用于公司的经营管理过程中，并使之作为华为的精神之一。

其实，早在20世纪末任正非就提出了学习都江堰精神，在《希望寄托在你们身上》一文中，任正非提出："你们认为这个世界上最伟大的科研成果是什么？我说是都江堰，几千年了，都江堰到现在还在发挥作用，难道说它不是最好的科研成果吗？大家想一想，从现在起再过几千年还有C&C08（数字程控交换机）吗？我去过巴比伦，我看到那些哺育了古代两河流域的巴比伦引水渠道早已成为沙漠。古罗马的灌溉水渠也早已荒废。只有都江堰还灌溉着川西平原，养育了中国西南一方土地。所以说李冰父子是很伟大的，他们的精神是值得我们学习的。华为公司的员工应该向李冰父子学习，要踏踏实实地做事，不要老是想着做出一个一鸣惊人的东西来。"

2009年4月24日，任正非在运作与交付体系奋斗表彰大会上，做了《深淘滩，低作堰》的讲话："深淘滩，低作堰，是李冰父子两千多年前，留给我们的深刻管理理念。同时代的巴比伦空中花园、罗马水渠与澡堂，已荡然无存，而都江堰仍然在灌溉造福于成都平原。为什么？李冰留下'深淘滩，低作堰'的治堰准则，是都江堰长盛不衰的主要'诀窍'。其中蕴含的智慧和道理，远远超出了治水本身。华为公司若想长存，这些准则也是适用于我们的。深淘滩，就是不断地挖掘内部潜力，降低运作成本，为客户提供更有价值的服务。客户绝不肯为你的光鲜以及高额的福利，多付出一分钱的。我们的任何渴望，除了用努力工作获得外，别指望天上掉馅饼。公司短期的不理智的福利政策，就是饮鸠止渴。低作堰，就是节制自己的贪欲，自己留存的利润低一些，多一些让利给客户，以及善待上游供应商。将来的竞争就是一条产业链与一条产业链的竞争。从上游到下游的产业链的整体强健，就是华为生存之本。物竞天择，适者生存。"

2010年8月，任正非在题为《以客户为中心，加大平台投入，开放合作，实现共赢》的讲话中再次强调："我们一定要理解'深淘滩，低作堰'中还有个低作堰。我们不要太多钱，只留着必要的利润，只要利润能保证我们生存下去。把多的钱让出去，让给客户，让给合作伙伴，让给竞争对手，这样我们才会越来越强大，这就是'深淘滩，低作堰'，大家一定要理解这句话。这样大家的生活都有保障，就永远不会死亡。"

2014年6月19日，任正非在IT存储产品线业务汇报会上重新提及都江堰精神："都江堰从两千年前到现在，水还是这么流动的呢？为什么我们总是落后？就是因为我们没有仰望星空，没有全球视野。你看不见世界是什么样子，就把握不住世界的脉搏，容易被历史所抛弃。"

深淘滩，低作堰，用之于企业，既形象，又具体，更恰当。深淘滩，指的是企业必须强化内部管理，不断地提升组织能力，充分开发人力资源潜力，持续地改进，不断地优化内部机制；低作堰，指的是企业必须优化外部产业环境，兼顾利益相关者的利益，不能以邻为壑，在强化产业链优势地位的同时，与上下游企业共享利益，共担风险。深淘滩，低作堰，实际上就是企业在不确定环境下的生存和成长之道。

都江堰精神既是华为处理内外部关系的最高价值准则,也成为华为重要的精神。

伊尔 2 飞机精神

伊尔 2 是二战期间苏联研制的一种强击机,对敌方地面目标特别是坦克具有强大的打击力,在战斗中取得了非凡战绩,成为著名的"坦克杀手"。德军官兵赠给它一个响亮的名字——黑死神。

一张伊尔 2 飞机的照片展示的是一架被炮火打得伤痕累累但还在继续飞行的飞机。

这张照片也是任正非发现的,在 2019 年 5 月 21 日"五月中国媒体圆桌采访"时,他说:"我是在'悟空问答'网站上看到这张照片的,觉得很像我们公司的情况,发给大家。运营商 BG 认为自己就是这架飞机,他们就自己拿来广播了。后来梳理下来发现,运营商 BG 反而还没有大的问题,因为有十几年的充分准备。我们现在的情况就是一边飞一边修飞机,争取能够飞回来,所以就选了这张照片。我发到心声社区以后,大家有同感就传播广了。"

在华为,这张伊尔 2 飞机照片被简称为"烂飞机"。

任正非以这张伊尔 2 飞机照片比喻受美国多次制裁的华为的现状,同时也把它作为华为精神的象征。他多次提到,"没有伤痕累累,哪来皮糙肉厚,英雄自古多磨难""我们的飞机已经被打得千疮百孔了，多一个洞也没关系，我们应沉着、冷静，保持好队形""回头看，崎岖坎坷；向前看，永不言弃"。

2019年5月，在接受彭博电视台采访时，任正非诠释了"烂飞机"的精神内涵："我们不会死，但是飞机已经被打得千疮百孔了。就像这张照片，是一架二战时苏联的伊尔2轰炸机，华为实际上现在就是这个样子，华为已经被打得千疮百孔了，但是我们还是不想死，还是想飞回来。我们现在的处境是困难的，但不会死。美国把我们放到实体清单中，我们公司可能有一定的困难，但是我们会一边飞，一边修补漏洞，一边调整航线，一定能活下来。""我们希望能飞到喜马拉雅山顶上，我们的理想是到珠穆朗玛峰顶。"

2019年4月13日在接受CNBC（美国消费者新闻与商业频道）记者专访时，任正非还以伊尔2飞机比喻当时被加拿大扣押的孟晚舟："她就像第二次世界大战的这架飞机……被地面炮火、空中炮火打得破破烂烂、千疮百孔，还在飞行。她现在的处境就是这样的，如果返航了，她可能就是英雄了，我估计有可能她将来会当英雄。"

伊尔2飞机照片可以讲是当下华为的现状，也同样是华为的精神图腾。

小战士精神

2021年7月17日，在华为A8食堂出现了一幅宣传画，画面上是一位满脸稚气、身穿戎装的 16 岁的小战士。宣传画配发的文字是：

二战期间，美国记者拦住一名奔赴前线的士兵，每句问答都让人泪目。

美国记者：你多大了？

中国士兵：十六岁。

美国记者：想你的家人吗？

中国士兵：他们已经死了。

美国记者：你觉得中国能胜利吗？

中国士兵：中国一定会胜利的。

美国记者：当中国胜利之后你准备干什么？娶妻生子？还是继续参军？

中国士兵笑了笑：那时候，我已经战死沙场。

通过查阅资料，这段对话大概出自美国记者埃德加·斯诺于 1937 年对一位刘姓士兵的采访对话。斯诺写道："这一个巧妙的回答是这样出于我的意料，以致使我受到了一个很大的打击，并且不时地在我脑海中复现。"

虽然很多人对主人公的身份和对话的出处存在争议，但每一个有良知的中国人看了此宣传画，都应该为之动容、为之泪目。

2021 年 8 月 26 日在 EMT 办公会议上的讲话中，任正非再次诠释了小战士精神的内涵："为什么在食堂贴十六岁士兵的照片呢？就是说'中国胜利了，但是我们已经战死沙场了'。为什么放第二次世界大战苏联红场阅兵的视频呢？苏军穿得破破烂烂，走路也不整齐，匆匆忙忙从车站赶过来进入阅兵队伍，阅完兵去哪儿也不知道。两年前美国打击我们的时候，我们不也是仓促上阵吗？心声社区上的两个帖子是有含义的，可能将来是国家熬过去了，国家胜了，但是我们已经'死'了；我们现在像苏联一样仓促应战，也可能最终我们打赢了，但现在还不能肯定啊。所以，在美国这种控制包围的情况下，我们很多领导不要虚荣心太重，追求一定要做最先进、最先进，可能就会把公司害死。"

在华为，小战士精神的内涵就是为正义与理想而战的牺牲精神和英雄主义精神。

2021年，新款"明日之星"奖牌采用的就是小战士的头像和记者与小战士的问答，这个奖牌被称为"小士兵"奖章。在奖牌的正面是小战士的头像，并配有文字："没有退路就是胜利之路！"奖章的背面是中国士兵与美国记者的完整对话。

任正非希望小战士向死而生的精神得以在华为传承，这一点对处于战时状态的华为来讲尤为重要。

丹柯精神

丹柯是作家高尔基于1895年创作的短篇小说《丹柯》中的人物。当丹柯和族人被赶到荒芜的森林时，他是唯一一个站出来要带领大家走出森林的人，但是长久的饥饿和对未知的恐惧迷茫令丹柯饱受质疑。为了尽快让族人逃离困境，丹柯便将自己的心掏了出来，用火点燃，照着族人前进。最后族人获救，丹柯自己却壮烈牺牲。

2010年8月，在《以客户为中心，加大平台投入，开放合作，实现共赢》一文中，任正非提出："现在我们已经走在了通信业的前沿，要决定下一步该怎么走，其实是很难的。正如一个人在茫茫的草原上，也没有北斗七星的指引，如何走出去。这20年，我们占了很大的便宜，有人领路，阿尔卡特、爱立信、诺基亚、思科等都是我们的领路人。现在没有领路人了，就得靠我们自己来领路。领路是什么概念？就是'丹柯'。丹柯是一个神话人物，他把自己的心掏出来，用火点燃，为后人照亮前进的路。我们也要像丹柯一样，引领通信领域前进的路。这是一个探索的过程，在过程中，因为对未来不清晰，可能会付出极大的代价。但我们肯定可以找到方向的，找到照亮这个世界的路，这条路就是'以客户为中心'，而不是'以技术为中心'。"

2010年10月30日，在《云业务要追赶谷歌》一文中，任正非指出："高级将领的作用是什么？就是要在看不清的茫茫黑暗中，用自己发出微光，带着你的队伍前进，就像丹柯一样把心拿出来燃烧，照亮后人前进的道路一样。越是在困难的时候，我们的高级干部就越要在黑暗中发出生命的微光，发挥主观能动性，鼓舞起队伍必胜的信心，引导队伍走向胜利。各级干部、主管应经得起考验，勇敢挑起大梁，带领员工齐心协力渡过难关。"

在 2020 年 6 月 19 日发表的《星光不问赶路人》一文的开端，任正非讲道："克劳塞维茨在《战争论》中讲过，'伟大的将军们，是在茫茫黑暗中，把自己的心拿出来点燃，用微光照亮队伍前行（的人）'。"在文章的结尾，任正非谈的还是丹柯精神："沉默不是懦弱，忍耐不是麻木，善败者不亡。青春泣血，生命绽放光芒。我们正处在一个伟大的时代，同时又遭遇百年闻所未闻的风暴打击。翻滚的黑云，电闪雷鸣、山崩地裂般地席卷我们。我们一时惊呆了，手足无措。当我们清醒过来，要像海燕一样，迎着雷电，迎着暴风雨嘶叫着飞翔，朝着一丝亮光，朝着希望，用尽全身力量搏击，奋斗，前进，再奋斗，再前进，嘶喊着胜利。岁月不负有心人。"

2022 年 11 月 18 日的一次讲话，任正非再一次诠释了丹柯精神："领袖是趴在地狱门口的一只'狼'，在一片茫茫黑暗中找到一线希望，如果找不到方向，队伍乱走，就可能掉进万丈深渊。领袖听取各方面意见，找到了出路，就把自己的心掏出来点燃，高高举在手上，照亮队伍前进的道路，走出地狱的出口。这就是指方向，这就是'丹柯'，这就是领袖。"

丹柯精神是牺牲精神、勇于担责精神和无畏探索精神的象征。

胡杨树精神

胡杨树精神就是指胡杨林"生而千年不死，死而千年不倒，倒而千年不朽"所展现出的本质。

2022年年初，华为向在2019年5月16日至2022年2月9日这1000天中表现优异的员工颁发胡杨林奖章，此奖章属于特别经营奖，包括"2019年经营特别贡献奖""2020年度8+N也很牛奖""2021年经营特别贡献奖"。在美国一轮又一轮的持续精准高压打击下，颁发胡杨林奖章的目的就是要发扬公司不屈的精神。

此外，2020年10月，华为Mate 40系列以秋日胡杨和夏日胡杨的两种生命形态为灵感，推出了两款胡杨色素皮版本，受到消费者的广泛喜爱。

2021年4月8日，华为的"我有一片胡杨林"公益项目春种正式启动，由华为和消费者共同捐赠的62439株胡杨树苗在甘肃省金塔县荒漠上开始种植，这也是甘肃省金塔县2021年的第一片胡杨林种植，预计形成1488亩的防风固沙林，控制风沙危害面积11160亩。此项目还将吸收二氧化碳约1.347万吨。

消费者BG颁发的"长期贡献奖"荣誉勋章的正面是一棵枝叶茂盛的胡杨树，以及任正非书写的铭文——使命 责任 奉献 担当。背面是任正非手书的"让打胜仗的思想成为一种信仰"。

胡杨树无疑成为华为的精神图腾之一。种下胡杨树，形成胡杨林，胡杨树精神在华为扎根生长，生生不息。

床垫精神

床垫是保证消费者获得健康舒适的睡眠而使用的一种介于人

体和床之间的、以某种材质制作的物品,材质一般为布面,内填充海绵,长度等身高,宽度及一人或二人体宽。

床垫精神,又被称为"垫子文化",是自华为创业以来留下的传统。在创业期,华为人干脆将公司到宿舍的两点一线式的生活压缩重合成一点,工作地点与宿舍在同一楼层,吃住与工作都无须下楼,根本不需要通勤时间,同时避免往返交通的麻烦。

在1997年3月20日发表的《资源是会枯竭的,唯有文化生生不息》一文中,任正非提出:"为了能生存下来,我们的研究与试验人员没日没夜地拼命干,拼命地追赶世界潮流,他们有名的垫子文化,将万古流芳。"

在1998年6月22日发表的《华为的红旗能打多久》一文中,任正非讲道:"当我们走上这条路,没有退路可走时,我们付出了高昂的代价,我们的高层领导为此牺牲了健康。后来的人也仍不断地在消磨自己的生命,目的是达到业界最佳。沙特阿拉伯商务大臣来参观时,发现我们办公室柜子上都是床垫,然后把他的所有随员都带进去听我们解释这床垫是干什么用的,他认为一个国家要富裕起来就要有奋斗精神。奋斗需一代一代地坚持不懈。"

2016年7月7日,公司在发表的《天道酬勤》一文中明确提出:"创业初期,我们的研发部从五六个开发人员开始,在没有资源、没有条件的情况下,秉承(20世纪)60年代'两弹一星'艰苦奋斗的精神,以忘我工作、拼搏奉献的老一辈科技工作者为榜样,大家以勤补拙,刻苦攻关,夜以继日地钻研技术方案,开发、验证、测试产品设备……没有假日和周末，更没有白天和夜晚，累了就在地板上睡一觉，醒来接着干，这就是华为'垫子文化'的起源。虽然今天床垫主要已是用来午休，但创业初期形成的'垫子文化'记录的是老一代华为人的奋斗和拼搏，是我们宝贵的精神财富。"

床垫精神意味着华为人艰苦创业、坚韧不拔，努力把体力与智力发挥到最大值，它是华为精神的一个象征。

床垫是华为人在公司的精神寄托，床垫文化是华为人的共同坚守。床垫实际上是华为精神的象征，是持续奋斗文化的写照。[①]

俄罗斯人民精神

任正非对俄罗斯人民精神的推崇和倡导与其人生经历有着密切关系。1996年5月，任正非在赴莫斯科参加第八届莫斯科国际通信展后，写下了《赴俄参展杂记》，在文中他写道："汽车沿着莫斯科河飞奔，穿过了一片又一片美丽的城中森林，跃上了列宁山，掠过了莫斯科大学，少年时代神往的圣地，实实在在地展现在眼前。我的青少年时代是生长在中苏友谊的蜜月时代，当时全中国都在宣传苏联的今天就是我们的明天。电影、文学作品都是对苏联建设的描写，受到了太多的苏联文化的熏陶。保尔·柯察金、冬妮亚、丽达、卓雅与舒拉、古丽雅，一直在引导着我的

---

① 参见：吴春波. 华为的床垫文化[M]// 华为没有秘密2. 北京：中信出版集团，2018.

成长。去年我还专门去购买了《教育诗》的录影带来观看，马卡连柯一代一代的奋斗，使俄罗斯人民有很好的文化素质与教养。怀抱着《钢铁是怎样炼成的》，我走完了充满梦想的青年时代。俄罗斯是一个伟大的国家、伟大的民族。"

2002年10月16日的《华为人》报转载了《知音》上的文章，题目为《俄罗斯大地辽阔，可我们已无退路》，讲的是一位名为克洛奇科夫的苏军指导员在生命最后一刻面对半截话筒喊出了一句话："俄罗斯幅员辽阔，但我们已经没有退路，后面就是莫斯科！"任正非为此文撰写了编者按："克洛奇科夫生命最后的呐喊，犹如火种点亮俄罗斯将士胸中的烈焰，使我们领悟到卫国战争胜利的真谛：战争胜败并非取决于战场的局势，而取决于那种为祖国甘于奉献鲜血和生命的精神，那种祖国必胜的信念，那种利用冬天改变战争格局的智慧。既然我们已经踏上IT这条不归路，就没有退路，只有勇往直前，才能发展、生存。没有不盈利的行业，只有不盈利的企业；没有攻不下的市场堡垒，只有攻不下市场堡垒的人。只要我们有克洛奇科夫那样的信念和精神，奋斗拼搏，不屈不挠，我们还有什么度不过去的'冬天'？让我们像英雄那样在'黑暗'面前，点燃生命的火光，照亮后来者前行的道路。"

2019年2月28—30日在与俄罗斯科学家及专家座谈时，任正非再次提及这段名言："我每次来莫斯科，都会想起70多年前，二战中克洛奇科夫中尉，他呼喊'背后就是莫斯科，我们已无退路'，那种盖世英雄的气概，永存人间。"

2017年6月24日在俄罗斯代表处的讲话中，他提出："要敢于换血，形成一种精气神，保持组织活力。俄罗斯是'战斗民族'。我们一定要让俄罗斯所有员工充满激情，不激情、不战斗就没钱，激情战斗的钱多一点，这就是精神文明。"

2021年8月2日在《江山代有人才出》一文中，他提出："1941年莫斯科大雪中，数十万仓促而聚、混乱不堪的苏联红军，在红场阅兵，杂乱的队伍英勇地通过红场，他们视死如归地从阅兵场直奔战场的伟大精神，不正映照着我们今天。我们不也是从两年前在混乱的惊恐中反应过来，形成今天的雄赳赳气昂昂杂乱有力的阵列吗？"

任正非所倡导的俄罗斯人民精神，主要是指苏联在卫国战争中表现出的血性、不怕牺牲和浴血奋斗的精神。

上甘岭精神

上甘岭精神指的是中国人民志愿军为了胜利在上甘岭战役中所表现出的艰苦奋斗、英勇顽强、舍生忘死、不怕牺牲的革命英雄主义精神。

任正非多次向海外艰苦地区的员工倡导上甘岭精神。

2004年9月22日在与尼日利亚员工座谈时，任正非提出："能到艰苦地区工作，我认为对你们人生的成长道路来说，是非常有价值的，人生难得有这么一次奋斗……在艰苦地区工作，能够锻炼精神和意志。"

2006年5月19日—6月27日，与在苏丹、刚果、贝宁代表处员工座谈时,任正非提出:"上甘岭是不会自然产生将军的,但将军都曾经是英雄,我们要在艰苦地区,培养一批优秀的干部,这是公司的既定方针。上甘岭是不会自动产生优秀干部的,但优秀的干部必然产生在艰苦奋斗中。""在艰苦地区,要有饱满的工作精神,要有乐观主义精神。工作好每一天,生活好每一天。没有这种精神,怎么能在这么艰苦的条件下,长期坚持下去?"

2007年7月3日,在与委内瑞拉与员工座谈时,任正非发表了题为《上甘岭在你心中,无论何时何地都可以产生英雄》的讲话,他说:"上甘岭在你们心中,不在别的地方。任何地区都是人才辈出的地区、英雄辈出的地区,任何岗位都能英雄辈出。千万不要物理上的划分,这样太形而上学了。"

2016年2月27日,任正非发表题为《多路径,多梯次,跨越"上甘岭",攻进无人区》的讲话,他说:"我们公司在奔向无人区的前进中,只要多路径,就不会出现僵化;只要多梯次,就不会出现惰怠。因为每一个梯次在冲锋的时候,他的视野已经聚焦在那个山头上了,所有的外围东西他都看不见,他都不想了,一心只想攻上'上甘岭'。"

上甘岭精神的本质就是"气多",气指的是精神与信念。

在谈到上甘岭时,任正非还经常提及"范佛里特弹药量"一词。它指的是美军在上甘岭战役中,不计成本地投入庞大的弹药量进行密集轰炸和炮击,以实施压制和毁灭性的打击,意在迅速高效地歼灭有生力量,使对方难以组织有效的防御,最大限度地减少己方人员的伤亡。这与华为战略实施的压强原则在原理上是相似的。

在任正非的讲话中，虽然没有明确提出"上甘岭精神"，但上甘岭在其心中无疑是一座精神家园，是一座精神高地，是其倡导的艰苦奋斗精神的真实象征。坚守"心中的上甘岭"，就是对华为公司核心价值观与精神的守望。

上甘岭精神在华为公司代表的是：其一，在艰难困苦中的坚守，无论是疫情、战争还是自然灾害；其二，群体与个体英雄主义的象征；其三，不怕牺牲、造福客户的执着；其四，不懈追求新的领域业务的信念。

"两弹一星"精神

"两弹一星"精神是指20世纪60年代中国科技专家在自主研制原子弹、氢弹和人造卫星的过程中，自觉培育践行的一种伟大精神，是自立自强、无私奉献、爱国主义、集体主义、社会主义精神和科学精神的集中体现。

2017年1月在一次谈话过程中，任正非提出："整个基建兵，其实跟铁道兵啊，跟抗美援朝一样，就是要展示广大的人怎么艰苦奋斗。基建工程兵对国家的贡献，就是在国家危难关头，做了该做的事。就像'两弹一星'一样，'两弹一星'是在破烂堆里面，去捡破铜烂铁来做的，这是很不容易的。"

2019年6月3日在接受记者采访时，任正非说："中国是一个大国，我们要像当年搞'两弹一星'那样，拿出伟大的气魄来，在经济上、科技上站起来。当前，应在教育上加大发展，普遍提高人民的素质，认真学习。"

2016年7月7日，在《天道酬勤》一文中，任正非说："（华为）研发部从五六个开发人员开始，在没有资源、没有条件的情况下，秉承（20世纪）60年代'两弹一星'艰苦奋斗的精神，以忘我工作、拼搏奉献的老一辈科技工作者为榜样，大家以勤补拙，刻苦攻关，夜以继日地钻研技术方案，开发、验证、测试产品设备……"

1996年5月26日，华为曾邀请"两弹一星"的主要参与者钱伟长先生与员工座谈并发表演讲。

在华为坂田基地，有一条路被命名为"稼先路"；在华为内部的心声社区有一个技术交流平台，被称为"稼先社区"，都是为了纪念"两弹一星"的主要参与者邓稼先先生。

华为的奋斗精神其实是秉承着20世纪60年代"两弹一星"精神，在没有资源、没有条件的前提下，华为研发人员依靠废寝忘食、忘我奉献的奋斗精神钻研技术方案，完成了开发、验证、测试产品设备等工作，并且由此诞生了华为引以为傲的"床垫文化"。

薇甘菊精神

薇甘菊属菊科多年生草本植物或灌木状攀缘藤本。薇甘菊从花蕾到盛花约5天，开花后5天完成受粉，再过5~7天种子成熟，然后种子散布开始新一轮传播，所以生命周期很短。薇甘菊一个节1天生长近20厘米。在内伶仃岛，薇甘菊的一个节在一年中所分枝出来的所有节的生长总长度为1007米。由于其蔓延速度极快，所以称其为"一分钟长一英里的杂草"。

薇甘菊具有三大特性：一是强大的适应能力，对生长条件要求极低；二是强大的生长能力；三是强大的竞争能力。

任正非曾提出："你们知道薇甘菊吗？薇甘菊是一种杂草，号称'植物杀手'，它只需要很少的水、很少的养分，就能生长很快，能够抢光其他植物的资源，使自己生长的空间和范围很宽、很广。它迅速地生长，覆盖了所有的植物，使它们没有阳光而死亡。我们做产品需要具备薇甘菊这样的能力，要在末端接入层成为霸主。要成为行业的薇甘菊，就必须具备实力，没有实力是做不了霸主的。"

2014年11月14日，在题为《坚持为世界创造价值，为价值而创新》的讲话中，任正非把薇甘菊作为一种精神来倡导："在技术和服务模式上，要做到别人无法与我们竞争，就是大规模地流水化。客户想要加功能，就要买高端产品去。这就是薇甘菊理论。"

可以说，薇甘菊代表着一种血性，代表着坚韧地活下去的能力，这与华为内在特质是非常契合的。

以上所列的33种精神，构成了任正非与华为崇尚与倡导的精神谱系，将其简单划分如下。

个体精神

国内：雷锋精神，李小文精神，小战士精神，满广志精神，"一人一厨一狗"精神，都江堰精神。

国外：阿甘精神，加西亚精神，丹柯精神。

群体精神

国内："两弹一星"精神，"千手观音"精神，可可西里精神，亮剑精神，黄埔军校精神，抗大精神，衡水中学精神，床垫精神，"全营一杆枪"精神，上甘岭精神。

国外：以色列人民精神，日本人民精神，美国人民精神，德国人民精神，俄罗斯人民精神，"蓝血十杰"精神，西点军校精神，芭蕾脚精神，伊尔2飞机精神。

其中，有16种精神来自国内，12种精神来自国外；19种精神是群体精神，9种精神是个体精神；12种精神与军队相关，6种精神与国家相关，4种精神与教育机构相关。

床垫精神与"一人一厨一狗"精神是华为内生的精神。

此外，还有乌龟精神、狼性精神、凤凰涅槃精神、胡杨树精神和薇甘菊精神均来自动植物。

小结

2021年10月，值中国共产党成立100周年之际，党中央批准并公布了中央宣传部梳理的第一批纳入中国共产党人精神谱系的伟大精神，计46种精神。

受此启发，笔者试图梳理了任正非崇尚并在华为倡导的精神谱系，这是一件并不轻松的浩大工程，因为它意味着要检索、整理、汇总与分析华为 30 余年的各类文献，即便如此也难以保证准确和完整，缺憾之处，有待进一步充实与优化。

以下是对这些精神的一个简单说明。

第一，这些精神仅限于华为公司外部的精神榜样（"一人一厨一狗"精神与床垫精神除外），公司倡导的精神榜样有待梳理归纳。

第二，以上所列的各种精神是在任正非的讲话或文章中有据可查的，有些倡导的精神并未在任正非的讲话或文章中多次出现，但也是公司精神谱系的重要组成部分。比如，坂田总部以邓稼先、袁隆平、祖冲之、张衡、居里夫人、贝尔等中外科学家命名的道路；东莞三丫坡查理大桥上，矗立着爱因斯坦、伽利略、阿基米德、安徒生、贝多芬、钱学森、叶企孙、邓稼先、华罗庚、陈景润等 26 座中外名人的高大塑像；心声社区中的"稼先社区""黄大年茶思屋"；2012 实验室中以科学家命名的下属研究机构；等等。这些都以实体的或虚拟的方式展示着华为所倡导的精神，它们同样是华为精神谱系的重要构成内容。

第三，这些是任正非在相当长时期多次提倡的来自公司外部的精神，其他诸如铁人精神、大庆精神、红旗渠精神、蜘蛛精神、蚂蚁军团精神、传道士精神、清教徒精神、汶川百年不倒的教堂精神、阿庆嫂精神、韩信精神、韦慧晓精神等，有的是在短期内提倡过的，有的不属于核心价值观体系的范畴，而属于经营、管理或产品业务领域提倡的精神,因此以上这些并没有被列入。

第四,由于存在时间的重合,难以将这些精神以时间维度排序;同样,由于指向性和针对性存在很大的差异,难以将这些精神以某种维度归类,因此,以上精神的梳理不具备严谨的谱系特征。

第五,上述所列的华为精神谱系的构成,时间跨度为自华为诞生后的 36 年。相信这个精神谱系不会固化,在未来还会有新的精神加入其中,而且会在传承过程中不断被优化。

在 30 余年的奋斗历程中,华为人克服各种困难,砥砺前行,使华为在艰难困苦中成长壮大。这些都依靠公司不断强大的组织能力,同时也依赖于强大的公司精神的激励。任正非赋予华为人以精神特质,这些精神构成了公司的精神坐标,而各个精神坐标的连接,就构成了任正非及其华为公司的精神谱系。他所倡导的这些精神体系构筑了华为人的精神谱系,也是未来华为继续前行的坚强保障。

2017 年 6 月 1 日,在与中国地区部代表与主管座谈会上,任正非指出:"(我们的精神文明)是以榜样来牵引队伍前进的,我们相信榜样的力量是无穷的。我们就是要树立出一些榜样来,人人都想做黄继光,人人想立功受奖,这才是我们的优势啊,人人都不讲贡献,那还有啥优势呢?人人都只守规矩,那我们不如去办幼儿园,幼儿园孩子是最守规矩的,但什么都不懂就没有贡献,我们是以贡献为中心来树立榜样的。我们无法解释清楚什么叫精神文明,公式是怎样的。看看身边的榜样,以他们为标准,向他们学习吧！天涯何处无芳草。"

"激发组织活力就是讲精神文明，以多打粮食、增强土地肥力为中心来建设精神文明，以巩固我们的团结、巩固我们的奋斗精神，走向未来的胜利。"

"我们胜利的两个基础，一是方向要大致正确，二是组织要充满活力。我们一定要有正确的方向，正确的方向我们不一定能找得到，只能不断探索，方向大致正确就行。但组织的活力我们是有信心建立起来的，这就是精神文明，组织活力就是精神文明！"

"你要真正强大起来，就要向一切人学习，包括自己的敌人。"

读任正非《江山代有才人出》随记

2021年8月2日，任正非的最新文章《江山代有才人出》再次霸屏，各类媒体争相转载。

任正非如同一位隐秘的得道高人，却不断地发出振聋发聩的声音，引人关注，让人深思。任正非每年都有上百篇内部文章与讲话，外部能看到的极少，但一经传出，就会引起外部的关注。

国外媒体曾评价任正非："他就是新世界。"而任正非以自己的思想在创造一个世界，也把自己的思想传播给世界，给这个世界带来正能量。

他的这篇文章是他在华为中央研究院创新先锋座谈会上，与部分科学家、专家、实习生的对话记录，虽然不像他其他文章那么严谨和结构清晰，但其内容可谓博大精深。通读全文，我们能够基本把握任正非对科学研究以及对科研人员管理的系统思想。

对科研人员的要求与期望

1. 科研员工不要在意资格称呼

"不要去比对社会称谓，就不会心里忐忑不安。我们的科学家是领饭票的一种代码，社会上的科学家是社会荣誉的一种符号。"

2. 正确评价与回报科研人员

"我们无法量化地评定科学家们所做出的成绩，甚至我们的'科学家管理团队'和'专家管理团队'也评价不了，也无法指导科学家所做出的理论成就。对于走科学家道路的人我们曾提倡用清华教授的待遇来衡量你们的学术贡献。"

"如果公司没有对基础科学和研究的重视，没有与世界前沿科学家的深入合作，没有对基础研究人员的重视，就不可能有今天这么雄厚的理论技术与工程积淀，那么面对美国的打压和封锁，存在的难题可能就无法化解。"

"专家做出了贡献就应该得到正确评价，专家的评价基准比科学家的评价基准要清晰。"

"对于过去已经做出贡献的专家，如果有评价不公的情况，可以追溯，把过去不公正的评价改过来，该补给你的就补给你。"

3. 科研的价值驱动来自好奇心与商业价值

"由好奇心驱动的基础研究和商业价值驱动的应用研究也可能结合起来，既创造科学知识，又能创造商业价值。"

"我们有充足的经费支撑你们做一些基于兴趣的研究和探索。"

"研究前沿科技的科学家，将来有两条道路供你们选择：一条是走科学家的道路，做科学无尽前沿的理论研究，在公司的愿景和假设方向上创造新的知识；一条是走专家的道路，拿着'手术刀'参加我们'杀猪''挖煤'……的商业化战斗。"

4. 按国际标准吸引人才

"我们要敞开胸怀，解放思想，敢于吸引全世界最优秀的人才。"

"要转变过去以统一的薪酬体系去招聘全球人才的思路，要对标当地的人才市场薪酬，对高级人才给出有足够吸引力的薪酬包。吸引美国的顶尖人才，就要遵循美国人才市场的薪酬标准。"

5. 尊重科学与人才

"经过这次美国对中国科技脱钩的打击，以及疫情的恶劣蔓延事件，会使我们更加尊重知识分子，更加尊重科学。我们要对教师的地位、医生的待遇给予重视，尊重知识分子创造性的劳动，才能有丰富多彩的美好世界。"

6. 科研要耐得住寂寞

"面对未来的基础研究，或许需要几十年、几百年以后，人们才看到你做出的贡献。你的论文或许就像凡·高的画，一百多年无人问津，但现在价值连城。凡·高可是饿死的。你是先知先觉，如果大家现在都能搞得懂你所研究的理论，你还叫科学家吗？"

"对于长期研究的人，我认为不需要担负产粮食的直接责任，就去做基础理论研究。"

"我国也经历了泡沫经济的刺激，年轻精英们都去'短平快'了，我国的工作母机、装备和工艺、仪器和仪表、材料和催化剂研究……相对产品还比较落后，我们用什么方法在这样的条件下进行生产试验，这是摆在我们面前的困难。"

7. 科研要大胆创新

"当我们'捅破天'的时候，领跑世界的时候，就不要受此约束，敢于走自己的路，敢于创建事实标准，让别人来与我们连接。"

"颠覆性的创新，即使最终证明是完全失败的，对我们公司也是有价值的，因为在失败的过程，也培养出来了一大批人才。正是因为我们研发经历过的一些不成功经验，才成长出了很多英雄豪杰。"

"我们在颠覆性创新中不完全追求以成功为导向，成功与不成功只是客观结果，颠覆创新中的失败也会造就很多人才。"

8. 科研人员必须开放

"借助外脑的方式多种多样，比如我们已经在做的：加强对大学中青年教授、博士的支持，合作兴办博士后工作站，邀请海内外科学家参加我们的攻关工作，打造'黄大年茶思屋'前沿思想沟通平台……我们还要扩宽思路，探索更多更广阔与外脑的连接方式。"

"一杯咖啡吸收宇宙能量，让外脑们在这里碰撞、对冲，这个冲突就会产生一种新的井喷。"

"主动去与跨界的人喝咖啡，多喝咖啡，你不就能吸收他的思想了吗？"

9. 科学家要仰望星空

"希望你们要多抽一些时间读文献，尤其是最新的学术会议与期刊论文。可以把论文及你的心得贴在心声社区或者 Linstar（华为创新平台）上，共享给更多人。科学家还是要多抬头看看'星星'，你不看'星星'，如何导航啊？"

10. 科研要注重理论突破

"在科学探索的道路上，我国比较重视实验科学，对理论研究不够重视。现在也一样，公司不能目光短浅，只追求实用主义，那有可能会永远都落在别人后面。"

"我们需要更多的理论突破，尤其是化合物半导体、材料科学领域，基本上是日本、美国领先，我们要利用全球化的平台来造就自己的成功。"

公司研发的现状与未来

1. 坚持公司已有的人力资源政策

"我们被美国打压的这两年,人力资源政策从未变过,工资、奖金发放一切正常,职级的晋升、股票的配给等一切正常。公司不仅不混乱,反而是内部更加团结,更加吸引了更多的人才,加入我们的队列。抛开了束缚,更加胆大、勇敢地实现了更多的突破,有了领先的信心和勇气。"

2. 发扬出征小战士和苏联红军的精神

"食堂里贴了一张宣传画,一个十六岁的远征军士兵在战场上,接受美国记者采访的一段话:'中国会胜利吗?''中国一定会胜利的。''当中国胜利后你打算干什么?''那时我已战死沙场了'。这不正是我们华为今天的时代精神吗?1941年莫斯科大雪中,数十万仓促而聚、混乱不堪的苏联红军,在红场阅兵,杂乱的队伍英勇地通过红场,他们视死如归地从阅兵场直奔战场的伟大精神,不正映照着我们今天。我们不也是从两年前在混乱的惊恐中反应过来,形成今天的雄赳赳气昂昂杂乱有力的阵列吗?"

3. 既爬高山,也种粮食

"我们允许海思继续去爬喜马拉雅山,我们大部分在山下种土豆、放牧,把干粮源源不断送给爬山的人,因为珠穆朗玛峰上种不了水稻,这就是公司的机制。所以才有必胜的信心。"

4. 两个漏斗搞科研

"第一个漏斗是2012实验室基础理论研究,这个漏斗是公司给你们投入资金,你们产生知识;下面一个漏斗是开发队伍,公司给他们资金,2012实验室给他们知识,当然还有社会的知识,他们的责任是把产品做出来,创造更多商业价值。连接两个漏斗的中间结合部就是'拉瓦尔喷管'。"

5. 军团模式冲锋

"从现实的商业角度来看,我们要聚焦在5G+AI的行业应用上,要组成港口、机场、逆变器、数据中心能源、煤矿等军团,准备冲锋。"

6. 拼命研究6G

"我们不仅仅要在5G上引领世界,更重要的是,我们是要在一个扇形面上引领世界。"

"那我们为什么还要拼命研究6G呢?科学,无尽的前沿。每一代的无线通信都发展出了新的能力,4G是数据能力,5G是面向万物互联的能力,6G会不会发挥出新的能力,会不会有无限的想象空间?"

"我们研究6G是未雨绸缪,抢占专利阵地,不要等到有一天6G真正有用的时候,我们因没有专利而受制于人。"

"我们过去强调标准，是我们走在时代后面，人家已经在网上有大量的存量，我们不融入标准，就不能与别人连通。但当我们'捅破天'的时候，领跑世界的时候，就不要受此约束，敢于走自己的路，敢于创建事实标准，让别人来与我们连接。就如当年钱伯斯的 IP 一样，独排众议。"

7. 集约与创新并重

"我们既要有集约机制，又要有创新动力。"

8. 鸿蒙与欧拉任重道远

"未来信息社会的数字化基础架构核心是软件。数字社会首先要终端数字化，更难的是行业终端数字化，只有行业终端数字化了，才可能建立起智能化和软件服务的基础。鸿蒙、欧拉任重道远，你们还需要更加努力。鸿蒙已经开始了前进的步伐，我们还心怀忐忑地对它期盼。欧拉正在大踏步地前进，欧拉的定位是瞄准国家数字基础设施的操作系统和生态底座，承担着支撑构建领先、可靠、安全的数字基础的历史使命，既要面向服务器，又要面向通信和实时操作系统，这是一个很难的命题。"

9. 持续为客户创造价值

"商业的本质是满足客户需求，为客户创造价值，任何不符合时代需求的过高精度，实质上也是内卷化。所以，我们要在系统工程上真正理解客户的需求。这两年我们受美国的制裁，不再追求用最好的零部件造最好的产品，在科学合理的系统流量平衡的方法下，用合理的部件也造出了高质量的产品，大大地改善了盈利能力。"

10. 公司未来之路

"我们的道路是非常宽广的，但有时也十分曲折、艰难和波澜起伏。我们要充满信心，总会迎着朝阳的。"

科学家与科技发明

在这篇讲话中，任正非还多次提到了科学家与科技发明的故事，反映出他对人类科技发展的关注与相关知识面的广博。但在文章的开头，他却谦虚地说："我不是科学家，也不是电子类的专家，即使过去对工程技术有一点了解，和今天的水平差距也极其巨大。今天跟大家对话，我倒不会忐忑不安，说错了你们可以当场批评，毕竟你们是走在科技前沿的人，我错了也没有什么不光荣，毕竟我们之间还是差距甚远。我们之间也许不是代沟，甚至是代'海'、代'洋'。"

或许任正非在专业深度上与科学家无法相比，但在科学发展的广度上，公司内部难以有人企及。

1. 斯托克斯教授倡导的"巴斯德象限"创新

普林斯顿大学 D.E. 斯托克斯教授在其遗著《基础科学与技

术创新：巴斯德象限》一书中提出巴斯德象限模型。[①] 长期以来，我们将科学分为两类：基础研究和应用研究。唐纳德·斯托克斯教授批评了上述看法，因为其隔离了基础科学和应用研究，他认为基础科学和应用研究是互动的，从而提出了应用启发的基础研究。他将研究的动因是以实用为目标及以求知为目标构成的象限，称为"巴斯德象限"。在文章中，任正非说："由好奇心驱动的基础研究和商业价值驱动的应用研究也可能结合起来，既创造科学知识，又能创造商业价值。这是上世纪（21世纪）九十年代普林斯顿大学的斯托克斯教授倡导的'巴斯德象限'创新，也是去年（2020年）新《无尽前沿法》提议将美国科学基金会改组成为科学与技术基金会的原因。"

2. 瓦特与蒸汽机

"为什么我过去写文章时要专门强调'瓦特曾经只是格拉斯哥大学的一名锅炉修理工'，他并不是蒸汽机的原创发明者，而只是改进了它。我们不要纠结在谁的原创上，我们不仅要尊重原创，还要在原创到商品的过程中，做出突出贡献，被借鉴的人也是光荣的，他一小点点的火花竟然被我们点燃成了熊熊大火。"

[①] D.E. 司托克斯. 基础科学与技术创新：巴斯德象限 [M]. 北京：科学出版社，1999. 该书中文版的作者译名为 D.E. 司托克斯，而任正非在《江山代有才人出》原文中使用"斯托克斯"的译名，作者在本书中采用后者，特此说明。——编者注

3. 袁隆平与杂交水稻

"从狗尾巴草到水稻,是几千年前由古人杂交驯化的。杂交是一种方式,袁隆平是在中间一段推动了高产,也不失他的伟大。"

4. 孟德尔的豌豆杂交实验

"孟德尔的思想和实验太超前了,即使那个时代的科学家也跟不上孟德尔的思维。孟德尔的豌豆杂交实验从 1856 年至 1863 年共进行了 8 年,他将研究结果整理成论文《植物杂交试验》发表,他发现了遗传基因,但未能引起当时学术界的重视。经历了百年后,人们才认识到遗传基因的价值。"

5. 米丘林与巴甫洛夫学说

伊万·弗拉基米洛维奇·米丘林(1855—1935)是农业生物学的创始者,是生物科学的革新者。他在达尔文学说的基础上肯定了生物体和生活条件统一的基本原理,创立了定向改造生物,使生物更好地为人类服务的科学——米丘林学说,把达尔文主义发展到更高的阶段。他和另一位苏联伟大的学者伊万·彼得·罗维奇·巴甫洛夫(1849—1936)是现代生物科学的奠基者。

6. 拉瓦尔喷管

拉瓦尔喷管是推力室的重要组成部分。喷管的前半部由大变小向中间收缩至一个窄喉,窄喉之后又由小变大向外扩张至箭底。箭体中的气体受高压流入喷嘴的前半部,穿过窄喉后由后半部逸出。这一架构可使气流的速度因喷截面积的变化而变化，使气流从亚音速到音速，直至加速至超声速。这是由瑞典人拉瓦尔发明的，故得名。

7. 乔布斯与输入法

"乔布斯是很伟大的，创造了手指画触屏输入法。"

8. 黄大年茶思屋

黄大年（1958—2017），广西南宁人，国际知名战略科学家，中国著名的地球物理学家。曾任吉林大学新兴交叉学科学部首任部长，地球探测科学与技术学院教授、博士生导师。当年黄大年回国后就开辟出来一间"茶思屋"，供师生平时休息、交流所用。文章所指是华为把以黄大年命名的咖啡屋作为前沿思想沟通平台。

9. 邓稼先与王淦昌

"一种是邓稼先主张的当量法，从管子的两头推动两个半块的铀合并到一起，到达临界状态产生裂变。缺点是接触面爆炸后会把后半部分还没有进入临界质量的铀炸飞了。另一种是王淦昌主张的内爆法。国家最终选择了邓稼先的当量法，这个方法相对容易一些，国家先采用了这个方法，这种方法浪费很大，是有接触的一部分炸了，其他的就炸飞了。内爆法的优势可能会更明显一些，体积小但爆炸效率高。"

10. 马克·安德森的"软件正在吞噬整个世界"

网景公司创始人、硅谷著名投资人马克·安德森，2019年在《华尔街日报》上发表的《软件正在吞噬整个世界》的文章称，当今的软件应用无所不在并且正在吞噬整个世界。这篇文章分析了目前科技行业发展的趋势和原因，最后的结论称，"这是一个伟大的机会，我明白该把自己的钱投向哪里"。

11. 蛭形轮虫

"大家要去看蛭形轮虫的故事，我为什么反复说这个故事，就是希望大家要多交流，一杯咖啡吸收宇宙能量。与合作伙伴一起胜利，换来粮食，才能爬'喜马拉雅'。"蛭形轮虫是一种无性繁殖的淡水无脊椎生物，身体长约0.1毫米至1毫米。在《向上捅破天，向下扎到跟》一文中，任正非对这种动物还进行了详细的说明。

> 在科学史上，有一种生存了8000万年的蛭虫，多少科学家研究了数十年，有些科学家因找不到雄性蛭虫而大光其火，实际上他们已经走到诺贝尔奖的边上了，最后由比利时科学家发现它是单性繁殖。两性繁殖，两条基因链的结合会产生突变，会产生优秀的一代。当然，不健康的就流产了，自然淘汰。那么单性繁殖的基因链若有病变、有问题，遗传下去不就灭绝了吗？她发现蛭虫的基因链会断裂，又会重新整合，也会发生突变，这不就是优选吗？所以它们经

历 8000 万年，经历多少灾难，还存活下来了。[①]

12. 戴明质量管理法

威廉·爱德华兹·戴明是世界著名的质量管理专家，他对世界质量管理发展做出的卓越贡献享誉全球。以戴明命名的"日本戴明质量奖"，至今仍是日本品质管理的最高荣誉。戴明学说对国际质量管理理论和方法始终产生着重要的影响。

华为的科技新成果

任正非的这篇讲话也透露了华为基础科学研究和研发开发的新成果。

1. 鸿蒙系统

鸿蒙系统是华为终端职能操作系统，是华为研发的面向万物互联时代的全新的、独立的智能终端操作系统，为不同设备的智能化、互联与协同提供统一的语言。截至任正非此文发表的当日，用户下载量已达一亿人次。

2. 欧拉系统

欧拉系统是华为服务器操作系统。欧拉系统于 2020 年 1 月

[①] 任正非. 向上捅破天，向下扎到根 [M]. 范内瓦·布什，拉什·D. 霍尔特. 科学：无尽的前言. 崔传刚，译. 北京：中信出版集团，2021.

正式在 Gitee[①] 开源，开源后命名为 openEuler，主要面向企业级通用服务器架构平台。该系统基于 Linux 稳定系统内核，支持鲲鹏处理器和容器虚拟化技术，运用于华为的云服务和设备服务器。欧拉系统的目标是通过社区合作，打造创新平台，构建支持多处理器架构、统一和开放的操作系统 openEuler，推动软硬件生态繁荣发展。

3. 矿鸿系统

全称为鸿蒙矿山操作系统。2021 年 9 月 14 日下午，华为宣布鸿蒙应用正式落地工业领域，这是一款基于鸿蒙且面向矿山行业的井下多种设备的工业物联网商业操作系统，所以被称为矿鸿操作系统。

除此之外，文章还透露了华为的部分科学研究机构与研究方向。前者如先进无线技术实验室、侯德榜实验室、2012 实验室、服务实验室、未来终端实验室、玻普实验室、诺亚方舟实验室等；后者如类脑计算、港口与海关智能化、矿山智能化、自行车的自动驾驶等。

任正非这个座谈会的讲话发生在 2021 年 8 月 2 日，这篇文章对外发表的时间是 9 月 14 日晚，想必他其间做了多次修改与调整。这是他的习惯，重要文章他都要反复斟酌、反复修改、反复听取高管的意见。

---

① Gitee 是开源中国（OSChina）推出的基于 Git（一个开源的分布式版本控制系统）的代码托管服务。——编者注

这篇文章的标题为《江山代有才人出》，但正文中没有对此做出诠释。文章标题出自清代赵翼的《论诗五首·其二》，原诗为："李杜诗篇万口传，至今已觉不新鲜。江山代有才人出，各领风骚数百年。"2009年在《谁来呼唤炮火，如何及时提供炮火支援》中，任正非也曾引用此诗。

外部媒体转发时，有的将"才人"加上引号，有的把"才人"改成了"人才"，这或许是在传播过程中，随着传播链的拉长信息失真的表现。

对华为来讲，9月15日是个非常特殊的日子：1987年9月15日华为正式创立，这篇文章对外发表的次日正是华为34岁生日。

华为是家不珍重历史的公司。2001年在参观规模宏大的松下博物馆，笔者提议华为也要建一个博物馆时，任正非断言："华为不需要历史。"事后，笔者曾在一篇小文中写道：

> 历史不重要，重要的是要知道历史是如何缔造的，伟大的历史辉煌是由核心价值观缔造的，记住历史会因珍惜自己的羽毛而背上沉重的包袱，而时刻铭记自己的核心价值观，就能重铸辉煌。核心价值观是华为的"上甘岭"，守住了上甘岭，就守住了公司的未来。至于以往那些辉煌或失败，真的不重要。

这或许就是任正非"华为不需要历史"的答案吧。

除了任正非的这篇文章，华为当天还发布过一个视频，是美国女歌手玛迪琳·贝莉（Madilyn Bailey）与华为联合推出的歌曲《闪耀钻石心》(*Shine Your Diamond Heart*)，其中一句歌词可译为：

> 每一次无路可退，每一次痛彻心扉，千锤百炼，历久弥新，雕琢一颗钻石心。

重温 5 篇讲话，体会华为成功之路

读到任正非的《江山代有才人出》，很自然地让我们想起了任正非的另外 5 篇著名文章。

华为成立 20 年时，公司在各系统举行了奋斗表彰大会，对 20 年的成长历程进行了总结与反思。任正非在这个时间段做了很多重要的讲话，这些讲话系统地思考了华为 20 年的成败得失，并在此基础上，完成了对华为未来成长道路、战略和企业文化的全面定位。通过任正非的这些讲话，我们可以看到一个企业家对过去、现在与未来的系统思考。

历时近一年的 5 篇讲话，任正非为华为的 20 岁生日献上了思想的盛宴。

华为没有组织策划各类活动庆祝公司 20 岁生日，而是一如既往地在"静水潜流"中"有质量地活下去"。这 5 篇文章如下：

- 2008 年 5 月 31 日，华为召开无线产品线奋斗大会，任正非做了题为《让生命的火花，点燃无愧无悔的青春》的讲话。

- 2008年9月22日，华为召开中央平台研发部表彰大会，任正非做了题为《从汶川特大地震一片瓦砾中，一座百年前建的教堂不倒所想到的》的讲话。
- 2009年1月16日，华为召开销服体系奋斗颁奖大会，任正非做了题为《谁来呼唤炮火，如何及时提供炮火支援》的讲话。
- 2009年3月24日，华为召开财经系统表彰大会，任正非做了题为《市场经济是最好的竞争方式，经济全球化是不可阻挡的潮流》的讲话。
- 2009年4月24日，华为召开运作与交付体系奋斗表彰大会，任正非做了题为《深淘滩，低作堰》的讲话。

在此，重读这5篇文章，并将其要点加以梳理。

1. 以客户为中心，成功基于奋斗——读《让生命的火花，点燃无愧无悔的青春》有感

（1）感谢客户

"我们至今仍深深感谢那些宽容我们的幼稚，接受我们的缺陷，使我们能从一个幼儿，成长到今天的人们。吃水不忘挖井人，永远不要忘记客户需求是我们发展之魂。没有他们也就没有我们的今天。我们要永远尊重客户，尊重他们的需求，别把自己的主管行政长官看得太重。"

(2) 感谢时代

"是时代给了我们机遇,让我们坐在时代的船上漂到了今天,当然我们乘船的时候也划了桨。"

(3) 坚持创新

"坚持在大平台上持久地大规模投入,拒绝机会主义,拒绝短视。"

"在有清晰长远目标的思路的条件下,要敢于机会主义,敢于抓住机会窗开窗的一瞬间,赢取利润,以支持长线产品的生存发展。"

"当长得长,当短得短。长短结合,相得益彰。这就是战略。"

(4) 打造铁军

"我们要培养起一大群敢于抢滩登陆的勇士,这些人会不断激活我们的组织与干部体制。尽管抢滩的队伍不担负纵深发展的任务,但干部成长后,也会成为纵深发展的战役家。只有敢于胜利,才能善于胜利。猛将必发于卒伍,宰相必起于州郡。我们各级部门,要善于从成功实践者中选拔干部。没有基层实践经验的干部,需要补上这一课,不然难以担起重任。"

(5) 艰苦奋斗

"我们过去从落后到赶上,靠的是奋斗;持续的追赶靠的也是奋斗;超越更要靠奋斗;安享晚年,还是要靠奋斗。什么时候不需要奋斗了呢?你退休的时候,安享奋斗给你积累的幸福,无论心理上的,还是物质上的。"

"我们要给奋斗者合理的回报,足够的关怀,良好的沟通,也要接受他们的批评。我们要逐步建立起以奋斗者为本的文化体系，并使这个文化血脉相传。这个文化不是在大喊大叫中建立起来的，它要落实到若干考核细节中去，只要每个环节的制度制定者，每天抬头看一眼奋斗，校正一下我们的任何动作和决策是否能为客户有贡献，三五年时间，也许就会有初步的轮廓。"

"现在还无人能解决电子供给远远大于电子需求的问题。我们稍一休息，可能就被历史抛弃，从而破产、衰败、颗粒无收。我们宁可辛苦一些，也要活下去，谁叫我们走入了电子行业。"

2. 百年老店，从一砖一瓦开始——读《从汶川特大地震一片瓦砾中，一座百年前建的教堂不倒所想到的》有感

（1）平台优势

"我司的基础平台，要（经）历几代人的智慧不断累积、优化，谁说百年后我们不是第一。这些平台累积，不是一个新公司短时间能完成的，而且我们已把过去的平台成本不断地摊完了，新公司即使有能力，也要投入相等的钱，才能做出来。我们拥有这样巨大的优质资源，是任何新公司不具备的，这就是一个大公司制胜的法宝，否则大公司创新不如小公司，干劲不如小公司，为什么胜的还是大公司。"

"通过平台化、构件化的交付，降低研发成本，提高研发效率和产品质量，构筑信息安全，缩短产品上市周期，使得我们以更低的运作成本更快地响应客户需求。华为能够从后来者赶上，走上业界一流的道路，靠的就是平台战略。经过十多年默默耕耘

和艰辛努力，已经初步建成了有竞争力的软硬件平台、工程工艺能力、技术管理体系，打造了百年教堂的平台基础。"

"产品间的竞争从长期来看，归根结底在于基础平台的竞争。一个产品不能完全从零开始做起，要有丰富的平台、CBB（共享模块）支持，要有强大的工程工艺能力和技术管理体系支撑，使得产品的成本、质量能在一个很好的平台体系上得到实施。"

(2) 开放平台

"为更好地满足客户需求，建设百年教堂，平台必须坚持开放与创新。一个不开放的文化，就不会努力地吸取别人的优点，是没有出路的。一个不开放的组织，会成为一潭僵水，也是没有出路的。"

(3) 宽容失败，持续改进

"在管理和流程上要坚决反对盲目创新，要在原有的基础上不断改良和优化。我们要持续百年地不断改良，不要随意地改革，改来改去的。只有在历经数年地充分认证，才进行必要性地革命。坚持百年，我们不死就是胜利。"

(4) 保护创新

"财富的积累，历尽了岁月与艰辛，但财富的毁灭却在一瞬间。例如，风华正茂时遭遇危及生命的车祸；一把大火将你所有一切付之一炬；地震震塌了你没有买过保险的房屋……我们历（经）几代人建立的平台，实质上是软件代码和设计文档等组成的，如果遭遇拷贝，就是财富毁于一旦。因此我们要高度重视信息安全，理解信息安全一时的过激行为。但我们在信息安全上要学'灰色',不要防卫过度。"

(5) 成功于教堂

"每个人都能甘于平淡,耐得住寂寞,默默奉献,是一件不容易的事,这是一种伟大的人格修炼。板凳要坐十年冷,我们几万员工已经做到了,才有了华为的今天,才有了打造百年不倒的教堂的可能。我们已经走了一条成功的平台道路,为什么不走下去,为什么不一代一代地走下去?越走会越顺利,越走会越省力,越走会效率越高,越走会使你和家人获得更多的物质与精神上的报酬。一条一条的砖缝铺满砂浆,让砖块受力均匀;摆平每一块砖,让它垂直于地心……你终于会享受到这种默默无闻的无私奉献的快乐。当你回首往事,不因虚度年华而悔恨,也不因碌碌无为而羞愧。你可以自豪地对儿孙说,我参与的平台,数十年了还在全世界运转。平凡中孕育着伟大,你就是一个伟大的人,不在乎哪条砖缝是你修的,也不需要别人给你评价,只要你自己认同就行,它能激励你与同事和睦相处,共同前进就行。只要家人给你祝贺,分享了你的幸福,人生就是伟大的,哪怕只填了几条砖缝。不要在乎别人说三道四,自己激励自己,才能实现人生的伟大。"

"什么叫幸福,人生攒满了回忆,就是幸福。"

3. 呼唤炮火,寻求支援——读《谁来呼唤炮火,如何及时提供炮火支援》有感

(1) 流程变革

"组织流程变革要倒着来,从一线往回梳理,平台只是为了

满足前线作战部队的需要而设置的,并不是越多越好、越大越好、越全越好。要减少平台部门,减轻协调量,精减平台人员,自然效率就会提高。"

"做厚客户界面,以客户经理、解决方案专家、交付专家组成的工作小组,形成面向客户的'铁三角'作战单元,有效地提升了客户的信任,较深地理解了客户需求,关注良好有效的交付和及时的回款。"

(2) 决策权力

"我们进一步的改革,就是前端组织的技能要变成全能的,但并非意味着组织要去设各种功能的部门。基层作战单元在授权范围内,有权力直接呼唤炮火(指在项目管理上,依据 IBM 的顾问提供的条款、签约、价格三个授权文件,以毛利及现金流进行授权,在授权范围内直接指挥炮火,超越授权要按程序审批),当然炮火也是有成本的,谁呼唤了炮火,谁就要承担呼唤的责任和炮火的成本。后方变成系统支持力量,必须及时、有效地提供支持与服务,以及分析监控。公司机关不要轻言总部,机关不代表总部,更不代表公司,机关是后方,必须对前方支持与服务,不能颐指气使。公司的最高决策机构是 EMT 会议,EMT 成员只是在会议结束后,推动决议的执行,他们叫首长负责制,也不能自称总部。机关干部和员工更不能以总部自称,发号施令,更不能要求前方的每一个小动作都必须向机关报告或经机关批准,否则,机关就会越做越大,越来越官僚。"

(3) 平台联动

"我们已明确变革要以作战需求为中心，后方平台（包括设在前线的非直接作战部队）要及时、准确（地）满足前线的需求。我们机构设置的目的，就是为作战，作战的目的，是为了取得利润。平台的客户就是前方作战部队，作战部队不需要的，就是多余的。后方平台是以支持前方为中心（的），按需要多少支持，来设立相应的组织，而且要提高后方业务的综合度，减少平台部门设置，减少内部协调，及时准确地服务前方。"

"我们要继续坚持以有效增长、利润、现金流、提高人均效益为起点的考核（条件成熟的地方，可以以薪酬总额为计算基础），凡不能达到公司人均效益提升改进平均线以上的，体系团队负责人，片区、产品线、部门、地区部、代表处等各级一把手，要进行问责。在超越平均线以上的部门，要对正利润、正现金流、战略目标的实现进行排序，坚决对高级管理干部进行末位淘汰，改变过去刑不上士大夫的做法，调整有一线成功实践经验的人补充到机关。"

4. 优胜劣汰，天道酬勤——读《市场经济是最好的竞争方式，经济全球化是不可阻挡的潮流》有感

（1）艰苦奋斗

"华为20年的炼狱，只有我们自己及家人才能体会。这不是每周工作40个小时能完成的，我记得华为初创时期，我每天工作16（个）小时以上，自己没有房子，吃住都在办公室，从来没有周

末和节假日，想想这是十几万人 20 年的奋斗啊，不仅仅是在职员工，也包括离职员工的创造。怎么可能会在很短的时间，每周只工作 40（个）小时，轻轻松松就完成了产业转换与产业升级呢？"

"华为就是赶在死亡之前，达到了这样的规模水平，并在这近十年中，努力变革自己，谦虚地向西方公司学习管理，提高效率，并制定了优异的人力资源机制，促使全体员工不断奋斗，才有可能活了下来，只要我们不自满、不懈怠，我们就一定会是长久的赢家。"

(2) 监控体系

"没有优良的财务管理，没有可靠的监控，我们的授权就不能完成，前方就不能直接呼唤炮火，官僚、臃肿的机构长存，我们如何能活下来？我们要坚定地支持公司的 IFS 变革……财务人员应在这场变革中，加强业务建设，夯实组织基础，提高个人修养，以'责任、奋斗、融合、成长'的胸怀，更好地服务业务、支撑发展，真正实现'计划、预算、核算'的全流程管理。只有'有为'才会'有位'，任何组织只有在流程中创造价值，才可能获得成长的机会。在公司快速发展的今天，财经部门更应该加快自己的建设，真正成为流程中不可缺少的力量，这是历史赋予我们的使命，也是历史给予我们的机会。"

5. 艰苦奋斗，让利于客户——读《深淘滩，低作堰》有感
(1) 职业化

"什么是职业化？就是在同一时间、同样的条件，做同样的

事的成本更低,这就是职业化。"

"我们面对金融危机,要有管理改进的迫切性,但也要沉着冷静,减少盲目性。我们不能因短期救急或短期受益,而做长期后悔的事。不能一边救今天的火,一边埋明天的雷。"

"面对未来市场发展趋缓,要更多地从管理进步中要效益。我们从来就不主张较大幅度的变革,而主张不断地改良,我们现在仍然要耐得住性子,谋定而后动。"

"西方的职业化,是从一百多年的市场变革中总结出来的,它这样做最有效率。穿上西装,打上领带,并非为了好看。我们学习它,并非完全僵化地照搬,难道穿上中山装就不行?我们20年来,有自己成功的东西,我们要善于总结出来,我们为什么成功,以后怎样持续成功,再将这些管理哲学的理念,用西方的方法规范,使之标准化、基线化,有利于广为传播与掌握并善用之。"

(2) 七大反对

"管理改革要继续坚持从实用的目的出发,达到适用目的的原则。在管理改进中,要继续坚持遵循'七反对'的原则。'坚决反对完美主义,坚决反对烦琐哲学,坚决反对盲目的创新,坚决反对没有全局效益提升的局部优化,坚决反对没有全局观的干部主导变革,坚决反对没有业务实践经验的人参加变革,坚决反对没有充分论证的流程进行实用'。"

(3) 应对不确定性

"我们要清醒地认识到,面对未来的风险,我们只能用规则的确定来对付结果的不确定。只有这样我们才能随心所欲,不逾矩,才能在发展中获得自由。任何事物都有对立统一的两面,管理上的灰色,是我们的生命之树。我们要深刻地理解开放、妥协、灰度。深刻领悟深淘滩、低作堰带给我们的启迪。智慧的光辉,将千秋万代永不熄灭。"

任正非与五位离职员工的"两地书"

每一个公司都会有新员工进入，也会有老员工离开。公司如何对待离开的员工，是态度问题，也是价值观的问题。

很多公司对待离职的员工不能做到好聚好散，甚至反目成仇，从此别过，老死不相往来。

华为的离职员工很多，2020年任正非在接受记者采访时曾提到，华为当时已有16万离职员工。

多年前，曾有华为员工抱怨公司离职流程烦琐，经过层层关卡办理离职手续，把对公司的感恩之情都消磨掉了。后来公司优化了离职流程，为离职员工提供了便捷快速的离职流程。

大多数离职员工离职前都会在公司内网心声社区上发个帖子，谈经历，谈感想，谈问题，谈建议，在职员工也会跟帖，送祝福。

华为人力资源部或干部部会对离职员工做离职访谈，把离职员工对公司的意见与建议留下来，这是离职员工留给公司最后的宝贵财富，当然也有很多离开的员工后来又重新回归公司。

2018年，任正非在一次外部会议上讲："如果员工感谢华为，那我相信华为是做错了，一定是我（华为）给他多了。"这在业界引起了很大的争议。如果从员工与企业本质上是劳动契约关系的角度看，此言无错，正如中国那句古话："施惠勿念，受恩勿忘。"

离职员工如何看待原东家，从另外一个角度也反映了国内公司与员工的关系及其经营管理机制。[①]笔者接触过很多华为离职员工，几乎没有人骂公司、骂老板（老板是华为在职与离职员工对任正非的标准称呼）。当然，也有骂人的，离职员工骂得最多的是直接主管。

以下内容，记录的是任正非与五位离职员工的故事。需要说明的是，任正非与离职员工的故事有很多，下面五则只是见诸文字记录的故事。

吕学峰：我希望您继续留在华为工作

1993年，公司社招研发员工吕学峰因病离职后，写信给任正非，介绍了离职后的工作交接及个人情况，信中对自己的离职表达了歉意："现在公司对我如此照顾，自己感到非常愧对我们这个集体。"

不久任正非写了回信（节选）：

---

① 参见：吴春波. 华为门徒眼中的华为[M]// 华为没有秘密3. 北京：中信出版集团，2020.

军队是一个高速机动性的队伍,而且攻击强度最大。它最不需要伤病员。然而,世界上任何一支军队都对伤病员十分重视、关怀,不惜耗尽物力、人力,甚至不畏流血牺牲。为什么?为了让更多的人去冲锋陷阵。因为有了这一点才有革命的胜利。华为同样奉行这么一种制度,保护好有贡献的同志,保护在科研、市场、生产……活动中,伤害了身体的同志。有了这一点,华为就有可能在本世纪末(20世纪末)赶上AT&T(美国国际电话电报公司)。没有这一点华为连今天也维持不下去。

……

没有优秀、忠诚的干部,那是一座空中楼阁。因此,我希望您继续留在华为工作,过去对您的身体关心不够,我们是有责任的。

……

祝您早日康复,重返华为。华为才是自己人最终的乐园。它的善良终会被人们理解。

任正非与吕学峰的信发表在1993年7月21日的《华为人》报上。发表时的编者按写道:

人才政策一向是公司最有特色、最重要的政策之一。华为给有抱负、有才能的同志提供充分发挥的舞台,同时又不失其温暖、充满人情味的一面。这里刊登的两封信生动地体现了华为所奉行的"工作可以没有人性,生活却必须充满人情味"。

两地书的坦诚与真诚曾感动过许多华为人,一时传为佳话。

(注:因时代久远,已无法考证吕学峰是否回归华为。)

叶树:任总喊你回家吃饭

2010年8月31日,在当月的《华为人》报上,有一篇文章的按语,没有注明作者,从语言风格上看无疑出自任正非,他是以第三人称写的:

> 2010年8月,任总去艰苦地区看望员工,在去过阿富汗后,又去了北冰洋,看望在最艰苦地方工作的员工,亲自体会了员工工作的辛苦。他是夏天去的北冰洋,没有体会到叶树所写的感觉,但那儿夏天蚊子很多。任总说在那儿走路,他都戴着养蜂人戴的那种帽子,即在草帽的周边缝着纱布,围着头圈一圈。我们各级部门,都要关心在艰苦地区的员工的学习与成长,那儿接收新的信息难,接触尖端技术难,但他们的精神十分宝贵。可惜叶树已经辞职了,什么时候回深圳来,任总想请他吃饭。

叶树是华为员工,2002年3月18日,他根据自己在俄罗斯北极地区安装GSM(全球移动通信系统)设备的经历,撰写了

《北极圈内的华为GSM》一文，发表在第126期《华为人》报上。文中回顾了他在北极圈内的奋斗岁月：这位出生在南方的小伙子，一眼望去是很多人一辈子没见过的漫天大雪；一天20~22小时极夜中黑暗的煎熬；零下50摄氏度加上30年未遇的大风雪的洗礼；顺利割接后与客户的庆祝。他在文章中许愿："只想祈求北极的这股北风，能把我们的喜悦一路吹到中国去，吹到南部中国那座年轻的城市里，吹到那群年轻的人群中去。"

后来叶树离开了公司，去澳大利亚求学。

2010年8月，《华为人》报重登了这篇文章，任正非的"编者按"就是为此文写下的。当月任正非去了北极圈出差，本想看望叶树，叶树却因故没有与任正非相会于北极圈。叶树的同事看到任正非的信后奔走相告："任总到了北极圈，想起当年的那篇文章，想起了作者叶树，要邀请叶树吃饭：这是对这群曾经在北极圈内奋斗过的人的肯定啊。当时在北极圈内遇到的困难在这一瞬间完全烟消云散了，幸福、激动之情无以言表。"

2010年11月12日，《华为人》报编辑部在公司心声社区中发出"寻找华为人中的人——叶树"的帖子。

此后，叶树给任正非回信，信中也谈及与任正非的相关往事："2004年任总生日，正出访雅典办事处，我们煮了一碗面条给您庆祝生日。2007年底，我刚刚完婚，携妻子从虹桥机场回深圳。正赶上上海的第一场大雪，那个时候南方雪灾已经非常严重了。很巧在候机的时候碰到任总一人回深圳。几句简短的寒暄，我们擦肩而过消失在人海茫茫。"

任正非就是在这一背景下,隔空向这位前华为人喊话的:"什么时候回深圳来,任总想请他吃饭。"

2010 年下半年,叶树再次向华为投简历,并重新入职华为。

20 年后的 2021 年,叶树再次撰文《20 年前,我们开通了北极圈第一个 GSM 网络》,文中回顾了这段往事。有意思的是,这篇文章在网络上被改了标题,变成了《拒绝任总请吃饭,开通第一个北极圈内的 GSM 网络,我在华为经历的"神奇"远不止这些》。

孔令贤:加西亚,你回来吧!是公司对不起你!

2017 年 9 月 6 日任正非签发邮件,这是他为心声社区一篇文章《寻找加西亚》所写的按语。这次他对离职员工孔令贤隔空喊话:

> 加西亚,你回来吧!孔令贤,我们期待你!2014 年孔令贤被破格提拔三级后,你有了令人窒息的压力,带着诚意离开了华为。周公恐惧流言日,更何况我们不是周公。是公司错了,不是你的问题。回来吧,我们的英雄。
>
> 我们要形成一个"英雄倍出"的机制,"英雄倍出"的动力,"英雄倍出"的文化。要紧紧揪住英雄的贡献,盯住他的优点,而不是纠结英雄的缺点。回来吧,加西亚,是公

司对不起你。

之后，任正非再次签发总裁办电子邮件，就孔令贤事件发声：

> 我们要紧紧揪住优秀人物的贡献，紧紧盯住他的优点，学习他的榜样（事迹）。这要成为一种文化，这就是哲学。
>
> 为什么优秀人物在华为成长那么困难，破格三级的人为什么还要离开？我们要依靠什么人来创造价值，为什么会有人容不得英雄？华为还是昨天的华为吗？胜则举杯相庆，败则拼死相救，现在还有吗？有些西方公司也曾有过灿烂的过去。华为的文化难道不应回到初心吗？三级团队正在学习"不要借冲刺搞低质量""满广志、向坤山都是我们时代的英雄"，不是导向保守主义，而是让一些真正的英雄的血性喷涌，脚踏实地，英勇奋斗，理论联系实际，让这些人英勇地走上领导岗位。为什么不能破格让他们走上主官？为什么不能破格让他们担任高级专家与职员？为什么不能按他们的实际贡献定职、定级？遍地英雄下夕烟，应在100多个代表处形成一种正气。形不成正气的主官要考虑他的去留。

孔令贤是华为的研发员工，2011—2015年就职华为，是华为进入OpenStack（开源的云计算管理平台项目）社区的第一人，也是OpenStack社区的核心成员。他在个人技术博客上发表过专题博文 150 余篇，成功地带领一支思想开放、融入开源社区并能够将开源和商业成果相结合的精兵团队，支撑华为成为 OpenStack 的金牌会员，所带团队中有两名成员被评选为 OpenStack 的核心成员。因贡献卓越，2014 年被公司破格提拔三级。

2015 年，他"带着诚意离开公司"，后移民新西兰。在解释离职原因时，孔令贤写道："我离开，并不是因为华为不好，或业务没希望，恰恰相反，是因为华为太好。毕业 4 年多，公司待我不薄，在公司我学会了做人，学会了做事，学会了大公司应该有的章法，但即便如此，我的人生经历和技术经验仍然不足以支撑公司给我的级别和地位，我走，正是因为自己的胆怯。如果我给不了公司想要的，那么我接下来的工作，就无异于混日子。所以，急流勇退也好，临阵脱逃也罢，我是带着诚意离开的。"

2017 年 9 月 5 日，孔令贤在微博上回应了华为和任正非的呼唤："加西亚已收到，没有谁对不住谁，华为是民族企业的骄傲，提起华为我依然自豪，希望以后还能有合作的机会。"

2017 年，孔令贤与满广志、向坤山、梁山广成为公司里谈论的风云人物。

很遗憾，尽管任正非真诚呼唤，孔令贤这位公司的"加西亚"还是没有回到公司，否则又是一段佳话。

任正非向一位基层研发员工真诚的喊话，言语之恳切，态度之真诚，令人动容，这也是任正非和华为公司倡导自我批判的真实体现。

韦慧晓：有假期的话，回娘家来看看

关于任正非与韦慧晓的故事，笔者已在《任正非与韦慧晓》[①]一文中有过介绍。

关于韦慧晓女士，很多人都已熟知，央视主持人曾这样评价她：她的故事与经历，连电视剧都不敢这样编。她是我国首位也是唯一一位女舰长，她的资历章只有一排，但已是将校军衔。

韦慧晓女士2000年本科毕业后，入职华为，2004年考入中山大学就读研究生，博士毕业后自愿要求加入海军，是辽宁号航空母舰首位女博士。

在韦慧晓离开公司12年后，任正非向韦慧晓隔空喊话："韦慧晓是当代青年的榜样，她的经历是一本人生价值的实践，我很敬佩她。她有假期的话，我们提供全部费用（请她）回娘家来看看，同时给我们年轻人讲一课。她是我们华为的骄傲。她的精神鼓舞我们华为的'航空母舰'航行在全球，服务世界人民。我们的产品已涵盖140个国家、30亿人。"时隔18年后，笔者在北京再次见到韦慧晓女士，她还是那样帅气、阳光和靓丽，充满活力和正能量。笔者向其求证是否回过华为，韦慧晓女士的回答是：回去过两次。

至于任正非是否请她吃过饭，我想应该是肯定的。

[①] 参见：吴春波.任正非与韦慧晓[M]//华为没有秘密2.北京：中信出版集团，2018.

韩郁[①]：你是华为的功臣，公司可以为你保留全部的股票！

2008年1月14日，华为前员工、全球无线产品销售部韩郁办理了离职手续，此前他在华为工作了12年，其中近7年在孟加拉国、南非、北欧等海外工作。离职前韩郁给任正非写了一封表达谢意以及告别的小邮件。

韩郁先生在离职不久，就收到他人转来的短信：任总请你吃饭。

2008年1月18日中午12:00，任正非如约在公司总部A3的VIP餐厅请韩郁吃饭。落座后，任正非首先询问韩郁："为什么要离开华为？"并提出："像你这样长期在海外工作的功臣，有什么困难公司都会考虑给予照顾。有什么要求可以提出来，公司会尽力解决。"

当得知韩郁是因病离开公司后，任正非讲："你是华为的功臣！你的情况属于病退，公司可以为你保留全部的股票！"

"你对公司的文件理解有误，你的情况符合保留股票的条件！华为绝不是在大家能够干活的时候让大家拼命地干活，而在大家不能干的时候就一脚踢开。你对华为是有贡献的，现在你的身体不行了，需要这些股票作为未来看病治疗的保障！华为的文化是'天道酬勤'，华为保留你的股票是应该的！相反，你不要才是不应该的！你要了我才高兴！"

---

① 其所写文章署名为"韩工"，这一称呼应是对其职位资格的简称。

"保留股票、享受医保、工作安排不是针对你个人的特殊安排，也不是我个人的意见。公司现有的制度和文件不是我一个人的，也不是针对你一个人的，华为是绝不会忘记和亏待那些为华为奋斗过的功臣的。"

自2004年开始，公司就出台了《关于退休保留虚拟受限股的董事会决议》，规定在华为连续工作8年、年龄在45岁以上的员工可申请提前退休。获批提前退休的员工在签订和履行某些限制性条款后，可以保留全部或部分华为股票，并获得股票分红。2016年，公司将这一政策扩展到技师、技工、事务员、服务员、厨师和司机等职位。

韩郁在事后所写的文章中说："听了任总的话，我的心情久久不能平静，原本认为自己被派到艰苦地区长期工作导致身体一些问题是个人的不幸，但没有想到自己又是这样的幸运，公司这样设身处地地帮我这个已经辞职的员工解除后顾之忧！如果我的身体调养好，我还是愿意重回华为工作的。"

（注：韩郁先生后来是否重回华为上班，没有确切消息。2008年5月2日，公司人力资源部下发通知：保留韩郁的全部虚拟受限股。本文根据华为心声社区文章《离职后任总请我共进午餐》一文改写。）

小结

任正非与以上五位员工的"两地书"，有的是一段佳话，有的也留下了一些缺憾，但不管结果如何，反映的都是他对员工的态度。

2021年2月3日，任正非签发《关于对技术探索团队和个人回溯激励的决议》，该文件提出："只有有科学的历史观，才会有科学的发展观，不忘记英雄才能更好地激发更多的英雄奋战。鉴于技术探索的长期性、不确定性等特点，需要建立当期激励和回溯激励相结合的机制，以更好牵引从事技术探索的团队和个人直面挑战、坚韧不拔、持续贡献，落实公司不让雷锋吃亏的激励导向。"

2021年5月初，任正非在为《科学：无尽的前沿》一书所作序中，再次强调："我们如何追溯在这些过程中默默无闻贡献的人，包括中途离职的有功员工，给予鼓励，是我们人事工作应该改进的地方。"

2021年7月12日，任正非签发题为《关于各级主管关心关爱员工的要求》的公司文件。

笔者认为，任正非对待员工包括离职员工的基本价值观是：爱兵切，用兵狠，而且两者的顺序不能颠倒。

用任正非的话概括就是：

- 铁军的领袖，自古以来都是十分爱兵的，真心去关心你的弟兄。
- 我们要敢于团结一切可以团结的人，我们的唯一武器是团结，唯一的战术是开放。

- 我们要团结所有人，要团结一切可以团结的人，包括曾反对过你，而且反错了的人。大家本是同根生，都是背井离乡人，应以博大的胸怀处理周边关系。

  ——《坚定不移地坚持发展的方向——任总在中央研究部干部就职仪式上的讲话》，1995年1月9日

任正非：不老的头狼

2019年2月22日，华为心声社区发布了任正非的《万里长江水奔腾向海洋——任正非在武汉研究所的讲话》。

任正非指出："公司已进入了战时状态，战略方针与组织结构都做了调整。""如何打赢一仗，胜利是我们的奋斗目标。"他号召公司员工："我们不管身处何处，我们要看着太平洋的海啸，要盯着大西洋的风暴，理解上甘岭的艰难。要跟着奔腾的万里长江水，一同去远方，去战场，去胜利。"

保持狼性，消除懈怠

近几年，一系列来自内外部的挑战与压力给华为带来了新一轮的苦难与磨难，但这不是最重要的问题，因为华为一直是伴随着苦难成长和发展的。任正非更关心的是如何让组织始终充满活力，如何让华为的人力资源队伍保持狼性，保持强大的战斗力。

如今，华为和一些成功企业共同面临的问题是可怕的基因变异问题，是"大灰狼"会不会变成"羊"的问题。再好的公司，即便是在整个社会经济发展形势喜人的时候，即便是在行业的春天里，如果大家都不干活，都在抱怨，都在挖公司墙脚，整个组织散发出负能量，坐吃山空，企业靠什么生存？所以，企业文化的核心是保持方向大致正确，保持组织充满活力，保持打胜仗的信念，保持队伍的团结，保持狼性不变，避免公司坚守的精神力量被稀释、被污染、被遗忘和背叛，这也是华为持续要解决的问题。如何坚守公司的核心价值主张，如何让大量的新人继续认同华为文化，这是核心问题。

解决这个问题的一个基础是头狼不老。任正非本人是一个奋斗者。他已是一个耄耋老人，他生活俭朴，行事低调，尽量避免在公共场合成为焦点。有多少老人年近80岁了还能像他那样？他在思想上和行动上，坚守着以客户为中心和长期艰苦奋斗。促使任正非始终保持活力的，正是他的信念与企业家精神。如今，在华为，任正非已经成功地把知识分子变成了战士，把每一位员工变成了和他一样的战士。这是楷模的作用，是榜样的力量。

任正非：我最欣赏这种人

我们都知道，狼性是一种状态，让大家都在状态，都具有狼性，非常有必要。外界把华为的企业文化归结为"狼性文化"，这是一种误读。在华为公司内部，从来没有这个词，但这并不否定华为的狼性。

如果把市场当成"猎物",你会发现,猎物并非遍地都是。当市场机会减少时,如果没有灵敏的嗅觉,没有强烈的进攻精神,那么市场必定不会属于你。华为一旦发现机会,不开会、不讨论、不纠结,就是本着强烈的进攻精神,本能地往上扑。同时,这个进攻绝不是独狼作战,而是狼群的战术进攻,共同奋斗。

以客户为中心,以奋斗者为本,坚持艰苦奋斗,这就是狼性在企业实践中的体现。辩证地看,市场机会多如牛毛,尤其信息技术的突破给企业带来了广阔的市场机会,但关键在于你如何去发现它、如何去实现它。那么,华为怎样保证一种狼性文化的状态呢?如何拥有一支狼性的队伍,保证华为在激烈的市场竞争过程中脱颖而出呢?

2013年,任正非首次接受外国媒体采访的时候,回答"华为是如何成功的""凭什么能够成为行业第一"等问题时,他的答案只有四个字:"不喝咖啡。"2014年在回答英国记者同样的问题时,他认为华为之所以成为行业领袖,就是因为"傻"。

任正非最欣赏的两个人,一个是阿甘,一个是许三多。他认为,华为的成功没有秘密可言,就是典型的阿甘式成功。阿甘精神的核心就是目标坚定、专注执着、默默奉献、埋头苦干。所以,华为给员工的好处就是"苦",没有其他。而在这份"苦"之后,是个人的成就感,是收入的改善,是越来越坚定地跟着公司前进的信心……这是华为人不断吃苦却都愿意留下来的原因。

在我们这个社会,聪明的人太多,但往往精致而利己。社会并不需要那么多利己的聪明人,而需要更多的阿甘,需要有几分傻气，甘愿投入，甘愿付出，不计回报。

甘作阿甘，是因为这批人有着广阔的视野、坚强的意志和胸怀他人的品格，除此之外，还要等得及、不着急。要知道，华为人与大家并没有什么不同，同样是独生子女，同样是知识员工，同样是80后、90后。那么华为人在做什么呢？

在巴格达，办公楼刚刚建好，人还没搬进去的时候，遭遇了炸弹袭击。三位华为员工亲历了这次袭击，但当他们满身是泥、满脸是土、汗流浃背地从硝烟中撤出来的时候，他们发回来的照片仍然是一张张灿烂的笑脸。

华为我们学得会吗？笔者认为，学得会与学不会可以暂且不论。不论是否学习华为，企业必须解决的问题是，怎样管理人力资源，如何挖掘人力资源的潜力，如何打造一支能征善战的铁军，尤其是怎样管理企业的知识型员工。

华为人有什么特别之处呢？他们并没有超高的颜值，也没有光鲜的衣着，但他们聪明、年轻、勤奋。华为能做的就是把他们团结在一起，挖掘他们的潜力，实现他们的价值，让平凡的人也能得到机会，然后，依靠这样的年轻人来实现超越，这就是华为成功的动力源泉。

中国企业要树立信心，因为我们拥有优秀的人力资源、巨大且不断增长的市场以及改革开放的市场环境，所以中国企业有能力也有机会在世界市场展现自己的力量。华为为中国企业做出了榜样。

城墙是否被攻破，不是取决于城墙的厚度，而是取决于守城将士的信心；不是取决于攻城的武器，而是取决于攻城将士的血性。我们企业所需要的，正是这样的信心与血性。

华为现在进入"无人区"，不是因为找到了风口，而是不论身处行业的冬天还是经济的春天，华为的价值观都始终如一。

要知道，华为在国际上的竞争对手都是百年老店，年轻的华为还相当弱小，那么拿什么参与竞争，靠什么赢得市场？

做好一件事，取决于技术和态度，技术不行，态度可以补，但前提是，你要有敢于搏杀、敢于亮剑的血性，这就是任正非强调的霸气。没有这样的铮铮铁骨，只有好的态度，仍然无法占领市场。做企业需要这样的霸气和精神，否则，就永远只能跟在别人后面，难有出头之日。

在电影《至暗时刻》的结尾处，丘吉尔的最后一句台词是："没有最终的成功，也没有致命的失败，最可贵的是继续前进的勇气。"

在华为，这种血性不仅体现在任正非身上，而是属于全公司，它流淌在全体华为人的血液之中。这就是我们所讲的企业文化，它不是写在墙上的豪言壮语，而是每个人身上散发出来的激情，是这种血性的喷涌。

任正非与华为是
如何看待和防止"内卷"的

内卷,又与华为扯上了关系

内卷本来是一个新的学术概念,开始仅在学术圈被小范围使用。它指的是对内演化的现象,其反义是指外向的扩散与演化。内卷现象既存在于自然界,也存在于人类社会。

目前很难找到关于内卷的统一的学术定义。有人认为,内卷是指一类文化模式达到了某种最终的形态以后,既没有办法稳定下来,也没有办法转变为新的形态,而只能不断地在内部变得更加复杂的现象。也有人认为,内卷一般用于形容某个领域中发生了过度的竞争,导致人们进入了互相倾轧、内耗的状态。

内卷是个新词,但内卷现象早已存在。比起内卷,笔者认为"内耗"这个词更确切,也更具有管理学上的意义。区别是内耗一词不流行,或者说早已流行过了。

2021年5月的一篇网文:《社会内卷的真正原因:华为内部论坛的这篇雄文火了》,让内卷与华为扯上了关系。

查阅一下华为内网,这篇文章的情况大致如下:作者为"行走的八卦小分队",其真实姓名及在公司的任职情况不明。浏览其在华为内网发表或转发的文章,可以看出作者是一位善于思考且喜欢阅读的人,尤其对军事有着浓厚兴趣。能够写出这样的文章,展现了其独立的思考能力和批判性思维能力,笔者认为作者具备任职蓝军部或思想研究院的综合素养。

2020年10月9日,作者在心声社区的"华为家事"栏目发表了《什么叫内卷?》一文。虽然这是一篇800余字的短文,但在华为引起了关注,阅读量至本书截稿时已超过11万人次,评论超过345条。

2021年5月19日,作者又发表了《内卷的七大典型表现》一文,文章2000余字。这篇文章在华为的关注度相对比较低,阅读量至本书截稿时有7万多人次,评论100余条。如今在社会上广泛传播的正是这篇文章。

尽管有人认为,反复地讨论内卷,本身就是内卷,但对内卷问题的广泛关注,也说明了这是一个具有讨论价值和现实意义的课题。

为什么这两篇文章会引起如此广泛的关注与讨论呢?

第一,作者以最浅显易懂的语言、很短的篇幅和人们熟知的案例,把高深的学术问题请出了象牙塔,读者读完此文会恍然大悟:原来这就是内卷。换言之,这篇文章接地气,简单而朴素。

简单是一种力量，简单的文章是以读者为中心的。这是一篇把学术研究成果写在现实大地上的文章。

第二，作者在文章中所列举的内卷的种种现象，有的是人所共知的，有的是人们习以为常的，有的是人们深恶痛绝的，经由作者将其纳入内卷的范畴，非常容易引起读者尤其年轻网民的共鸣。

第三，作者任职于华为的背景，也容易引起广泛的关注。这些年来，华为已经成为一种现象，不论是正向的还是负向的，都会引起外界光环化的放大，人们也很容易把作者归纳的内卷现象与华为进行某些连接与想象。

第四，此文在传播过程中被附加了一些更能引起关注的内容，比如，原作者的两篇文章的标题都中规中矩，但在外界传播过程中，加上了"华为""雄文""真正原因""社会""深度剖析"等字眼，再配以生动的图画，使这两篇文章具备了快速传播的要素与条件。

何谓内卷？

两篇文章的主题内容都是围绕着"内卷的表现"展开的。

第一篇文章主要罗列内卷的四种表现。四个小标题分别为："内卷是无意义的精益求精""内卷是低水平的复杂""内卷是向内演化的雕虫小技""内卷是固化社会形态中的一点花样"。

第二篇文章基本上是在第一篇文章的基础上扩展和增补的，核心内容包括四部分：一是内卷的7种典型表现；二是内卷形成的原因与机理分析；三是内卷造成的危害；四是提出解决内卷的对策。

作者提出的内卷的7种典型表现为：

（1）无意义的精益求精。对应的表现是开会桌面上摆放整齐划一的茶杯。

（2）将简单问题复杂化。对应的表现是应付上级决策的程序化论证与调研。

（3）为了免责，被动地应付工作。对应的表现是响应上级号召为免责所组织的大规模的安全生产（或维稳之类）大检查。

（4）与预期的目标严重偏离的工作。对应的表现是形形色色的创建评比。

（5）低水平的模仿和复制。对应的表现是微雕和微刻。

（6）限制创造力的内部竞争。对应的表现是僵化的考试制度与离奇古怪的考题。

（7）在同一个问题上无休止地挖掘研究。对应的表现是对很多历史名著的研究。

作者提出的陷入内卷困境的原因如下：

（1）以囚徒困境博弈模型理论做出内卷原因的解读。"在制度的压力下，人如同囚在困境中，为了自身的利益，绝大多数人都会选择'配合'的方案，极少人会选择与体制对抗。因此,人们便乐此不疲地与小范围内的相关人员,进行零和甚至负和博弈。"

(2)从文化基因来解释内卷。作者认为:"两千多年的帝王文化和太监文化驯化出无数的'顺民'……文化基因决定了中国人习惯于内部竞争,而缺乏向外开拓创新的勇气……中国几千年积累下来的诸多规矩、讲究、禁忌就是内卷。"

作者分析了内卷的危害:

(1)对个人而言,是一种无声无息、不知不觉的虚度;
(2)对社会或机构而言,大量的人默默地做无用功,白白浪费了资源,降低了整体效率,削弱了对外的竞争力。

作者也提出了避免或减少内卷的对策:

(1)社会应该鼓励和推动开放自由的竞争环境;
(2)体制改革的目标应该放在鼓励发明创造,建立最小约束的自由机制上来;
(3)在宣传和教育方面,要改造我们的传统文化,让自由和科学之精神深入人心。

在文章的最后,作者得出了结论:"内卷告诉我们,表面的精细、复杂、讲究不等于高级,更不等于先进,那只是一种自欺欺人的假象，一种黑暗中无知的消耗，一种悲哀的精神寄托。只有跳出圈圈，站在更高层次上的不断向外突破、创新和创造，才能不让那种精致的、繁复的、看起来特别敬业的内卷化状态困扰我们，才能回归到向上勃发的新常态上来。"

很多内卷并不是真正意义上的内卷

综观作者的文章，其最大的价值在于以简洁通俗的语言和简短的篇幅，向人们普及了内卷现象，进而引起个人及组织对内卷问题的关注与重视。所以，此文具有重要的启蒙意义和实践价值。

但此文也有诸多不足与缺憾，在此讨教作者，并与作者商榷。

第一，此文没有将内卷形成的内在机理解释清楚，而仅仅局限于对内卷现象的罗列。换言之，有诸多问题在此文中还找不到答案：内卷产生的条件与前提、内卷产生的过程、内卷的影响要素及各要素之间的相互关系、组织的内卷与个人的内卷之间的传递或影响关系等。这些问题都需要更深入地研究与探讨。

第二，此文没有将内卷的解决之道阐述清楚，罗列内卷的典型表现相对容易，但在搞清内卷形成机理的前提下，探索出理论层面的解决手段与方法，并将这些解决方案用于实践，才是管理学的使命。如果说经济学关注的是市场，那么管理学则永远关注现场，因为经济学以假设为前提，而管理学是无法假设的。否则在一个层面上就内卷论内卷，其结果也必然走向内卷之困境。

第三，此文对内卷的研究更多地局限于个人层面。从一般的逻辑关系看，个人在组织中的行为和行为结果，根源在于组织。同理，个人的内卷源于组织的内卷，前者只是后者的表象。因此，应该以个人内卷为线索，把探讨组织的内卷及其解决对策作为研究的重点。

第四，此文所列举的内卷的7个典型表现也有可商榷之处。如上所述，此文更多地关注了个人层面的内卷表现，但文中所列的内卷7个典型表现中，是不是真正的内卷值得进一步研究。

笔者认为，作者列举的内卷的7个典型表现中，至少有4个不是真正意义上的内卷。

比如，开会桌面上摆放的整齐划一的水杯是不是内卷？如果是，这就否定了摆放者（服务员）为自己本职工作所做的改进与持续的努力，也否定了主管部门对服务员管理及其高标准工作要求的管理行为。如果在水杯零乱摆放的会议室开着有意义的会议，就是非内卷了吗？要清楚摆放水杯的服务员是无法决定会议内容的，她们的工作职责与会议质量的相关度极低，她们的职责是为参会者提供高质量的会议服务。

再比如，作者将微雕和微刻的刻意的微细化归结为内卷，也值得商榷。个人层面聚焦于本职工作持续的改进和在继承基础上的创新，正是工匠精神的体现，也是我们大部分人所缺乏和应该提倡的。不能用虚无主义的眼光质疑个人在本质工作中所做的努力以及这种努力所带来的价值，也不能以组织存在的问题而否定组织成员的付出。与此相比，个人的无作为、抱怨、逃避、平庸和躺平，才是真正的内卷。

同样的道理，作者将在同一个问题上无休止的挖掘研究归为内卷，也否定了人类在科学研究过程中所做出的不懈努力。

作者还将严重限制了学生的自由学习和成长空间的僵化的考试制度归结为内卷。不可否认，考试制度存在诸多问题，它与许多正在实施的制度一样并不是完美的，但也不能否定它是一种有效的评价体系。这一制度在我国延续了上千年，证明了其存在的必要性。目前我们还找不到一种更有效的制度替代它，因而只能不断地改进和优化它，而不能因其内卷而否定它，不能把社会资源有限而无序竞争的加剧全部归结为内卷。批判与解构是为了建构，而对原有的制度体系加以优化也是建构的途径之一。

有人甚至认为，衡水中学模式就是糟粕，让孩子陷入绝境的内卷中。这很像躺平的人指责奋斗者的辛苦付出。任正非曾多次赞美衡水中学，2019年10月15日在接受北欧媒体采访时，他就多次提到了衡水中学。他认为："我们华为大学在上课前经常播放衡水中学的早操视频，衡水中学是中国一个落后地区的中学。大家知道中国的教育制度和教育方法是很难改变的，衡水中学也认为改变不了，但是他们改变了适应这种外部环境的胜利办法。我们向这个学校学习什么呢？我们也改变不了世界，改变不了外部环境，那么我们只能改变在这种环境中取得胜利的方法。我们学习衡水中学的是，不改变外部环境，在这个环境中能胜出。"把通过自身的努力来适应外部环境的行为归结为内卷，无疑是虚无的、泛化的、有害的、不思进取的借口。

有人还提出"90后是内卷高手""90后人人内卷"等观点，

笔者真的不敢苟同。建议持此观点的人看看这几本书：《枪林弹雨中成长》《一人一厨一狗》《蓬生麻中，不扶自直——华为90后的故事》。退一步讲，即使90后真的内卷化了，也别忘了先哲荀子的名言："蓬生麻中，不扶而直；白沙在涅，与之俱黑。"不能把内卷当作我们管理上无能或失败的借口。

简而言之，不能把个体精益求精的持续努力行为都看成内卷，尤其在艺术领域与研发领域的精益求精，这是人类文化得以延续、进步与传承的原动力，它理应得到肯定与尊重。

笔者看到一个案例，倒可以作为内卷的典型表现：

> 某著名集团公司给员工发了一封任职感谢信，开头一行半，十五个字有五处格式体例、标点符号和文字的错误，问其高管何以出现如此多的低级错误，回答是员工近期都有点心不在焉，复问原因，告知是去年的年终奖已过五个月未发。

这才是真正的内卷。组织的内卷引发了员工行为与心态的内卷，继而促发组织的整体内卷，一条内卷链形成了。

刚收到一封在读博士的自荐邮件，开头一行不过五个字，但有四处标点符号和格式体例的错误。不禁感叹，多点内卷又如何？

相比内卷来讲，有的"外卷"更可怕，如员工不安心做本职工作，不能守土有责地种好自己的一亩三分地，而是指点江山，激扬文字。又如企业家不能聚焦于管理好自己的公司，整天在各类媒体和论坛上向他人布道，穿着"红舞鞋"，把外部媒体论坛作为展现自己的舞台，把宣传上的胜利当作自己真正的胜利。

简而言之，不能把组织的内卷与组织成员个体的内卷现象混为一谈，因为前者是组织管理问题，后者只是组织问题在个体身上的表现。

华为如何解决内卷问题？

既然以上两篇文章的作者任职于华为，那么就很容易让人们联想到这些内卷表现也来自华为。华为是否也有内卷？华为是如何解决内卷问题的？

查阅任正非的近几年讲话，他有几次提到公司的内卷问题。

2020年11月4日，任正非在企业业务及云业务汇报会上指出："等级森严的组织层级、部门墙，导致分工过细，'铁路警察'各管一段，客户却难受了，本应该团结一致为客户服务的力量存在内卷。"

2020年11月10日，在家庭网络策略讨论会上的讲话中，任正非提出："要防止公司内卷化：一是找不到洞察方向和战略机会窗时，就会不断地做细产品，产品失去爆发力，慢慢失去竞争力；二是整个大公司不流动，不流动就是熵增，而我们要熵减，一定要撕开口子。"

2021年3月30日，在干部管理工作思路沟通会上，任正非提出："干部在同一岗位或同类岗位待的时间太长，如果没有突破性的思维就容易内卷化，一潭死水，没有流动水就不活。干部预备资源池已经建立起来了，干部末位淘汰以后进入资源池，重新训战后，有机会再回业务岗位。""循环的改革是为了防止内卷化。"

2021年5月8日，任正非在与2020年金牌员工代表座谈时指出："华为文化就是一条单基因链，必须有冲突来促变，心声社区、遍地的咖啡馆、AT（行政管理团队）的任职年限、专家委员会的任期制、董事会/监事会的任期制……都是改变单基因遗传，防止熵增、沉淀、内卷化。""华为像蛭形轮虫一样是单基因文化，需要多基因的冲突、多基因的融合产生突变。这些突变有利于潜力的爆发。"

"工程领域要精益求精，这不叫内卷，内卷是发生在不应该进行精益求精的地方。"任正非的这句话可谓一针见血、一语中的，是对内卷精准的概括与界定。

2021年8月2日，任正非在《江山代有才人出》一文中再次对内卷化做出了界定："商业的本质是满足客户需求，为客户创造价值，任何不符合时代需求的过高精度，实质上也是内卷化。"

由任正非上述讲话可以看出：

第一，任正非肯定读过员工所写的文章及内网上员工的跟帖评论，在第一篇关于内卷的文章发表不到一个月后，在任正非的讲话中就出现了"内卷"一词。

第二，任正非对内卷的界定是：在不应该进行精益求精的地方所做的精益求精的行为。这里的关键是如何界定"不应该的地方"，界定的标准应该是组织的核心价值观与制度。对企业来讲，以客户为中心和增大组织价值的个体的精益求精都不应该是内卷行为。

第三，任正非把内卷问题定位于组织层面，如战略管理、干部管理、组织变革等方面，而不是个人层面。

第四，任正非的思考重点在于如何解决公司存在的内卷问题，并给出解决的思路。

第五，任正非把内卷现象与熵增联系在一起，或者说把两种现象归于同类问题。

第六，任正非讲话中提出一个与内卷相联系的概念，即"内卷化"。个体的躺平并不可怕，可怕的是集体躺平；同理，个别员工的内卷并不可怕，可怕的是内卷成为普遍的现象，即任正非所说的"内卷化"。管理者重点关注与解决的应该是普遍的问题，防止内卷化。

第七，在任正非的管理思想体系中，长期坚持的一个基本原则就是抓住主要矛盾和矛盾的主要方面。在任正非的视野中，他主要关注的是战略方向与组织的内部活力问题，而内卷问题并不是华为的主要矛盾。所以，任正非对公司的内卷问题并没有给予更多的关注，只是轻描淡写地提到这个概念。可以说，任正非没有把内卷纳入华为的管理语言体系中，也没有把内卷作为公司亟待解决的管理问题。

那么，任正非关注的核心问题是什么？华为致力于解决的核心问题是什么？

长期被任正非高度关注的问题可以归纳为一句话，这就是"方向大致正确，组织要充满活力"，这是任正非认为"华为长期成功的法宝"。正如任正非在 2017 年 6 月的公司战略务虚会上的讲话中所指出的那样："一个公司取得成功有两个关键：方向要大致正确，组织要充满活力。"前者是战略问题，后者是管理问题。

组织充满活力的关键在于人力资源管理，而华为人力资源政策与管理成功的关键在于：关注活力，坚持开放，保持熵减，抑制熵增。2016 年，任正非就提出了"人力资源政策要朝着熵减的方向发展"的核心命题。

人力资源管理的核心是干部管理。2021 年 3 月 30 日，任正非在干部管理工作思路沟通会上提出："用干部队伍激活的确定性，应对环境与商业变化的不确定性。"激活干部队伍的关键，一是干部的循环有序流动与任期制；二是实现干部能上能下的管理常态化与末位淘汰制，促进干部队伍的新陈代谢；三是建立干部预备资源池；四是加强干部的整训与持续赋能；五是持续优化干部选拔与任用机制。

以此理念为指导，华为以耗散结构为基础，构建了活力引擎模型（包括宏观模型与微观模型）。围绕以客户为中心这一最重要的活力引擎的核心，华为通过企业的厚积薄发、人力资源的水泵实现远离平衡的耗散结构特性，使企业逆向做功，让企业从无序混乱转向有序发展。通过企业的开放合作、人力资源的开放实现耗散结构的开放性，从模型的入口和出口吐故纳新、吸收宇宙能量，为企业带来有序发展的外在动能。

从实践来看，华为提出的"十八条惰怠行为"、"自律宣誓"、"干部八条"、"十六项军规"、"三个祛除"（祛除平庸干部、祛除惰怠、祛除南郭先生）、建立蓝军参谋部、自我批判体系[①]、集体宣誓、考军长等活动，都围绕着增强组织活力、抑制熵增、持续熵减、提升组织能力与组织效率这一中心展开。

在现实中，华为也在解决所谓的内卷问题，如2021年4月15日在综合管理改进工作组座谈会上的讲话中，任正非对一些内卷表现提出了改进指导意见，比如，合同管理人员的任职资格问题，文件资料的日落法问题，减少与清洁邮件问题（明确提出："将来要有明确规定，除了科学家写论文不去干预外，凡是工作联络单内容，17级以上约100字，16级200字，15级以下可以300字。"）。

所以，与组织活力相比，内卷同组织内耗一样，属于第二个层次的问题，具体来讲是组织出现熵增的表现。当组织活力问题解决后，就必然会抑制熵增，使组织保持熵减，内卷问题也会随之得以解决。

组织的文化、管理与机制的使命就在于抑制内耗、内卷与熵增等问题，如果后者的问题在组织中大量存在且繁衍，就是组织文化堕落、管理无效和机制乏力的典型表现。

---

① 参见：吴春波. 华为是如何自我批判的[M]// 华为没有秘密2. 北京：中信出版集团，2018.

3

经营管理新动向

企业生产的是对客户有价值的产品和服务，而不应该产生新闻。"静水潜流"是任正非向往的华为的常态，"热情而镇静的情绪，紧张而有秩序的工作"是任正非对公司员工的要求。由于众所周知的原因，外界对华为和任正非的关注度越来越高。开放是华为长期坚持的核心价值观，有开放肯定就会有外部的各种声音，华为也只能像衡水中学的学生那样学会"改变适应外部环境的胜利方式"，但华为不会因此改变自己的核心价值体系。第三部分的 9 篇文章是对近些年热点事件的一些介绍与评述。

读《任正非在荣耀送别会上的讲话》有感

2020年11月17日，荣耀正式从华为独立。11月25日，华为举行荣耀送别会。从互联网上透露的会议日程看，首先是开场大合唱，与会者全员合唱《中国男儿》《团结就是力量》《共青团员之歌》。

会议下午4点开始，5点15分结束，历经一个多小时。

笔者没有机会亲临现场，无法感受当时会议的氛围，想必不仅仅是"悲壮"两个字可以概括的。

11月26日，任正非在送别会上的讲话发布在心声社区，媒体在标题后不约而同都加了"泪奔"两字。任正非的这篇讲话随即霸屏。仅在正和岛新媒体上，24小时的阅读量就达615万人次，阅读量、点赞、在看和留言数量均创历史纪录。有人留言："建议这篇讲话入选中学教材，活生生的案例。既具有博大的胸怀和格局，又饱含深情；既谆谆教导，又有壮士断腕，遵守契约。"随处可见的都是诸如"谆谆教诲""大格局""大视野""悲壮""感人""英雄"等评价。某公众号在转载这篇讲话时还换了个标题:《深情而伟大!任正非把华为最珍贵的压箱底的财富无偿地送给了荣耀》,现在看来倒也贴切。

任正非的讲话全文,除了解释剥离荣耀的原因,就是对荣耀的殷切期望和嘱托。犹如面对即将远行的游子,从此一别,浪迹天涯,前路未卜,恕不远送。任正非的讲话看似决绝,却饱含深情,如老父亲的告诫、期望和嘱托,意切切,情真真,催人泪下,感人肺腑。可谓深情而伟大!

> 你们要走了,没有什么送你们的,除了秋风送寒吹落的一地黄叶。
> ……
> 我们曾经十数年的相处,我们近似严苛的管理,将你们一批天真烂漫年轻的小知识分子改造成能艰苦奋斗的"战士",过去我们有些方法过于生冷,对不起了。今天要送别你们,同样是一样的依依不舍。正当秋风起,杏叶一地黄,出门也许是更冷的寒风,我们再不能为你们遮风挡雨了,一路走好,多多保重。

此等景象其实在华为发生过多次,比如20世纪90年代的"雄起赳,气昂昂,跨过太平洋""市场部大辞职",以及2016年"春江水暖鸭先知,不破楼兰誓不还"。同样的悲壮,一样的感人。

多次阅读任正非的讲话,笔者自认为最有价值的是任正非对荣耀的要求与期待，概括如下。

1. 永远地坚持以客户为中心
"要摆正对客户宗教般虔诚的心态，忠实地去维护客户利益，真诚地尊重对供应商的承诺。契约精神是你们立于不败的基础。"

2. 坚持向一切领先者学习
"坚持向一切先进的学习，包括向自己不喜欢的人学习。坚定不移地拥抱全球化，加强拥抱美、欧、日、韩的企业。美国是世界科技强国，它的许多公司很优秀，你们要坚定大胆与它们合作，同时也要与国内合作伙伴合作，与它们一同成长。"

3. 提升干部与专家的能力和素养
"你们要保持已经形成的优良传统。干部、专家要全球化、专业化、多元化。"

4. 保持整体核心竞争力的提升
"除了职员本地化外，要慎重地分权，以免你们不能全球一盘棋，使诸侯林立，拥兵自重，令不能行。"

5. 保持组织活力
"合理的淘汰机制，是激活整个队伍正向激励的补充，既要尊重人，又要考核科学，又要坚持责任结果导向，脱离大队伍后独立运营，会有难处的地方，慎重又坚决，又不能迁就。"

"坚持改进自己，在方向大致正确的路上努力前进；坚持使组织充满活力，员工具有坚强的意志与对胜利的渴望。"

6. 坚守正确的核心价值体系

"坚持奋斗的目标与方向，坚持有所为、有所不为，坚持创新不动摇，绝不允许队伍熵增。"

7. 持续优化制度与流程

"坚持过去有益的习惯与制度，流程科学全面地管好队伍，沉着镇定地前进。挫折会有的，不要惊慌失措。多发挥集体思维的力量，要大胆决策，又不要独断专行。团结一致向前进。"

8. 坚持长期的自我批判

"坚决反对内部的腐败，反对一切贪污、盗窃的行为。"

这 8 条既是任正非对荣耀经营管理团队的谆谆教诲，实际上也是华为长期坚守的华为之道。正因为如此，华为才克服了千难万险，走到了今天。荣耀要走得更远、更久、更稳健，唯有恪守此道。

与荣耀告别之际，任正非的送行礼物不仅仅是"秋风送寒吹落的一地黄叶"，还把华为最珍贵的压箱底的财富无偿地送给了新荣耀。

现在许多企业学华为处于迷惑状态，不知学什么、从何学起。任正非对新荣耀的上述8条告诫或期望，正是其他企业该学和应学的，即学华为的术，不如学华为的道。任正非在这篇讲话中，把华为之道讲清楚了。

当年华为终端刚成立时，笔者接受采访时曾言，终端是"富二代"创业，因为它拥有华为最宝贵的财富，这就是华为的文化、机制、流程与管理，未来的成长与发展只需要时间。当今荣耀也是"富二代"创业，虽然公司治理层面与华为已脱离关系，但是华为的战略、商业模式、文化、机制与管理如果在公司发展过程中传承下来，新荣耀会有更美好的未来。

在未来的企业经营上，荣耀与华为不会再"藕断丝连"了，但在传承与坚守上，但愿荣耀的资方与经营管理团队谨记任正非的教诲与期望，哪怕是在上市之后，哪怕是在与华为"兵戎相见"的时候。

华为的军团模式

2021年2月9日,任正非在太原智能矿山创新实验室揭牌仪式后接受媒体采访,首次对外披露了华为的军团模式。新华社记者赵东辉问:"华为成立煤炭军团,是否要进军机场、码头、钢铁行业,是否也要成立军团?算不算多元化发展?"任正非说:"不仅在煤炭实行这个机制。为什么叫'军团'?'军团'的说法来自 Google(谷歌),我们是向 Google 学习的。'军团'就是把基础研究的科学家、技术专家、产品专家、工程专家、销售专家、交付与服务专家全都汇聚在一个部门,缩短了产品进步的周期。把业务实行颗粒化,这是'军团'模式,这个模式来自 Google。"

2022年3月30日,在第二批军团组建成立大会上,任正非再次说明华为军团模式的渊源:"军团有什么来源呢?是2014年6月6日《纽约时报》报道了谷歌的一个特殊组织,这个组织是由博士、科学家、工程师和营销专家组成的这么一个群体,这个群体一般就五六十个人,但是他们的目标就是要做世界第一,不能做到世界第一，他们绝不退出这个团体。"

那么，什么是华为所借鉴的谷歌秘密军团？

谷歌的秘密军团

2018年11月，互联网上转载了一篇刊自《纽约时报》的文章，介绍的是谷歌秘密军团。其主要内容是：

> 谷歌成功的秘密之一，在于自2004年开始，构建了自己的博士秘密军团。
>
> 研究发现，2004年，有3万多名员工的微软的创新居然比不过不到2000人的谷歌。当时微软3万多名员工中专职从事研究的有700多名研究员，基本上都是博士，遗憾的是这700多人的研究和微软的开发脱节。
>
> 谷歌的研究和开发不分家，基本上没有研究部门，所有开发人员遇到实际问题需要研究时，因为没有可以指望的研究做后盾，只好自己做研究。这样对于每一个工程师的要求就特别高，唯一的解决办法是尽可能地招动手能力强的博士。这样，谷歌就成了全球单位办公面积博士最集中的地方。
>
> 不仅喜欢招博士（和通过博士资格考试但尚未毕业的博士生），谷歌还特别偏爱名牌大学和考试成绩优异的学生。其背后的假设是：首先一个人如果能在大学里一直学得很好，

说明他（她）有责任心，因为他（她）把自己主要的事情做好了；其次，成绩好的学生比成绩差的学生总体来讲更聪明。概括起来讲，谷歌在招聘时关注的是求职者的创造力和工作热情。

斯坦福大学计算机系教授拉吉夫·莫特瓦尼认为，好的博士不仅有创造力，而且有最高的自觉性。硕士同样聪明，但主动性要差一些。硕士能把你领到别人到过的地方，而博士可以把你带到以前无人去过的地方。

谷歌更胜一筹的是其组织整个公司围绕顶级天才愿意与其他顶级天才一起工作的洞察力，让他们处理自己选择的有兴趣的问题。

谷歌是一家思维方式与众不同的公司，它认为，杀鸡一定要用牛刀。一个本科生能完成的事，如果我能找到一个硕士生来做，那么一定比同类公司做得好！这里面实际上贯彻着一种"瑞士制造"的指导思想，谷歌把这称为"谷歌的品质"。要保证品质，最好的办法就是"杀鸡用牛刀"。在这种要求下开发出来的软件，才会像百达翡丽手表那样值钱。

谷歌虽然要为这些"超合格"的员工多付一些工资，但是却因此打造了"瑞士制造"的品质，在商业竞争中占了很大的优势。有时，谷歌的这种"浪费"到了让人吃惊的地步。

要找到并留住大量既肯动脑又肯动手的博士，并且让大家安于从事看似普通的事并不容易,这是谷歌尽量创造最好的工作环境,提供尽可能多的福利和自由工作时间的结果。

通读此文,我们可以对谷歌秘密军团的基本特征做一下总结。

其一,谷歌秘密军团是一种新型的组织运作模式,它不同于直线职能制、事业部制、矩阵式、生态式、平台式和项目组式的运作模式。

其二,谷歌秘密军团是将研究与开发直接结合的组织运作模式。

其三,谷歌秘密军团是基于人力资源高配置且以博士为主体的组织运作模式,故又称"博士秘密军团"。

需要说明的是,这不是一篇严谨的管理学研究论文,对谷歌秘密军团大多限于评述,缺乏更深刻的研究。

华为军团的由来

2018年12月3日,公司总裁办转发电子邮件《谷歌的秘密军团》。

2019年2月,任正非签发了公司人力资源部关于《打造引领战略领先的"华为军团",怎样才能避免"叶公好龙"?》的三封内部邮件。此文以谷歌为标杆,对作为公司创新主体的

2012 实验室和研发体系的博士员工群体的流失问题做了分析。

2019 年 1 月 9 日，任正非在杭州研究所业务汇报会上发表了题为《开放心态，做钱塘弄潮儿，杀出一条血路》的讲话，他指出："向谷歌军团学习，扑上去，杀出一条血路。谷歌军团的编制不大，战斗力极强，要好好向谷歌军团学习。终端发展迅速就是采用了正确的方法，他们搞四组一队，实行'三三制'，实际上和谷歌军团是一致的。"

他希望公司的研发人员："别关在深宫大院里面，到战场上去，立功去，说不定你就从少尉升少将了。希望你们的'谷歌军团'能率先杀出一条血路来，成功了我会来看你们。"

2019 年 2 月 12 日，在运营商 BG 组织变革方向汇报会上，任正非提出："机关要建一个机动的小的高级战略务虚机构，看战略方向，对准的是中长期目标。它不是决策团，可以'三三制'，有老、中、青三结合，大量是青年军官，军阶低。战斗决策还是一线的少将来做，他们对准的是中短期战略目标。"

"参谋团可以构建谷歌军团，战时根据需要可以飞过去一批人，就像美军的军事顾问一样，帮助一线打仗和决策。参谋团里有排长、连长、军长、集团军司令和大军区司令，在一个盘子里面作战，这样就有一个灵活、机动和可调动的力量。"

2019 年 3 月 29 日，公司召开消费者业务"军团作战"誓师大会，任正非做了《战场是最好的阅兵场》的讲话，提出："授权 CBG（消费者业务事业群）'军团作战'，让你们自主改革。""目前公司处于战略结构转移时期，一定要把产品线变成

'尖刀'能够在市场上直插机会窗，这时候就需要裁减一些普通的产品线。"

2019年7月19—20日在运营商BG组织变革研讨会上，任正非讲话再次提出："我们要建立'军团'作战方式，强调集体奋斗，而不只是个人奋斗。我们既要把权力下放到前方，又不能层层承包到个人。""未来的大方向，弹头部分应该是'将军'带一批有经验的人上战场；区域部分应该是有实力、有经验、善于'啃骨头'的中青年骨干；战略资源部分应该是最高级精英带低阶少壮派，形成这三层'军团'。"

2020年6月19日在《星光不问赶路人》一文中，任正非提出："煤矿军团要探索出一条'5G+人工智能'改变社会的道路来，真正使5G改变社会成为一个现实。"

2020年2月6日，在与EBG（企业业务事业群）管理团队座谈会上的讲话中，任正非解释了军团模式的本质："为什么叫'敢死队'？上战场，枪一响，完蛋就完蛋，伤残了也要留在二营煮饭，这就叫敢死队。其实之前讲的谷歌军团就是今天我们说的'敢死队'，只是换了个名词。当我们形成一群群'敢死队'，把各个场景应用做好，实际我们就存在了，没人能驱赶我们。"

2020年12月30日，任正非签发干部任命文件，围绕煤矿智能化对"安全、效率、少人无人"核心诉求，整合各BG、产品线以及2012实验室的资源和能力，聚合生态伙伴，构筑新的行业解决方案能力，形成新的产业机会，经总裁批准，成立煤矿军团，任命了煤矿军团董事长。

2021年2月9日在2020年年度工作会议上，任正非向员工发出了呼吁："我们的科学家、专家、天才少年、博士、优秀的工程师，拿上你的'手术刀'，参加我们的'杀猪'、'挖煤'、'音乐'的战斗。"

2021年8月2日，任正非在华为中央研究院创新先锋座谈会上与部分科学家、专家、实习生座谈，指出："从现实的商业角度来看，我们要聚焦在5G+AI的行业应用上，要组成港口、机场、逆变器、数据中心能源、煤矿等军团，准备冲锋。"

需要说明的是，任正非讲话中提到的"杀猪"，指的是华为机器视觉推出了"智慧养猪方案"，解决的是养殖业的数字化、智能化和无人化问题。这一整套养猪系统，包括仪表盘监控、大数据分析、数字化管理，支持AI识别、AI学习、AI预测、AI决策等，通过标准化和程序化，还可以实现全感知监控、机器人巡检和自动/远程控制。可以推测，智慧养猪未来可能成为华为的"养猪军团"。外界把华为的智慧养猪误读为"花式自救"，某媒体以《华为手机出货量或将下降60%，只能靠养猪自救？》一文来吸引眼球，这是真的不了解华为。华为不养猪，却赋能企业养好猪；华为不挖煤，却赋能企业挖好煤。

很显然，华为的军团模式同样来自华为强大的自我批判能力、学习能力和对标管理能力。

这一过程完美地展现了华为持续地向他人学习，不断优化组织的过程。谷歌的"云"飘过来，被任正非的"一杯咖啡主义"

吸纳，变成任正非的"云"，经过两年的时间，任正非"化云为雨"，浇灌了华为的"树"。

华为军团模式的运作

非常遗憾的是，目前介绍谷歌秘密军团的资料非常少，其运作模式也不为外界所知，因而我们只能称之为"秘密军团"。

华为的军团无疑来自谷歌秘密军团的启发。

华为军团模式不再是组织理念，已经变成了组织运作实践，故被称为"军团模式"。

军团模式是华为的组织运作模式之一，但不是华为唯一的组织运作模式。华为主体的组织运作模式由以下几部分组成。

其一，在公司治理结构层面，华为实行的是股东大会及董事会制，其董事长实行轮值制。

其二，在战略决策层面，华为实行的是委员会决策制，财经委员会、人力资源委员会和ICT基础设施业务管理委员会是华为的战略决策机构。其中，ICT基础设施业务管理委员会（以下简称"ICT管委会"）的前身为战略与客户委员会，该委员会定位于ICT基础设施业务的EMT，在董事会与首席执行官授权下对战略与业务、财务与经营、人员与组织、风险与内控等事项进行专业决策，并对董事会与首席执行官负责。

其三，在职能管理层面，人力资源、财经、企业发展、战略Marketing、质量与流程IT、片区联席会议、法务、内部审计、道德遵从等构成了华为的职能平台。

其四，在业务运作层面，华为在客户、产品及地域实行的是业务经营单位制（BG），目前包括运营商BG、企业BG、消费者BG、云与计算BG[①]和其他BG（如服务BG）；

其五，在具体经营层面，华为实行的是把市场体系这个主维度按照区域来划分销售组织，将区域销售组织定位成利润中心，按照利润中心来核算、考核和激励；把研发体系按照产品来划分产品开发组织，将产品线定位成利润中心，也是按照利润中心的方式来核算、考核和激励。产品线与职能线构成了华为的矩阵结构。

华为的军团组织模式属于上述第四个层面的一种业务运作模式，它是对已有主体组织运作模式的一种探索性的组织运作模式。但从有关资料上看，也不排除消费者BG和企业BG整体上采用军团模式的运作。

有文章提出，华为组织要走向军团模式，这是一种误读。军团模式不是华为组织的主体模式，矩阵结构才是公司主体的组织模式，但并不排除公司存在大量职能部门和项目组运作方式。

概括起来讲，华为的军团模式是指，将一些独立业务模块组成"军团"，将基础研究、应用研究、产品开发、市场交付组

[①] 云与计算BG，英文为Cloud&AI BG，主要包括云业务单元、计算产品线（服务器等）、存储与机器视觉产品线。原英文名为Cloud&AI BU，在2020年1月被正式提升为BG。

合在一起，缩短产品创新路径，快速适应需求的一种组织运作模式。

2021年11月3日，在《没有退路就是胜利之路——军团组建成立大会》一文中，任正非认为："是否做'军团'，主要看科学家是否需要（被）编进最前线的作战团队，如果需要就采用军团模式，如果不需要就采用矩阵的业务模块模式。"

任正非给军团运作模式下的定义是："通过军团式的工作模式，打破现有组织边界，快速集结资源，提升工作效率。更希望军团能做深做透一个领域，对商业成功负责，为公司多产'粮食'。"

以下依据任正非的有关讲话，笔者将华为的军团模式及其运作做一个总结。

第一，军团模式的定位：军团模式的运作相对独立，是一种与公司主体组织相对独立的业务运作模式，但又依托公司的大平台，是在公司大平台基础上的相对独立的运作。

煤矿军团是野战军，是一线组织，具有主导作战的权力和能力，对结果负责。

第二，军团模式的适应性：一些独立业务模块可以组成军团，将基础研究、产品研究、市场交付组合在一起，缩短产业链条，快速适应需求。

第三，军团模式的特征：像谷歌军团一样走向军团模式，科学家、专家、工程师等都融入进来，所有人在一个团队中，紧密耦合，联合作战，缩短研发流程和产品开发流程，缩短作战链条，增强作战能力，臃肿的机关消失了。

第四，军团模式的组织愿景：围绕行业特征及客户诉求，推动行业数字化转型，为公司创造价值新空间。

第五，军团模式的目标：内部拉通，缩短产业链条，改变作战模式；外部协同，建设行业生态。要打破组织壁垒，构建端到端场景解决方案能力，支持端到端的规划、设计、行业资产套件开发、验证、交付、营销拓展等，持续提高作战效率。

第六，军团模式的管理关系：军团组织挂在ICT管委会下，日常工作向军团领导汇报。

第七，军团模式的运作机制：军团是"野战军"，具有主导作战的权力和能力。围绕军团聚焦的行业建立队伍，以技术作战能力为中心，汇集理论研究、技术创新、销售、市场、用户经营等端到端的力量。军团想要扩编，提高职级，只要能赚钱就可以实现。

第八，军团模式的管理边界：军团是独立作战体系，没有主管部门。军团要整合行业内、公司内最强的人员进来突破与牵引，推动IT、销售队伍、交付流程、运营边界、风险防控建设。军团具有独立作战能力，相当于大部门的权力。军团主导战场的选择。

第九，军团模式的管理关系定位：业务军团要穿插作战，代表处提供行政平台和资源保障，研究部门与数据部门来自代表处；客户界面、合同签订、支撑平台由代表处负责，是支援平台；其解决方案平台在产品线。野战军与地方部队分工明确，避免内耗。

第十，军团模式的人力资源管理：形成"弹头＋战区支援＋战略资源"的队形，让"将军"排在面对客户的最前列，增强前方的项目决策能力和合同关闭能力；让有经验、有能力、善于"啃骨头"的骨干进入战区支援；让高级精英与低阶少壮派进入战略资源及后备队。新兵应该进入后方新兵营，训练与参战相结合，跟随老战士出战，不断做好战斗准备，新兵只有会开"枪"，才允许上前线。所有员工在有作战任务时，以考核为主；闲时，要频频考试，以考促训。让有经验、有能力的优秀中方员工在代表处、区域野战军、CNBG战略参谋中心、专家军团和战略预备队之间循环流动，逐步增强系统作战能力。匹配煤矿行业的业务战略，训战一体，落地煤矿行业组织建设、干部发展，引进、培养、保留、激发行业人才，打造优秀团队。

以煤矿军团为例，其基本运作特征可以归结为以下七点。

第一，煤矿军团是面向全球煤矿的统一组织，是公司攻占"上甘岭"的野战军。

第二，煤矿军团对市场目标、销售收入和行业格局牵引负责。

第三，煤矿军团是利润中心，具有市场定价权，而不是成本定价权。

第四，煤矿军团与作为"地方部队"的代表处协同作战，代表处为煤矿军团的进攻提供帮助。

第五，煤矿军团的研究与开发由公司研发平台负责，相关产品服务的维护由服务平台负责。

第六，煤矿军团可以采用区域核心或地市包干的方式发展合作伙伴。

第七，煤矿军团的人力资源采取的是精兵模式，通过训战结合和循环赋能，提升军团成员的综合能力。

突击队是对一个行业和方向的试错，战略预备队是构建面向未来的能力；军团是在公司"黑土地"上长出的一棵树，把一个行业打穿、打透。

军团模式在华为的运作尚处于探索阶段，对其在组织中的定位、运作特征、管理边界、管控模式还难以有清晰的把握，但可以预见的是，军团模式将成为华为组织运作的重要补充。

也就是说，煤矿军团只是华为探索军团模式的试验田或先行者，可以预见的是，其后在华为将有更多的产业军团进入实质性运作，不远的未来将有更多的成熟供应的颗粒业务采用军团模式运作，如"养猪"军团、音乐军团、自动驾驶军团、光伏军团等。

华为的军团模式是一个新的探索，也是一个值得关注与研究的组织架构模式和组织运作模式。因为军团运作模式不仅仅是华为组织结构层面的创新探索，其实质是公司在新形势下提高组织效率和组织能力的重大变革。

我们还很难用传统的组织理论和组织结构模式来解析华为的军团模式，不过美国著名管理学家加里·哈默与米凯尔·贾尼尼在其《组织的未来》一书中，所提出的未来组织的几个特征与华为的军团模式非常契合，比如，重新分配权力，由团队成员决策；建立利润分享计划；分拆大型业务单元；业务单元自负盈亏；扩大一线运营团队的决策，削弱有损一线部门自由度的传统政策；等等。

华为军团模式的实践

华为的军团模式不仅是管理层面上的探索，在实践层面也已经开始运作。

以煤矿军团为例，我们来看看其实际的运作历程。

2020年12月7日，任正非到华阳集团考察，并与时任山西省委书记楼阳生会面，任正非表示华为愿意与山西联合建立"煤矿人工智能创新实验室"，通过将ICT技术与煤矿开采技术相结合，帮助煤炭行业进行数字化、智能化转型，实现"安全、少人、增效"的生产模式。

2021年2月9日，华为与晋能控股集团等公司联合成立"智能矿山创新实验室"。

2021年4月，煤矿军团在公司内部成立。

2021年5月18日，在华为中国生态大会上，煤矿军团正式亮相。

2021年6月7日，华为联合永城煤、包集团举办全国首个F5G（以光纤为传输介质的第五代固定网络技术）矿山商用发布会。

2022年6月，华为煤矿军团全球总部（太原）项目开始建设。

据报道,华为的军团运作模式已经在阳煤集团和霍州煤电集团开始运作。华为提出的"让井下员工可以穿西服,让井上员工可以睡好觉",在不远的未来可以成为现实。

2021年9月14日下午,华为宣布鸿蒙应用正式落地工业领域,推出鸿蒙矿山操作系统——矿鸿。

2021年10月11日,公司内部发文正式成立数据中心能源军团、智能光伏军团、海关和港口军团、智慧公路军团,至此公司有五大军团正式运作。

2021年10月15日,军团运作工作组被正式任命,任正非亲任指导员。

2021年10月29日,在松山湖基地,公司举行"没有退路就是胜利之路——军团组建成立大会",任正非和公司领导为来自煤矿军团、智慧公路军团、海关和港口军团、智能光伏军团和数据中心能源军团的300余名将士壮行。各军团集结完毕,接受公司领导的授旗,整装待发,在公司发展的关键时期,担负起冲锋突围的重任。

任正非在这次大会上讲:"和平是打出来的。我们要用艰苦奋斗、英勇牺牲,打出一个未来30年的和平环境,让任何人都不敢再欺负我们。我们在为自己,也在为国家、为国舍命,日月同光,凤凰涅槃,人天共仰。历史会记住你们的,等我们同饮庆功酒那一天,于无声处听惊雷。"

入会人员齐唱《毕业歌》,这意味着华为军团已经正式奔赴战场。

2021年年底,任正非再次签发文件,成立军团预备工作组,并任命了10位预备军团长,意味着除了现行成立的五大军团,又有十大预备军团将进入运作阶段。十大预备军团包括互动媒体(音乐)、运动健康、显示芯核、园区网络、数据中心网络、数据中心底座、站点及模块电源、机场轨道、电力数字化服务和政务一网通。

2022年3月30日,华为召开第二批军团组建成立大会,会议的主题是"灵活机动的战略战术"。任正非在会议中指出:"我们采用军团化的改革,就是要缩短客户需求和解决方案、产品开发维护之间的联结,打通快速简洁的传递过程,减少传递中的物耗和损耗。""在当前国际风云变幻,我们面临着越来越严苛的打压的时候,我们公司要稳住阵脚,要积极地调整队形,坚定地为客户创造价值,不能动摇,所以要采取灵活机动的战略战术。"

至此,2021年年底成立的十个预备军团成为正式军团,十五大军团编制完毕。

2022年5月26日,第三批军团/系统部组建成立大会召开,会议的主题是"让打胜仗的思想成为一种信仰"。任正非出席大会讲话并为军团授旗。这次新组建成立的军团/系统部包括:数字金融军团、站点能源军团、机器视觉军团、制造行业数字化系统部和公共事业系统部。

任正非在讲话中指出:"军团要重视各自商业模式的探索与

建立。军团是一个精干的集团组织，市场和服务是全球化的，我们要构建共生共赢的伙伴体系，卷入众多合作伙伴的千军万马，服务好千行百业。为了未来的理想，为了明天，请每一个人都要牢记使命，一切为了胜利，一切为了前线，要把打胜仗作为一种信仰！"

至今，华为公司共组建成立了20个军团/系统部。五大军团已经频传捷报，后续成立的军团正蓄势待发。

三批军团组建成立大会的主题分别是："没有退路就是胜利之路""灵活机动的战略战术""让打胜仗的思想成为一种信仰"，表明公司军团的坚强初心和宏大愿景。[①]

---

① 关于华为军团模式的实际运作场景，可参见：田涛. 博士军团专啃"硬骨头"[M]// 一人一厨一狗. 北京：生活·读书·新知三联书店，2020.

华为为什么敢"造车"？

华为近几年因"造车"又一次引起舆论的关注。其实，近几年几乎每隔一段时间都会传出华为要造车的消息，华为也不得不一次又一次地辟谣。

确切地讲，华为并没有造车，公司自2018年就强调：华为不造车，不投资、不参股、不控股车企，而且公司也没有任何与造车相关的下属企业（故笔者在本节中的"造车"都加上了双引号）。

其实，华为筹划"造车"已经很久了。在2020年10月，公司经营管理团队在《关于智能汽车部件业务管理的决议》中，已对智能汽车解决方案BU（IAS BU）的业务管辖关系和投资决策及组合管理做出了明确规定："华为不造整车，而是聚焦ICT技术，帮助车企造好车，造好车，成为智能网联汽车的增量部件提供商。"

华为是不务正业吗？

回溯任正非的讲话，或许能看到华为"造车"的端倪，因为能给确切权威答案的唯有任正非，如果不能面对面求教任正非，那就从任正非以往的文章中寻求答案吧。

2018年7月13日，任正非在上研所听取无线业务汇报时，发表了题为《在攀登珠峰的路上沿途下蛋》的讲话，其中就明确地提出了"造车"的设想。

"在车联网模块这个问题上，我们的态度是把新产品的价格降到极低，支持合作厂家加载我们的芯片，将来我们也以综合模块不破坏竞争对手的市场规则的方式，进入这个市场。车子有多大量，车联网模块就有多大的量，成本降到一定程度，我们就建立了一堵城墙。"

"我们说无人驾驶，其实是一座珠穆朗玛峰，是一个领袖型产业。我认为无人驾驶是基础研究，支持科学家为理想而奋斗。"

"无人驾驶就是爬珠峰，爬山过程中，有人可以半路去放羊，有人可以半路去挖矿，有人可以半路去滑雪……把孵化的技术应用到各个领域中，这就是'沿途下蛋'。"

"我们现在很多公司，把无人驾驶作为产品目标，如果它们失败的时候，我们就要网罗它们的人才，就让他们来我们这里母鸡下蛋。失败的人都是因为理想太大，平台太小，到我们这儿来,我们的平台很大,那不就成功了嘛。我们反过来要拥抱失败人才,不仅仅是拥抱成功人才。"

"其实骂我们最厉害的人就是我们的老师。客户骂我们最厉害,我们才有今天的进步。所有挑毛病的都是在给我们上课,很多时候我们没有这个意识,就会抵制这些建议。年轻人是很厉害的,是这个世间最宝贵的因素。只要有了人,什么人间奇迹都可以做出来。"

2017年7月6日,在IRB(投资评审委员会)改进方向汇报会议上,任正非说:"(做)无人驾驶我们不可能称霸世界,称霸世界一定要掌握数据,我们没有优势,我觉得聚焦在车联网上,可能还可以称霸。车联网技术要开发,利用车联网实现无人驾驶是其他公司的事情。"

早在2014年11月6日,在《遍地英雄下夕烟,六亿神州尽舜尧》一文中,任正非就提出了和"造车"相关的设想:

有人会说我们机会主义,就是要逼你转型,就像当年逼余承东一样,消费者BG不就转型过来了吗?我对老余(指消费者BG CEO余承东)讲,相信未来两三年,华为公司终端的质量会大幅度提升,让它惯性往下走。老余应该重点抓商业模式、计划管理这些方面。而且专门讲了我的一个观点,"你们这棵桃子树上一定要结西瓜,不能就只结桃子这一种商业模式"。因为桃树的树干,就是公司共同支撑平台

（如服务平台、维修平台、财务平台……），根状体系要分不同客户去吸取不同营养。你们要有多种商业模式，很多公司都有窍门，桃子树上如何才能结出西瓜，你们要去好好思考。

如果向前追溯一下，其实华为从2012年就开始进行与车相关的研究，当时在2012实验室下面成立了一个车联网实验室。

通过以上任正非的讲话，我们可以尝试得出以下结论。

第一，华为"造车"早有图谋，而不是一时冲动。这非常符合任正非的决策特征。他自言只关注三五年后的事，"重要的事情不着急"，这是任正非战略决策的重要特征之一。任正非惯行的决策理念是："有了正确的思想，才有正确的方向；有了正确的方向，才有正确的理论；有了正确的理论，才有正确的战略。"而从方向的洞察到正确的战略，是需要时间来验证的。

第二，华为"造车"只不过是在攀登珠峰的路上下的蛋之一，是桃树上长出的西瓜之一，是用美国的砖砌建的中国的长城。"挖煤""杀猪""玩音乐"也是蛋，这些蛋或是西瓜，或是城墙。如任正非所言："我们要承认现实主义，不能总是理想主义，不能为了理想等啊等啊。我们要在攀登珠峰的征程中沿途下蛋。"

第三，华为"造车"没有偏离主航道，依然聚焦于主航道，依然是走在攀登珠穆朗玛峰的路上。华为不会背叛自己的核心价值观，不会背离自己的战略抉择，不会动摇自己的战略自信，也不会浪费自己的战略资源与优势。华为"造车"坚持的"一定是多路径、多梯次的持续创新"，坚持"智慧要在主航道边界里面，不做边界外的事情"。"多路径的好处，可以快速找到战略机会的突破点，或勘定边界。清晰战略突破点后，要敢于'范佛里特弹药量'（在战略突破口聚集人才，以及多梯次的人才布局），但永远不要关闭其他路径的研究，它至少可以培养开放思想的人才。"

2018年，华为董事常委会决议通过的《关于应对宏观风险的相关策略的决议》提出："华为不造车，但我们聚焦ICT技术，帮助车企造好车。"

2020年10月公司经营管理团队重申：以后谁再建言造车，干扰公司，可调离岗位，另外寻找岗位。

2021年5月24日，公司经营管理团队对外的声明中再次指出："产业界需要的不是华为品牌汽车，而是华为30多年积累的ICT技术能力，来帮助车企造好面向未来的车，即为车企提供基于华为ICT能力的智能网联汽车部件。"同时，华为也强调，自己"并未投资任何车企，未来也不会投资任何车企，更不会控股、参股"。

由此也可以看出，公司内部还是存在关于是否造车的争议的，否则经营管理团队不会连续多次形成决议，任正非也不会发出"调离岗位"的狠话。

所以，不必因华为"造车"而担心它偏离主航道，华为是一家自律的公司。

第四，华为"造车"不是真正的造车，它是利用自己的技术优势为真正造车的企业赋能，是围绕行业特征及客户诉求，推动行业数字化转型，为公司创造价值新空间。它用华为Inside模式支持车企打造其子品牌，赋能一些车企。华为领先的激光雷达、自研的毫米波、车载芯片架构与算法、摄像头芯片和智能监控摄像头技术等均处于世界领先地位。传统车厂倾向于认为车是未来的主体，上面只是存在一些计算机的单点，而华为认为未来汽车的基础是计算机，车是计算机控制的外设（汽车计算机化）。

2021年4月18日，在极狐阿尔法S发布会后的群访环节，华为再次强调，华为作为智能部件供应商，采用华为Inside模式，把华为的自动驾驶硬件、麒麟芯片、鸿蒙系统带进更多的产品里，而搭载了华为各项智能汽车技术的阿尔法SHI版更是最直接的证明。有能力者，方能赋能他人；无能力者，只能被他人赋能，这是产业生态的规则。

同样，华为也不会挖煤，用华为煤矿军团首任董事长邹志磊的话讲："成立煤矿军团，是要将基础研究、产品研究、市场交付组合在一起，缩短产业链条，以便更快速满足客户需求，更好地支持好合作伙伴。华为煤矿军团的愿景是用ICT技术支撑煤矿智能化建设，'让煤矿工人可以穿西装打领带上班'。华为聚焦ICT基础设施，这是智能矿山解决方案中薄薄的一层，华为不做挖煤的机器，不做传感器，不做应用软件，只是使能行业智能化。现阶段，首先解决煤矿行业最关心的'安全，少人无人，效率'的问题，并支持国内煤矿在2025年基本实现大型煤矿智能化。长远目标是使能国内4000多座煤矿以及4万多座非煤矿山智能化，最终实现全球矿山智能化。"

第五，华为"造车"并不是要成为汽车行业的颠覆者。华为发力汽车领域，只能说是智能汽车领域的一个新参与者，传统汽车行业的赋能者。颠覆是互联网思维的常用语，任正非强调，华为不需要互联网精神或互联网思维。2013年，在年度干部工作会议上，他说："别光羡慕别人的风光，别那么互联网冲动。有互联网冲动的员工，应该踏踏实实地用互联网的方式，优化内部供应交易的电子化，提高效率，及时、准确地运行。"2014年，在关于重装旅组织汇报会议上，任正非说："不要去炒作互联网精神，应踏踏实实地去夯实基础平台，让端到端的实施过程透明化，以免误导青年员工。不要动不动就使用社会时髦语言'颠覆'，不要妄谈颠覆性，谁要颠覆这个世界，那最后他自己就灭亡了。"

第六，华为"造车"是其"1+8+N"战略的组成部分。1指的是手机，8指的是平板、智慧屏、音响、眼镜、手表、车机、耳机、个人计算机八大业务，而N代表摄像头、扫地机、智能秤等外围智能硬件，涵盖移动办公、智能家居、运动健康、影音娱乐和智慧出行五大场景模式，是一个全场景智慧化的战略。

从实践的角度看，华为的"造车"与任正非的理论探索同步展开，从2012实验室下的车联网实验室，布局车联网和自动驾驶领域，到2019年华为成立了智能汽车解决方案BU，2020年又将智能汽车解决方案BU划归到消费者业务；2020年10月底，华为首次发布了智能汽车解决方案品牌HI，旨在通过华为全栈智能汽车解决方案，以创新的模式与车企深度合作，打造精品智能网联电动汽车。2021年4月12日，在第18届全球分析师大会上，华为轮值董事长徐直军表示，华为联合北汽、长安和广汽，将合作打造三个汽车子品牌，并陆续推出子品牌汽车。

华为为什么敢"造车"？

华为"造车"应该是基于以下战略要素考虑做出的决策。

第一，战略定位准确。绝不造车，只为造车企业赋能；坚守主航道，严守产业边界，有所为，有所不为，顺势而为，坚持客户导向；定位现实主义，构建理想，实现突破领先——这是华为从战略洞察到战略实施的三部曲。有梦想，总会有奇迹，华为就是一家被梦想驱动的公司。对主航道的研究要坚持多路径、多梯次、多场景化的道路不动摇。2018年，在上研所听取无线业务汇报时，任正非说："未来的胜利是极简的胜利。如果我们能做到极简，这世界还有谁能打赢我们？"

第二，战略时机。《华为公司基本法》第十二条规定："我们进入新的成长领域，应当有利于提升公司的核心技术水平，有利于发挥公司资源的综合优势，有利于带动公司的整体扩张。顺应技术发展的大趋势，顺应市场变化的大趋势，顺应社会发展的大趋势，就能使我们避免大的风险。只有当我们看准了时机和有了新的构想，确信能够在该领域中对顾客做出与众不同的贡献时，才进入市场广阔的相关新领域。"这对公司进入新的业务领域的时机做出了明确的规定，之后华为也一直是这样做的。战略的关键问题就是：说到做到。

第三，战略措施压强。华为长期坚持的压强原则，在《华为公司基本法》第二十三条中的表述是："我们坚持'压强原则'，在成功关键因素和选定的战略生长点上，以超过主要竞争对手的强度配置资源，要么不做，要做，就极大地集中人力、物力和财力，实现重点突破。"在认准的产业领域中，华为坚持杀鸡用牛刀，坚持大炮打蚊子，坚持使用"范佛里特弹药量"，坚持"一点两面三三制"，坚持"鲜花插在牛粪上"，坚持厚积薄发，坚持乌龟精神，坚持阿甘精神，就没有攻不下的山头，也没有攻不开的城墙。其实，当华为的竞争对手，或者被华为认作竞争对手，并非好事，华为以往的成长与发展历程已经说明这一点。正如任正非所说："战略方向已经明确，大胆投入，成功只是时间迟早的问题。"战略的核心问题在于：资源的持续投入。

第四，华为强大的学习能力与标杆管理能力。学华为不一定学得会，如果一定学华为，学会一点就够了，这就是学习华为是如何学习别人的，尤其是如何向一流标杆企业对标管理的。华为坚持的就是"一杯咖啡吸纳宇宙能量""一桶糨糊黏结世界智慧"。2014年6月19日在IT存储产品线业务汇报会上，任正非讲道："你们要利用好公司内外部一切可利用的资源，而不是关起门来自己搞，加大前瞻性、战略性投入，把握先机，构筑面向未来的技术及人才优势，能够持续地活下去并且还能活得很好。"业界诸多领先者的探索以及由此产生的经验与教训，为华为提供了宝贵的财富，通过持续自我批判与对标管理，华为是可以有所作为的。

第五，强大的自我批判能力与自我修正能力。2014年1月5日，在成研所业务汇报会上，任正非讲道："我认为在蓝军问题上，我们构想的是一种思想和精神，而不是一种模型，自我批判就是用自己的脑袋打自己，本身就是蓝军思维。""最好的防御就是进攻，进攻就是进攻我们自己，永不停歇，直到死的那天。"如果选错了战略方向，华为还有强大的战略自查能力与纠偏能力。正如任正非所言："一旦我们战略突破口选错了，我们立即转向，仍然有一批精干的轻骑兵等着领导我们大部队转换队列。"

第六，充满活力的人力资源铁军。在保持方向大致正确的前提下，关键就在于组织的活力。同时遍"揽"天下英才，打破人才金字塔，持续地熵减，构建像谷歌秘密军团一样的华为军团，建立一支庞大的高素质、高境界和高度团结的队伍。在此，引用华为一位员工在发布会结束时的心声："作为最直接的参与者，我陪着它从零到一。被别人质疑、嘲笑、讽刺和打击的声音从未消失，但也从未想过放弃。压力大到靠药物才能睡着，但也从未想过停下来。一直以来，我常常会忍不住哭，会气得摔杯子、想骂人，但发现无数研发兄弟们义无反顾、全年无休，为了这辆车奋斗无息，我这点委屈又算得了什么——一辆车的背后，是数不清的无名英雄。"

第七，打胜仗的思维与信仰。华为骨子里的特质是不服输，敢亮剑，以"打胜仗"为信仰，以"没有退路就是胜利之路"为信念，在保持理性的同时，人充满了血性，组织充满了张力。他们对胜利有极度的渴望，有极度坚忍的意志，以及对失败的极度羞耻感和对结果极度负责的态度。早在20多年前华为就认识到，在电子信息产业中，要么成为领先者，要么被淘汰，没有第三条路可走。

对于自动驾驶，笔者其实持保守观点，可能是文科专业出身限制了笔者的想象力。其实在现实中，飞机、高铁等都基本实现了自动驾驶，但如果登机后，空姐告诉乘客本次航班为自动驾驶，您敢坐吗？

不过网友们已经很兴奋了，并做了筹划：购买一辆极狐阿尔法S华为HI版首款车去上班，然后把车放出去，变成网约车，既有了代步工具，又能增加第二份收入，补贴家用。

在写本文时，网上有声者说2021年4月20日起，华为旗舰店将开售赛力斯华为智选SF5。[1]虽然这不是自动驾驶汽车，但那些网友的美梦或许真的指日可待了。

笔者写过一篇小文，题目为《华为的人、车、路、法》。人指的是华为的"任"和人力资源队伍；车指的是华为这部战车，也可以指华为的"造车"；路指的是华为客户导向的内部流程；法原指《华为公司基本法》，也可以指华为的核心价值体系，以及内部的规则、制度与机制。

如果再加上两个字，就是天和地。天是华为30余年坚守的"以客户为中心，以奋斗者为本，长期坚持艰苦奋斗"的核心价值观体系；地指的是华为30余年来构筑的系统业务平台。

---

[1] SF5已于2021年4月19日正式发布。——编者注

天、地、人、车、路、法，是华为"造车"成功的基石，基于此，华为"造车"除了胜利，无路可走。

华为最值得称道的是不着急、等得及。在华为刚进入智能手机领域时，外界也是一片唱"衰"，当时接受采访，笔者对忧心忡忡的记者说过："相信华为，但要给华为时间。"

这或许又是一段龟兔赛跑的故事，正如任正非在2013年运营商网络BG战略务虚会上所讲的："华为既要坚持已有优势不动摇，还要继续前进，这就是'宝马'；积极关注'特斯拉'，学习'特斯拉'的优势所在，我们积极看待世界发生的变化，一旦出现战略性机会点，千军万马压上去。"

华为依然会以乌龟精神来"造车"，面对坚守"一杯咖啡主义"和"不喝咖啡"的华为这只"乌龟"，早出发的"兔子们"要小心了！

华为的"1130日落法"

"1130日落法"的实践

华为有个著名的"日落法",其全称为"1130日落法",来自2016年11月30日华为EMT办公会议讨论通过的《关于"1130日落法"的暂行规定》。

该规定的主要内容为:

第一,在IPD、SUP(供应链)、MFIN(财经)、LTC、DSTE(开发战略到执行)、SD(服务交付)等成熟流程领域,每增加一个流程节点,要减少两个流程节点,或每增加一个评审点,要减少两个评审点。

第二,行政文件、流程文件的发布要有明确的有效期,且有效期不超过5年。超过5年有效期的流程文件和行政文件,2017年12月31日前要完成优化或重新发布,否则废止。

第三,IT应用要根据使用情况,对需求提出部门建立问责制度。流程 IT 要对 IT 应用基于使用量多少进行日落法管理。

第四，质量与流程 IT 管理部作为支撑机构，要对日落法在各流程领域、责任组织、业务部门的执行落地提供工具和方法。

2016 年 10 月 26 日，任正非在质量与流程 IT 管理部员工座谈会上的讲话中就提出："每新增加一个流程节点，必须关闭另两个流程节点。流程必须持续简化，IT 应用及文档文件要有日落法……每增加一段流程，要减少两段流程；每增加一个评审点，要减少两个评审点。"

2017 年 12 月 18 日，任正非在落实日落法及清理机关说 NO 工作组、合同场景师推动小组座谈会上的讲话中，对公司实行的日落法的目的做了说明，即改变公司这 30 年来积淀的复杂管理问题，公司要简化管理，首先要求不能随意发文，再逐渐根据日落法去减少文件和流程，全公司都是蓝军。"这两个工作组选拔的是敢于批评公司的人，我愿意跟你们相处，其实你们是真正热爱这个公司（的人），能看到公司的不足，才会这么深刻地批评公司。"

为落实"1130 日落法"，公司于 2018 年 2 月专门成立了"落实日落法及清理机关说 NO 工作组"及秘书处。该小组其后进行了一系列的日落法改进。

秘书处的职责主要是发现具体问题，调研，输出优化建议，做好一线与机关的"接线员"；解决问题由质量运营部负责，从细枝末节开始解决痛点，不要做大变革。

如任正非所说："成立现在的秘书处，目的是发现问题、调研问题、输出问题，站在一线作战和使用者视角，提出优化建议，并推动各体系设计方案落实改进。发现问题和解决问题的角色要分开，问题是否能够解决由质量运营部来确定。秘书处不要越俎代庖去解决问题，没有权力越过边界。"

2018年8月24日，任正非在日落法秘书处工作阶段性汇报会上的讲话中指出："我们这个事情就是在做正确的制度建设，合适的自我批判、审慎的纠偏以后，公司就有长远生存下去的机会。""形成秘书处运作机制，持续推动流程优化和管理简化。"

2019年10月8日，在日落法人力资源秘书处及AT运作优化工作汇报上的讲话中，任正非再次指出："秘书处是一个临时的调研机构，没有除调研外行使权力的权利。秘书处最主要的职责是自下而上，发现流程、制度、规则等方面存在的机制问题，然后推动机制的逐步改良，只是调查研究，而不是操刀变革。要严格控制自己的职责边界，在不失位的同时要注意不要越权太多。在改良推动过程中若遇阻力，可上升提交上级受理。旨在培养一批有调查能力的员工。"

2017年1月11日，在2017年市场工作大会上，任正非还提出了"人才日落法"的设想："人才也要贯彻日落法，飞不动了，可以排到雁行的后面，顺风省力一些。领头雁需要很勇敢。"但这并没有出现在其后华为的人力资源管理实践中。

其实"日落法"在《华为公司基本法》中也有提及，第八十八条是这样规定的："对项目管理，实行日落法控制。控制项目数量以实现资源有效利用和提高组织整体运作系统。项目完成验收后，按既定程序转入例行组织管理系统。"

"1130日落法"的起源

华为的日落法并非其独创，而是受被任正非称为"伟大的美国总统"的特朗普的启发。

2020年3月24日，在接受《南华早报》记者采访时，任正非解释了华为日落法的来源："特朗普提出'通过一个新法律必须废掉两个旧法律'，给了我们启发，因为我们公司这30年来文件太多，没有注销过，文件只要（在）生效期间就必须执行，执行的'火车'就弯来弯去地绕。他一讲这个话，就给我们一个警醒，公司要有日落法，最早叫'特朗普日落法'，后来慢慢汇报的时候，只剩下'日落法'了。这是特朗普的发明，怎么关闭旧的程序，以前没有想到这个问题，我们就向他学习，轻装上阵，使得我们公司运行变轻了，机关人数变少了。"

日落法，又称"夕阳法"，是美国国会在批准成立一个新的行政机构或批准一个联邦计划项目时，明确规定该机构或该项目的终止日期，有效期过后，如果不采取相应的立法措施，该法律便失效成为一纸空文。早在美国建国初期，一直主张限制政府规模的托马斯·杰斐逊便提出过一个"法律的有效期只应该有19年"的设想。20世纪70年代，美国各级政府意识到很多不必要的法律条文不仅拖慢了立法和行政部门的效率，过于烦琐的法规也限制了经济的发展。于是杰斐逊的"法律过期论"被用来作为提高立法效率的一个好办法。1976年，美国科罗拉多州通过了第一个"日落法"，该法律对一项计划或一个规章规定一个日期，到了这个日期，该计划或规章除非再次得到批准，否则就会失效，从而迫使政府部门定期对其活动和规章的结果进行评价。1978年，美国国会通过了《从政道德法》，规定联邦政府道德规范办公室制定法律文件的授权在一定时间后废止。其后，布什政府和奥巴马政府也都实施过日落法。

特朗普上台后，以立法的形式在联邦政府实施日落法，其目的在于控制自然趋于膨胀的行政机构，提升政府效率。

顺便补充一下，在管理实践中还有一个"日落法"，这就是沃尔玛的日落法，即所有的问题在日落前给顾客答复，这就是所谓的"日清日结"。

日落法的启示

由特朗普的日落法，到华为的"1130日落法"，是一个经典的管理学案例，由此给我们带来诸多启发。

第一，任正非有强大的学习能力，时时刻刻在吸取外界强大的正能量，并不断地将其变为自己的管理思想，用来指导华为的管理实践。

第二，标杆学习与标杆管理是华为持续实现管理进步的重要途径。所有的组织遇到的问题大多是共通的，所有的管理问题总有先行者会遇到，所有的管理问题总会有解决方案，因此向先行者学习，对标先行者，是解决自身管理问题的捷径。如上所述，"1130日落法"并不是华为的管理创新，而是继承他人创新成果的管理举措。华为学他人，学得会，而其他企业学华为，为什么学不会？个中原因，值得深思，值得探讨。

第三，自我批判是个人与组织进步的重要前提。华为的"1130日落法"实质上是有组织的、系统的、对已有流程与制度的自我批判，以此来消除组织的熵增，避免组织的内卷。

第四，学华为不一定学得会。欲学华为有三条是必需的：一是学习华为系统性和制度性的自我批判机制；二是学习华为是如何学习别人的；三是学习任正非的经营管理思想。

顺便说一下笔者的案例。笔者曾求教于任正非关于"不在非战略机会点上消耗战略竞争力量"的含义，任正非反问笔者微信通讯录中的好友数量及朋友圈的数量，然后他的回答是：整天关注这些，就是在非战略机会点上消耗战略竞争力量。

顿悟！于是笔者向华为的"1130日落法"学习，每加一人成为微信好友，必须清除两人。非常有效，且简单可行。

对华为减免商户租金的评论

2022年3月14日，任正非签发总裁办第61号电子邮件，标题为《关于疫情期间服务类商户租金减免的通知》，此事引起了网上的讨论。

文件的具体内容为：

为减轻公司内部服务类商户疫情期间的经营压力，鼓励商户安心经营，持续提供优质服务，根据国家对服务领域困难行业恢复发展的相关政策，特对公司内部服务类商户场地租金减免做出如下决议：

1. 减免范围：

华为公司（含全资子公司）在中国境内收取场地租金的内部服务类商户。

2. 减免政策：

（1）免租：自2021年10月1日起，至2022年3月31日止，免收场地租金；已收租金在三月底前退还完毕。

（2）减租：自 2022 年 4 月 1 日起，至 2022 年 12 月 31 日结束，场地租金减半。

关于此次减免租金，笔者有几点感想。

第一，此次减免是在华为遭受美国连续精准高压制裁两年多后做出的。在美国的打压下，华为的日子已经过得很艰难了：2021 年公司实现营收 6368 亿元，相比于 2020 年的 8914 亿元，减少了 2546 亿元，下降 28.6%，是继互联网泡沫后第二次出现负增长。自己还在艰难求生存，仍不忘合作伙伴的生存压力；自己尚寒冷交加，还为他人抱薪取暖。华为真的不易，不愧为"业界良心"。正如公司员工评论的："不仅减未来的，还能把已经装进兜里的钱给退回去，自己扛着狂风暴雨，也要把伙伴们护在翅膀底下。"

第二，此次不仅减租金，而且还免租金；减免商户的未来租金已经够意思了，还要把已经收到手的 5 个月租金再退还给商户，这就太够意思了。由于这次减免租金，华为将损失多少租金收入不得而知，但估计不是一个小数目。从另一个角度看，这也表明当下华为的财务状况良好，有善心，还需有实力。

第三，此次减免租金是为了减轻商户的经营压力，鼓励商户安心经营，持续提供优质服务。相信这一目的自然会达到的，因为商户是会被感动的，因为商户也是有良知的，因为公司与商户会相互感动。在竹内亮拍摄的最新一集《华为的 100 张脸孔》中，有一段是对欧阳剑女士的采访，这给笔者留下了深刻的印象。当问及"被迫"退休为什么又在华为园区承包餐厅的时候，欧阳女士的回答是："可能我能陪伴公司的时间会久一点，我选择了一个我可能永远跟它在一起的方式吧。"讲这话时欧阳女士的眼里已充满热泪。我想这次减免租金的政策也会惠及欧阳女士承包的餐厅吧。

第四，此次减免租金政策是任正非长期坚守的经营管理理念的体现，其中包括"深淘滩，低作堰"，合作共享，不做"黑寡妇"等。在2010年的《以客户为中心，加大平台投入，开放合作，实现共赢》一文中，任正非提出："华为跟别人合作，不能做'黑寡妇'……我们已经够强大了，内心要开放一些，谦虚一点，看问题再深刻一些。不能小肚鸡肠，否则就是楚霸王了。我们一定要寻找更好的合作模式，实现共赢。"

2017年在关于行政服务解决"小鬼难缠"工作进展汇报会的讲话中，任正非提出："行政管得越少，就会管得越好。大家看到，公司餐饮之所以进步这么大，就是因为放开去私有化经营，（参与）市场经济，相信三年后这些餐饮、咖啡厅会达到科学合理的水平。只要我们内部不贪污腐败，可以让利一些给他们。扶持他们，就是为了繁荣园区。各部门要少一些挑剔，多一些帮助，把他们看成后勤服务的作战部队，而且这些'民兵'不拿我们的工资、股票，又不要我们承担社会保障、承担《劳动法》，（他们）积极参战，热心地为我们的野战部队服务，有什么不好，机关义不容辞地帮助他们，员工满意就是标准，这也是分享法。我们也要关心外包的清洁工、绿化工、保安……"

在2017年6月的《方向要大致正确，组织要充满活力》中，任正非认为："华为要做行业领袖，就一定要开放合作，和产业价值链上的最佳供应商以及行业玩家广泛合作、共享利益。我们不是要寻找竞争对手，把自己做到更优秀就行。我们要逐渐化解世界矛盾，不能陷入孤立主义。普天之下，都是我们的朋友，而不是敌人。"

第五，此次减免租金的对象是租用公司的商户，华为不仅以"获取分享制""力出一孔，利出一孔"为理念，也不断地向员工让利。在美国刚开始制裁华为之时，公司有的员工、干部及家属向公司申请减薪或不发奖金，与公司共度时艰，公司不仅没有减薪，还提高员工工资，发放了特别奖励。

2019年11月11日，华为给员工发放了两份特别奖金：一是普惠式的一个月阳光普照工资，11月发放；二是对参与国产组件切换的人员共发放20亿元奖金。据悉，后者是为了感谢员工自华为2019年5月被制裁以来的努力和奋斗。华为在2022年1月底公布了分红数据，2021年仍然持续实施股票分红，预计每股分红1.58元，较2020年每股1.86元的分红下降15%，超12万名公司员工会受益。据推算，本次华为分红或超过350亿元。按照2018年华为的总股数222亿股粗略计算，此前的2020年，华为每股分红约1.86元，分红总额超过400亿元。

再举一例，2018年5月29日，公司EMT发布的《关于调整国内夜宵模式的暂行规定》中，把夜宵发放的范围扩展到外包人员和物业值班人员。一个公司如果不能善待自己的员工，自然也不会善待自己的客户与合作伙伴，那么凭什么让他人善待自己？

第六，此次减免租金也是公司以往政策的延续。2016年10月21日，任正非在《关于行政与慧通工作讲话纪要》中就提出："行政要坚持低地价、低房价，长守信，吸引全国舌尖上中国的厨师来创业，将170多个国家的厨师循环培训起来，改善全球中外员工的生活。将全世界最好、最美的咖啡厅……吸引来园区，美丽繁荣的园区也是竞争力。"他要求："我们要增强外包店的经营信心，经营两年后，经营得好的前50%，可以考虑一次签十年租赁合同，稳定他们投资的信心。排在倒数20%的门店，可先延期一年合同，而且要增加租金。再不好就末位淘汰。我们要把私有化的企业当成兄弟姐妹一样真心对待。机关的管理，就是真心去帮它，而不是去卡它、指责它，我们又不是房地产公司。每年评选一次，前50%的门店租金每年可降1%~2%，连续评为优秀，就连续降低租赁费用。排在后20%的门店租金每年增加2.5%。这样就可促使先进更先进。外面门店搞不好的原因是，你经营好了，房地产商就涨租金，他们不承认劳动的价值。"

第七，此次减免租金仅限于中国境内的园区内部服务类商户，除此之外，公司多年来让利于客户、供应商、员工等利益相关者的案例还有很多。比如，2016年5月28日在员工关系年会上，任正非就提出："处理人身突发事件，意外伤害保障部门的关键作用是要站在家属的利益角度上和公司博弈。因为家属并不知道公司有什么政策，站在家属的角度争取合法权益，而不是站在公司的角度去说服家属。只要是合法的，我们都能给，但是不能越过法律规定。处理人身突发事件的专员，是家属代表，不是公司代表。家属很可怜，已经受难了，不能再去欺负他。我们要帮他们理解我们的规定，哪些能得到，哪些不能得到，一点点来理顺。希望你们代表弱势人群，坚持以法律为准则。"

第八，此次减免租金华为肯定会损失很大，但其外溢效果同样也很大，由此以无声的语言向客户、合作伙伴和外界传递自己的核心价值体系，增强后者与公司长期合作共赢的信心，这比做多少次广告的效果都要好得多，行胜于言，桃李不言，下自成蹊。人有人格魅力，企业也有企业魅力，魅力源自格局。

第九，此次减免租金客观上是帮助商户渡过难关，主观上也是为公司的发展营造良好的经营环境。"饭勺也是生产力""吃饱才不想家"等一直是任正非坚守的理念，减免租金既是对商户的帮扶，也是对商户的激励，同时，商户提供良好的产品与服务，又能够免除员工的后顾之忧，力出一孔地为客户创造价值。所以表面上看华为是在向商户让利，实际也是在向商户求利，其结果是形成"全营一杆枪"的机制，互利共赢，协同发展。

第十，此次减免租金是华为的自主行为，网上多篇文章讲华为减免租金起源于响应政府号召，理由是 2022 年 3 月 21 日福田区人民政府发布了《深圳市福田区支持企业同心抗疫"十条"政策》，其中号召国企物业对符合条件的租户给予 2022 年 3 月份租金全免、4 月份租金减免 50% 的支持。这一判断似有牵强，因为华为不是国企，华为总部所在地也不在福田区，而在龙岗区，且华为的租金减免通知发布时间早于福田区政策的出台时间。不可否认,华为公司的此次减免租金也是在承担社会责任,企业的社会责任不是承担修路、铺桥捐款等慈善行为,那是企业家的责任,企业最大的社会责任是通过自身的发展增加税收和增加就业,为客户创造价值,保护利益相关者的生存与发展。

华为的"天才少年"计划

什么是"天才少年"计划?

2019年7月23日,任正非签发电子邮件《关于对部分2019届顶尖学生实行年薪制管理的通知》。通知中说,经公司研究决定,对8位2019届顶尖学生实行年薪制。年薪制方案如下:其中2人的年薪区间为182万~201万元,2人的年薪区间为140.5万~156.5万元,4人的年薪区间为89.6万~100.8万元。

2019年8月5日,任正非再次签发电子邮件《关于对部分2019届顶尖学生(第二批)实行年薪制管理的通知》。

2020年华为招聘了6位天才少年,其中博士3人,硕士1人,本科2人。他们的年薪区间分别为182万~201万元(2人)、140.5万~156.5万元(2人)和89.6万~100.8万元(2人)。

2021年招聘天才少年4人,其中博士3人,本科1人。他们的具体年薪区间没有公开。

2022年招聘天才少年4位，均为博士，具体年薪区间没有公开。

近三年华为以年薪制共计招聘天才少年23人。其中绝大部分为博士生，也有硕士生和本科毕业生。这些天才少年来自全国14所高校，其中5人来自华中科技大学，4人来自西安交通大学，3人来自电子科技大学。

第一次公司邮件列出的是天才少年的全名，第二次通知仅仅列出了被招聘者的姓氏，这应该是出于保护个人隐私的优化举措。华为《员工职业道德规范》中有一条规定："在任何场合、任何情况下，对内、对外都不泄露、不打听、不议论本人及公司的薪酬福利待遇的具体细节和具体数额。"这次恐怕是例外，在华为历史上公布员工的薪酬水平尚属首次。长期以来，华为一直坚持薪酬制度公开、个人薪酬水平保密的原则。

需要说明的是，被录用的同学获得的年薪是一个区间年薪，而不是一个绝对数。这意味着被录用同学的实际所得在年薪区间中，需要依据考核评价确定。

另外，"天才少年"计划属于公司对外的招聘计划，是面向公司外部的。招聘成功后的天才少年，也会去掉"天才少年"的标签，接受公司统一的人力资源管理体系的管理。公司的管理自然也不会为天才少年设置特区。正如任正非所说："进入我们公司，'天才少年'这个称呼就没有了，定位'天才少年'主要用于入职的定级定薪。"

每一位被录用者要经过严格的考察选拔，面试一共分为7个环节，即简历筛选、笔试、初面、人力资源面试、主管面试、若干部长面试、总裁面试，甚至公司多位董事会成员都会参与面试。面试内容主要围绕人工智能、智能终端、云与计算、智能汽车、智能制造等六大课题展开。

这个项目最早提出时的名称是"顶尖学生"招聘，"天才少年"计划是后来出现的。

2020年6月9日，华为招聘公众号上推出了主题为"拖着世界往前走"的面向全球招聘天才少年的推文，其中提出招聘专才与奇才，并提供5倍以上的薪酬。

2022年4月26日在第19届全球分析师大会上，公司轮值董事长胡厚崑讲道："在华为，谈到创新，我们首先想到的是顶尖人才。我们希望用世界级的难题，吸引世界级的人才，来共同迎接挑战，推动科学和技术上的进步。昨天，华为再次面向全球招募天才少年，不分国籍，不分专业，也不限院校，只要对未来有梦想，相信自己有能力，就大胆加入华为。华为提供的是世界上最难的课题、强大的平台以及足够的资源，支持天才们去探索。"

同时，4月25日，华为又发出了"面向全球招募天才少年"的招聘广告，这次招募重点强调"不分国籍，不限学历，不限学校"，强调"渴求有能力、有意愿挑战世界难题"的天才少年，并提出"5+倍薪酬"的待遇。

华为并没有对"天才少年"计划做出详细的说明。从公司高管的讲话及招聘广告中，我们大致可以概括出以下两个要点。

第一，"天才少年"：25~30岁的应届毕业生，在科学研究领域已有特别建树，有能力和意愿挑战世界级难题且有志成为技术领军人物。

第二，"天才少年"计划：本质上是未来技术领导者培养计划。他们本来是一个小领域的佼佼者，而华为通过专业辅导、强化行业引导和专题研讨，让他们与技术领袖、商业领袖交流，采用实训实战等多种形式培养他们敏锐的技术思维、商业思维、宏架构能力、融合创新及深入洞察的能力等。"天才少年"计划的远大目标就是向上捅破天，向下扎到根，拖着世界往前走。

"天才少年"计划的起源

华为"天才少年"计划最初是由任正非提出来的。

2019年6月20日，在EMT《20分钟》的讲话中，任正非提出：

> 公司每个体系都要调整到冲锋状态，不要有条条框框，发挥所有人的聪明才智，英勇作战，努力向前冲。华为公司未来要拖着这个世界往前走，自己创造标准，只要能做成世界最先进，那我们就是标准，别人都会向我们靠拢。
>
> 今年我们将从全世界招进20~30名天才少年，明年我们还想从世界范围招进200~300名。这些天才少年就像"泥鳅"一样，钻活我们的组织，激活我们的队伍。
>
> 未来3~5年，相信我们公司会焕然一新，全部"换枪

换炮"，一定要打赢这场"战争"。靠什么？靠你们。

任正非发表这段讲话一个月后，8位天才少年就招聘完毕了，这就是华为强大且可怕的执行力。

华为有足够的钱、足够大的空间来容纳天下英才，但天才少年实在难求。任正非提出来的招聘20~30名天才少年的计划并没有完成。

在2019年7月的电子邮件中，任正非做了按语，说明了"天才少年"计划的目的："华为要打赢未来的技术与商业竞争，技术创新与商业创新双轮驱动是核心动力。创新必须要有世界顶尖的人才，有顶尖人才发挥才智的组织土壤，我们首先要用顶级的挑战和定级的薪酬去吸引顶尖人才，今年我们先从全世界招进20~30名天才'少年'，今后逐年增加，以调整我们队伍的作战能力结构。"

任正非还将"少年"加了引号，因为从实际年龄上讲，被招聘的天才已非少年，而接近于华为员工的平均年龄了。

2019年1月17日，任正非在国内媒体圆桌会上说："今天大家看到华为有很多成功，其实成功很重要的一点是外国科学家，因为华为工资高于西方公司，所以很多科学家都在华为工作。我们至少有700多名数学家、800多名物理学家、120多名化学家、六七千名基础研究的专家、6万多名各种高级工程师、工程师……形成这种组合在前进。因此，我们国家要和西方竞技，唯有踏踏实实用五六十年或者百年时间振兴教育。"

2018年3月21日，在产品与解决方案、2012实验室管理团队座谈会上，任正非就提出："少年强则中国强，华为也要有少年英雄，要让有朝气、有活力、敢闯敢干的优秀人才脱颖而出。""如果少年英雄到不了华为，就是我们的机制有问题。"

2019年7月19—20日，在运营商BG组织变革研讨会上，任正非就提出："我们还要加强优秀人才的引进，在世界范围内广泛招聘优秀科学家、高级专家、少年天才，（让他们）融入我们的'血液'里，坚定不移做到根，向上捅破天。"

2020年10月27日，任正非在《人才很关键，面试最重要》的讲话中提出："2021—2022年是求生存、谋发展战略攻关最艰难的两年，在公司聚焦的业务领域，作战需强大的队伍，要有足够水平的兵力才能集中优势兵力打赢'歼灭战'。要敢于吸收国内外人才，不拘一格降人才。我们有足够的钱，足够大的空间，容纳天下英才，发挥他们的创造才华。"

2020年6月19日，在《星光不问赶路人》一文中，任正非提出："我们的人力资源政策，要胸怀宽广，敢于启用优秀的员工超过我们，要坚决引进比自己更优秀的人。要不断激活我们的组织，提升有贡献的员工，组成合成的生力军。""我们要继续招募优秀应届生、卓越的科学家、天才的少年一同来参战，要继续激活全体员工的潜能，这种合力是不可估量的。"

在2021年8月2日发表的《江山代有才人出》的讲话中，任正非提出："我们一定要开阔思想，多元化地构筑基础，避免单基因思维，也要允许偏执狂存在。要转变过去以统一的薪酬体系去招聘全球人才的思路，要对标当地的人才市场薪酬，对高级人才给出有足够吸引力的薪酬包。吸引美国的顶尖人才，就要遵循美国人才市场的薪酬标准。我们未来要胜利，必须招到比自己更优秀的人，要与国际接轨，并且在当地国家（水平）要偏高，这样才能吸引到最优秀的人才。"

可以说，"天才少年"计划的目标就是在为基础研究储备人才。

天才少年的价值

华为的"天才少年"计划引起了公司内外部的极大反响。当天才少年的同学们拿着万元左右的月薪时，华为给出至少7倍的年薪，在社会上引起的震惊与反响是可以理解的。

那么华为的员工是如何看待"天才少年"计划的？

多数员工坚定支持，认为此举是"千金买马骨"，会吸引天才成群地来，这对公司新领域和新技术的突破至关重要。

公司想变革人才结构，这个趋势就会一直持续下去，每个人都得习惯，每年会有大量更优秀的人加入进来，激活组织。在人才竞争日趋激烈的时代，他们以坦然的心态，乐见公司在这方面的投入。

"天才少年"计划本来就是一个筛选、验真、淘汰或者识别的过程，一个将外部思想引入华为的机制。机制和规则的意义大于这几个人是否真是业界最顶尖的天才，这种溢价重赏机制才是对高端人才市场最大的震撼弹。

我们应该以宽容的心态拥抱天才少年们，而不是因为多拿了三五斗就以最苛刻的要求来对待他们。税前100万~200万元的年薪在华为也就是16~18职级的水平，真正的"大牛"来了，500万、1000万元的年薪照给。这个世界难道不是少数人引领多数人吗？搬砖的"原住民"好好搬砖，让真正的精英来炸开我们的金字塔塔尖。

试想，用相同的成本，为公司增添8个明天的希望和种子，总比养着8个等价的南郭先生划算得多，也英明得多。

同时，在公司内网的跟帖[①]中，员工也对天才少年的识别标准、使用、评价及保护等方面献计献策。

当然，也有一些质疑的声音，如"公司花200万元值不值？""天才少年的识别标准是什么？""让现在倒挂的博士怎么想？""华为人才不够多吗？关键是不会用，没有人才发挥的土壤"，等等。

可见，公司内外部对于高薪的少年天才都有不同的声音，其实看看每一位天才少年的成就就会感到"人"有所值，他们的资历、能力和学历都值这个价。

以入职华为的武汉大学博士江奎为例。据媒体报道，江奎在校期间就参与了国家自然科学基金联合基金重点项目、湖北省技术创新重大项目等6个项目的研究，申报发明专利8项，授权2

---

① 在华为公司内网上，员工可以以跟帖的方式直接评论或批判任正非等高管的讲话及公司的文件。

项，在计算机视觉领域国内外重要期刊和会议上发表过 30 多篇论文，其中第一作者文章 14 篇（含 SCI 一区论文 8 篇、IEEE 汇刊 6 篇）。[①] 他还获得过 2019 极端视频超分辨率挑战赛亚军、旷视 2020 人工智能开源大赛第三名、CVPR[②]2021 杰出审稿人等多个国际竞赛奖项或荣誉。除外，江奎还是一个善于沟通、喜欢运动的人。

再看看华中科技大学的廖明辉。他在读博士期间的研究方向为计算机视觉，共发表 10 篇论文，包括 2 篇顶级期刊论文（均为 ESI[③] 高被引论文）、7 篇顶级会议文章和 1 篇 SCI 二区期刊论文。谷歌学术引用数超过 1900，GitHub（面向开源及私有软件项目的托管平台）上开源的论文代码 stars 总数（类似于朋友圈点赞数）超过 3000 个，申请了 5 项发明专利。其发表的文字检测算法被腾讯、百度等公司采用，并收录于 OpenCV（跨平台计算机视觉和机器学习软件库）主分支。此外，廖明辉还担任十余个国际顶级期刊和会议的审稿人，参与组织了两项国际比赛。

华为的"天才少年"计划招聘的对象不仅仅限于国内。2021

[①] SCI，科学引文索引，是美国科学信息研究所（ISI）创办的引文数据库，是国际公认的进行科学统计与科学评价的主要检索工具。IEEE，电气与电子工程师协会，是国际性的电子技术与信息科学工程师的协会。——编者注

[②] CVPR，即 IEEE 国际计算机视觉与模式识别会议，是由 IEEE 举办的计算机视觉和模式识别领域的顶级会议。——编者注

[③] ESI，基本科学指标数据库，是由科睿唯安（原汤森路透知识产权与科技事业部）在汇集和分析 Web of Science（科睿唯安公司开发的信息检索平台）核心合集所收录的学术文献及其所引用的参考文献的基础上建立起来的分析型数据库。——编者注

年年底，22岁的俄罗斯人瓦莱里娅·里亚布奇科娃加入华为俄罗斯下诺夫哥罗德研究所，从事智能计算应用加速技术方面的研究。她是2021年第44届ICPC（国际大学生程序设计竞赛）的冠军，这次大赛共有104个国家、3406所大学的6万多名参赛者。她和她的伙伴一起夺得了这次大赛的冠军，她是一位名副其实的少年天才。

和瓦莱里娅同一天加入华为的还有一位年轻的ICPC半决赛优胜选手伊利亚·赫柳斯托夫。20岁的伊利亚是下诺夫哥罗德国立大学的学生，也是瓦莱里娅的新队友，他们的三人小队已闯过第45届ICPC区域半决赛，并在2022年11月参加了在孟加拉国达卡举办的世界总决赛。

有意思的是，瓦莱里娅·里亚布奇科娃的教练什梅廖夫·阿列克谢是2021年5月加入华为俄罗斯下诺夫哥罗德研究所的。

2019年7月31日，在《钢铁是怎么炼成的》的讲话中，任正非把引进的这些人才称为"丙种球蛋白"："我们也要引进各种'丙种球蛋白'。大家也看到，我们破格提拔了一批应届生，这会在大学学术界掀起一个风暴，让天才成批来。今年初我们给俄罗斯科学家按中国薪酬标准提升待遇，合理地提升了科学家的职级，当我们把这个'灯塔'亮起来时，就会在俄罗斯科学界引起躁动。今年4月我去俄罗斯，给3名曾获得全世界计算机大赛冠军的本科生定薪1500万卢布，以此为标杆，还要把'榜眼''探花'都招进来，因为这是世界级竞赛。所以，将来我们公司会进来一批'丙种球蛋白'，希望和我们的大平台产生异化作用，用这些'泥鳅'激活我们19万人组成的稳定的组织平台。过去我们是为了赚点小钱，现在是为了要战胜美国，我们一定要有宏大心胸，容纳天下人才，一起来进行战斗。"

丙种球蛋白是由健康人血浆经低温乙醇法分离提取并经病毒灭活处理的免疫球蛋白制品。丙种球蛋白按其来源不同可分为两种：一种是从健康人静脉血中提取制成的人血丙种球蛋白，另一种是从健康人胎盘血中提取制成的人胎盘血丙种球蛋白。当丙种球蛋白注入缺乏丙种球蛋白的人体后，其清除入侵细菌、病毒的免疫能力亦随之转移给受体，也就是说，它会直接起作用而非调动身体的保护作用。

2019年5月21日，在接受央视记者董倩采访时，任正非还介绍了一位俄罗斯天才少年的故事："我们俄罗斯有位大数学家，这小伙子不会谈恋爱，只会做数学。他到我们公司来（的这）几年，天天在玩电脑，不知道他在干什么，我们管五万研发人员的领导到莫斯科去看他，他打一个招呼就完了。我给他发 Fellow[①]牌子的时候，跟他讲话，他'嗯、嗯、嗯'完了。（他）不善于打交道，他十几年默默无闻在做什么，我们并不知道，也没有人管他。突然有（一）天他说把2G到3G的算法打通了，我们马上在上海进行实验，这么一下，（我们就）在无线电上领先（了）爱立信，然后大规模占领欧洲，用到4G、5G（上），我们现在很厉害。我们领先了全世界，这就是数学突破，这个小伙子突破的。"

---

① Fellow，代表华为公司专业技术人员重大成就的最高称号。——编者注

这就是天才少年的价值。

当然，这些成绩的取得除了个人天赋，还依赖于这些人的勤奋。如果看看江奎在校期间的"小葵花日常成长记录"和他的学习计划表，就能理解他取得过人成绩的原因了。

天道酬勤，华为给天才少年的高薪，就是对他们天赋、能力和勤奋的回报。

除此之外，华为招聘天才少年还具备更重要的社会价值与意义，这就是给天才少年提供一个发挥个人聪明才智的舞台，而不须他们远涉重洋，在异国他乡证明个人的价值，从而破解一个人才循环的怪圈：人才跑到国外才能被认可，回国后，才能得到应有的高回报。

2016年8月13日，在华为公司IPD建设"蓝血十杰"暨优秀XDT颁奖大会的讲话中，任正非讲："我们要让优秀人才活下来，优秀人才大多是歪才。在座各位能接受贝多芬到华为应聘吗？谁知道，聋人也能成为音乐家呢？华为公司要能容忍一些'歪瓜裂枣'，容忍一些不太合群的人，允许他们的思想能在公司发酵。""华为公司IPD，就是奠定了一个基石，让所有优秀人才来跳舞，想怎么跳舞都可以。为什么特优秀人才在华为无法生存下来？我们要研究这个问题。"

"以前我们中国的人才跑到美国'生蛋'，然后再高价卖回中国。"这是任正非的世纪之虑。"现在我们把外国人才放到中国来'生蛋'，我们的'鸡蛋'不就更好更便宜了嘛。"这是任正非破解世纪之虑的药方。

任正非曾讲道："我们中国的鸡不要总是跑到别人的窝里去下蛋，我们斥巨资买来国外的设备与技术，结果发现竟然就是从中国下的蛋，我们还要花高价钱从国外买回来。一直这样下去肯定是不行的，要让我们中国的鸡回到自己的窝里下蛋。"

华为的"天才少年"计划可以说是打破这一怪圈的有益尝试。

当然，华为的未来发展不可能仅寄希望于数十位天才少年，在他们身后还有每年招聘的新员工，他们中也将会有天才少年脱颖而出。正如任正非在 2016 年 1 月 13 日市场工作大会上所讲的那样："我们要坚持每年从应届生中招收 5000~6000 人的新生力量，不让我们的作战梯队有断代的问题。'蓬生麻中，不扶自直'，80 后、90 后是有希望的一代，'蚊子龙卷风''牵手''被绑匪树立的楷模'……不是一代将星在闪烁吗？"[1]

2021 年 8 月 2 日，任正非在《江山代有才人出》的讲话中宣布："有几个天才少年加入了煤矿军团，反向使用 5G，使井下信息更高清、更全面。""有人研究自行车的自动驾驶，公司没有约束过他。我们要生产自行车吗？没有啊。这是他掌握的一把'手术刀'，或许以后会发挥什么作用，产生什么巨大的商业价值。"

据了解，这位研究自行车自动驾驶的人，就是华为招聘的天

---

[1] 文中所提的"蚊子龙卷风""牵手""被绑匪树立的楷模"均为华为海外员工的故事，详情请参见：田涛，殷志峰. 枪林弹雨中成长[M]. 修订版. 北京：生活·读书·新知三联书店，2017.

才少年中的一员。

另据 2021 年 12 月《华为人》报的《种下一颗种子，繁衍成一片森林》一文，毕业于中国科学院大学的钟钊博士，2019 年作为天才少年入职华为。入职不到一年，就担任了 AutoML（自动化机器学习）研究组的项目负责人，带领团队把 AutoML 技术应用到数千万台华为手机上，实现了 AutoML 的第一次大规模商用。第二年，他又带领团队研发端到端像素级 AutoML 流水线，成功将视频摄影原型算法的复杂度降低了百倍，再次突破业界与学术界的极限。

在 2020 年 3 月 9 日的一次座谈会上，任正非透露："去年公司招聘到 19 个'天才少年'，有 18 个已经发挥出很大作用。"

针对一位天才少年离职的事件，任正非在 2023 年 2 月 24 日的讲话中也做了如下回应："我们垄断人才，没有用也扣住不放，消磨他的青春，而且还要给他发工资，两头不讨好。我们对人才机制也有反思，比如有些人进入公司以后，没有很好使用到他最擅长的地方，没有发挥作用等于浪费他的青春。"

正如此文的标题，天才少年们在华为肥沃的创新土壤中，开始茁壮成长，向上捅破天，向下扎下根。

其他人才计划

2011 年 8 月，华为做出了《关于实施凡·高贝多芬计划的决议》，它是一个为了有效地让凡·高、贝多芬所代表的天才、偏才、怪才在成长过程中得到支持和帮助而形成的资助计划。凡·高、贝多芬所象征的是自强不息的从事基础科学研究的天才、偏才和怪才。从某种意义上讲，"天才少年"计划是"凡·高贝多芬"计划的延续。

2021年8月12日，任正非在题为《敞开胸怀，解放思想，敢于吸引全世界最优秀人才》的讲话中，再次对公司优秀人才的招聘提出了要求："公司处在战略生存和发展的关键时期，我们要进一步解放思想，敢于敞开胸怀吸引全世界最优秀的人才。不仅要引进来，还要激发好，更要能干出成绩。我们要主动拥抱不同国别、不同种族的优秀人才，加强对跨专业、交叉学科人才的获取与使用，不断提升创新能力。""近两年加大了海外留学生的招聘力度，现在要关注'高鼻子'人才的获取，给予海外研究所更多的预算。"

此文发布时，还加了个副标题——"任正非在2022年优秀人才&'高鼻子'获取工作汇报会上的讲话"，看来华为又一个新的人才招聘计划要出台了。

早在2018年，在Fellow及部分欧研所座谈会上的讲话中，任正非就预见到："当前世界将出现第二次世界大战后的又一次人才转移潮，我们有充足的资金和充足的利润，我们要敢于拥抱人才，敢于拥抱时代。"

在2011年1月17日一篇题为《成功不是未来前进的可靠向导》的文章中，任正非提出："我们要欢迎那些胸怀大志、一贫如洗的人进入华为公司。他们将是华为公司一支很强的生力军。

在这种情况下,华为公司会有更强的战斗力,有更强的战斗力我们就可以抢到更多的粮食,有更多的粮食我们就有更大的投入,有更大的投入我们就有更大的实力,就成了良性循环。在通信行业上我们要追赶超过它们,我们在信息领域上为什么不能全面超越美国呢?"

华为除了通过"天才少年"计划和海内外优秀人才及"高鼻子"获取计划,广揽天下英才,还通过内部的"蒙哥马利"计划加速内部人才的脱颖而出。

所谓的"蒙哥马利"计划就是打破人才金字塔,让优秀人员可以走垂直提拔的路径,让"二等兵"快速晋升为"上将",培养未来的将帅之才。该计划从2018年开始实施。

在2018年9月26日干部工作交接仪式上的讲话中,任正非提出:"俄罗斯国防部长谢尔盖·绍伊古没有当过一天兵,由预备役上尉直接晋升为少将,后来升为上将,据说中间只有几天时间。现在我们的'二等兵'基本受过高等教育,过去几年有成功实践的人士,有些还是硕士、博士,世界名牌学校毕业,将来哪个不能当'军长'?'蒙哥马利'计划不只是讲在艰苦地区、沙漠地区能成长为将军,我们只是借用'蒙哥马利'这个名词,人人都可以晋升,各行各业都要普遍重视专家、职员的建设。我们让未来的种子提前进入大的作战序列,这样迭代更替的速度可能就更快。"

2018年3月14日,在2018年全球行政年会上。任正非说:"公司的'蒙哥马利'计划就是指加强纵向直升,不从横向派干部来取代机会，所以艰苦地区的员工更要努力学习，你们最容易成为'全科医生'。"

"蒙哥马利"计划的名字是借用二战中英国名将蒙哥马利仅用6年就由少将晋升为元帅的含义，通过识别、给予挑战性机会等方式，创造条件让优秀人才脱颖而出。

时任公司轮值CEO的胡厚崑在2017年的新年献词《致我们的三十而立：构建万物互联的智能世界》中提出："对内要敢于破格提拔优秀人才，要大胆地开展各类人才的差异化管理，形成主官、专家、职员各司其职的人才结构。2017年华为完成了对4500名优秀员工的破格提拔；2018年将继续对6000名员工破格提拔，其中3000名在15、16级，2000名在17、18、19级，其他职级1000名。"[1]

自2017年开始实施的"蒙哥马利"计划的目的是：给年轻人树立榜样，营造优秀人才脱颖而出和千军万马上战场的组织氛围，强化组织活力，打通从"二等兵快速晋升到上将"的通道，让优秀的人才进入"蒙哥马利资源池"，在"上甘岭"上培养更多的未来高层管理者。

"蒙哥马利"计划的实施包括：各级管理者的发现、推荐与初步认证，员工申请、淘汰、录取、给予作战机会与期望管理等闭环管理举措。

---

[1] 每位轮值CEO有50个破格提拔名额。

华为人力资源管理理念的演变

人力资源既是企业的核心资源，又是企业管理的重要对象，人力资源管理对于组织的成长与可持续发展具有决定性意义。

人力资源存在着"金字塔"形的人才分布，被称为"人才"者是稀有的人力资源，其价值创造能力与潜力远远高于普通的人力资源。

在企业所有的管理对象中，人力资源管理是最复杂的管理活动，其原因之一在于人力资源管理的管理者与被管理者都是人力资源。

企业总是基于一定的假设与理论来进行人力资源管理的，而对人性的基本假设是人力资源管理的基本假设与前提。人性是复杂的，人性是由各种因素影响的；人性又是多变的，人性因时间、空间、事件及外部环境的变化而变化。人类对于自身人性的研究几乎是停滞的，几千年的研究结论无非是善与恶，或者是 X、Y、Z。

任正非认为："华为的胜利也是人力资源政策的胜利。"华为认为："人力资源管理是公司商业成功与持续发展的关键驱动因素。"

依据华为 30 余年的人力资源管理实践，笔者来梳理一下华为在人力资源管理理念上的演化。

1. 在初创期（1987—1996 年），华为使用的更多是"员工"或"人员"，公司实行的是传统的人事管理体系。

2. 在高速成长期（1997—2002年），华为使用更多的是"人力资源"，与此对应实行的是人力资源管理体系。这一阶段华为以摸着石头过河的方式进行顶层设计，通过引进世界级领先企业的管理体系，构建以知识员工管理为主体的现代人力资源管理体系。

在《华为公司基本法》中，很少出现"人才"，更多使用的是"人力资源"，其中第四章的主标题就是"基本人力资源政策"，此外，还出现了"人力资本""知识资本"。

3. 在全球化发展期（2003—2013年），华为是"人力资源""干部""人才"并用的。这一阶段华为人力资源管理的特点是关注优化人力资源结构和人力资源管理政策与制度，重视人力资源潜力的开发和组织效率的提升。

这一时期华为构筑了"人才金字塔"模型，它是由思想领袖、战略领袖、管理高潜人才／技术高潜人才及员工构成的塔形人才分布模型。

这一时期，在任正非的讲话和公司文件中，"人才"已成为高频词。

4. 在组织优化与变革期（2014年至今），华为是"人力资源""干部""人才""天才"并用的。在这一时期，华为在坚持优化人力资源管理体系，以消除熵增，持续保持组织活力的前提下，开始关注人力资源管理的差异化管理，"天才"开始进入公司人力资源管理的视野。

任正非于2014年6月24日在人力资源工作汇报会上的讲

话中提出："保持金字塔的基本架构，拉开金字塔的顶端，形成蜂窝状，让引领发展的'蜂子'飞进来。异化金字塔的内部结构，业务、技术和管理关键岗位，优秀骨干与一般骨干，可以拉开差距。向外差异化对标，引入、用好更优秀的人才。"

任正非这次讲话的核心含义在于：炸开人才金字塔，与世界交换能量，使内生领军人物"倍"出，外延天才思想云集，持续地保持组织的开放，持续地保持组织的活力。

2016年8月5日，任正非签发了署名"泥瓦客"写的《华为到该炸掉研发金字塔的时候了》，这是一篇对公司进行系统自我批判的长文。文章围绕软件研发效率与质量提升的主题，对39个问题进行了探讨，炸开人才金字塔自此也成为公司的共识。

2017年出台的《华为公司人力资源管理纲要2.0》中，不仅首次提出"人力资源管理是公司商业成功与持续发展的关键驱动因素"，并且提出以人力资源价值链为核心的"人力资源管理的核心理念框架"，"发展'积极、多元、开放'的人才观"；坚持"努力奋斗的优秀人才是公司价值创造之源"，继续坚持"人力资本不断增值的目标优先于财务资本增值的目标"；"坚持贡献大于成本的人才个体管理理念"，人尽其才的前提是创造价值，用差异化人才管理让各类人才"在最佳时间、最佳角色，做出最佳贡献，获得合理回报"；坚持"努力奋斗的优秀人才是公司价值创造之源"，让外部优才汇聚、内部英才"倍出"，建设"匹配业务、结构合理、专业精深、富有创造活力的专业人才队伍";同时还把"人才""干部""组织"并列为人力资源管理的三大要素。

更重要的是以帕累托曲线为依据,提出了"优才""英才""超优人才"等概念,同时还提出了以往没有出现的概念与理念,如"个体英雄""优秀人才""人才队伍""后备人才队伍""人才发展""差异化人才管理机制"。

可以说,《华为公司人力资源管理纲要2.0》是继《华为公司基本法》之后,华为人力资源管理理论与实践的又一座里程碑,它不仅标志着华为人力资源管理的理念与实践又进入新的阶段,而且更重要的价值在于,为未来的人力资源管理的创新与变革进行了新的顶层设计。

公司人力资源管理变革的目的是为公司的大发展构筑强大而持续发展的动力机制,实现基层作战管理团队决策力和竞争力的提升,对基本作战单元的激励和战斗力的提升,以及机关服务水平与能力的提升。

以上四个阶段基本上反映了华为人力资源管理的基本演变:员工—人力资源管理—人力资源管理+干部管理—人力资源管理+干部管理+人才管理。

综观华为30余年人力资源管理理念与实践的演变,不难看出其坚持的几个基本特征:在"摸着石头过河"中探索,在自我批判中进步,在继承优化中成长,在"顶层设计"中卓越,在坚持中优化,在继承中发展。

而在这一过程中,华为长期坚持的方法论是:先僵化,后优化，再固化，又简化。

了解了这一演变过程，上述华为"天才少年"计划的提出背景也就清晰了。可谓：江山代有才人出，英雄自古出少年。向下扎到根，向上捅破天，牵着世界走；对外开放吸纳全球优秀人才，对内充分激发内部人才潜力。

2021年年初华为两个热点事件

2021年年初,华为的两件事又成为舆论的热点。

任正非道歉了

1月14日,北京天浩盛世娱乐文化有限公司(以下简称"天浩盛世")官方微博发文宣布,姚安娜加入天浩盛世。姚安娜转发微博称,这是"对于自己的一份特殊的生日礼物,未来同行,不负热爱"。

数日后,华为技术有限公司新增多条"姚安娜""姚思为""YAO ANNA""YAO SIWEI""Annalbel Yao"等商标信息,国际分类涉及教育娱乐、机械设备、科学仪器等,申请日期为2021年1月25日,当时商标状态显示为"商标申请中"。

2月4日,华为心声社区发布一封致歉信,题为《关于公司代理姚安娜商标注册的几点说明》。

1. 姚思为是任正非女儿，姚安娜是她的艺名。

2. 社会上有些公司或个人恶意抢注姚安娜商标，我们不得不为之。若自己不注册，商标会被持续地恶意抢注，有许多不利的地方。根据中国《商标法》的规定，中国大陆公民必须用公司名义或持有个体工商营业执照才可申请注册商标。姚安娜刚毕业，还没有注册自己的公司。因此，任正非委托知识产权部代理注册，以后再转让给姚安娜的工作室，费用由她支付。

3. 任正非是第一次公权私用，为此向全体员工道歉。

随即，该事件在网上形成热议。在世人眼中，任正非给外界传递的一直是铁血硬汉，刚直不阿，充满理性与血性的形象。而这次却显示了任正非的另一面，他也有儿女情长和铁骨柔情的一面。

2019年5月，在中国媒体圆桌会上，任正非坦言："小女儿其实也很艰难，因为那时我们公司还在垂死挣扎之中，我基本十几个小时都在公司，要么就在出差，几个月不回家。当时为了打开国际市场，证明我们不是在中国搞腐败成功的，在国外一待就是几个月，小孩基本上很少有往来，很亏欠他们。其实小孩们都是靠自己的努力，自己对自己要求很高。"

当记者问及姚安娜参加名媛会拍全家福的事情，任正非答道："小孩很热爱文艺，有人邀请她参加名媛会时，她跟爸爸妈妈商量说她要出席，当时我的态度是支持。因为如果打击这一次，未来她人生的其他路走不顺时，就会说爸爸妈妈堵了这条路。我们还不如挺身而出支持她，她想怎么办就怎么办。人家提出来，要照全家福，我第一个表态坚决支持……她好好去学习，自己掌握自己的人生命运。"

2021年2月9日，任正非接受《南华早报》采访回应称："小孩想走什么路就走什么路，她喜欢就行。以前我对文艺行业一点都不了解，自从她从事这个行业以后，我才知道当艺人真是苦，但是她自己无怨无悔，父母也不想去干预她。"

正如鲁迅在《答客诮》一诗所言："无情未必真豪杰，怜子如何不丈夫。"舆论关注的焦点更多是在任正非与小女儿的注册商标一事上，而笔者更关注其中的一句话："任正非是第一次公权私用，为此向全体员工道歉。"

网上普遍认为，任正非的道歉有点小题大做，没有必要，但这里体现了几个问题。

其一，体现了任正非及华为公司长期坚持的自我批判精神，一位企业家诚恳地向全体员工道歉是需要胸怀和勇气的，也不是人人可为的。笔者一直认为，任正非是对自己"狠"的企业家，华为是对自己"狠"的公司。

其二，体现了华为长期坚持的价值主张的高要求和高标准。此事在其他公司可能真的是小事一桩，但在华为却并非小事，原因在于，华为企业文化的净度或纯度要比其他公司或外部环境高。古人言："井蛙不可以语于海者，拘于虚也；夏虫不可以语于冰者，笃于时也；曲士不可以语于道者，束于教也。"这就是很多在其他公司习以为常的事，在华为却要较真的原因。笔者曾言，华为的企业文化用伟大并不一定恰切，用"清新"则比较合适，负向的成分少，如果有负向的，也多是负氧离子。

其三，任正非此次是"第一次公权私用"，能够坚持30余年，有几人能做到？这次并不是任正非第一次道歉，他也经常惩罚自己，但为公权私用而道歉，这还是第一次。任正非说过："我若贪生怕死，何来让你们去英勇奋斗？"套用这句话就是，"你已公权私用，何来员工无私奉献？"企业文化的培育与弘扬其实并没那么困难，核心就12个字：身先士卒，言传身教，说到做到。

任正非为企业家建立了标杆，树立了榜样。学华为真的不难，学任正非真的很难。国内企业完全可以不学华为，但一定要谦卑地学学任正非，学习他如何当一名好的企业家。

回溯激励决议

2021年2月3日，任正非签发公司司发通知：《关于对技术探索团队和个人回溯激励的决议》（以下简称《决议》）。

《决议》提出："只有有科学的历史观，才会有科学的发展观，不忘记英雄才能更好激发更多英雄奋战。鉴于技术探索的长期性、不确定性等特点，需要建立当期激励和回溯激励相结合的机制，以更好牵引从事技术探索的团队和个人直面挑战、坚韧不拔、持续贡献，落实公司不让雷锋吃亏的激励导向。"

《决议》对面向某些技术探索场景的团队和个人的回溯激励

的具体实施方案做出了规定，同时特别规定《决议》的有效期为5年。

《决议》同样引起外部舆论的热议。

早在2013年7月23日，任正非就提出："我们不能忘却历史上的英雄，特别是那些默默无闻的英雄。我们要回溯历史，看看对谁还有不公平的地方。""回溯历史只会焕发起今天的员工更大干劲，而不是忘却历史英雄，我们去开创激动人心的未来。作为英雄，也要理解有时候会受委屈，要看到明天的光明，金子最终不会被埋没的，可能将来在新创造出的环境中，对你的评价还要跳得更快些。"

不能忘记英雄，是任正非与华为长期坚持的理念。早在2013年7月，任正非在重装旅集训营座谈会上就对回溯历史的重要性进行了深刻的阐述，此后，在《华为公司人力资源管理纲要2.0》中也进行了相关解释。这次的《决议》则将不能忘记英雄的理念变为了可操作、可实施、可复制、可衡量、可预测的管理闭环。

华为通过绩效回溯评价及基于修正后绩效评价结果的一次性奖金补偿，通过人岗晋升和任职晋升及相关联的薪酬调整和长期激励，通过表彰大会、荣誉称号、勋章奖章和立体宣传等，回报英雄，实现不让雷锋吃亏的激励导向。

华为出台这个《决议》的实质，就是建立呼唤英雄和培养英雄的土壤、机制、氛围和管理举措，以保证英雄群体的不断涌现，实现"英雄倍出"，而不是"英雄辈出"。其核心在于构建英雄的价值创造理念、英雄的价值评价体系和英雄的价值分配机制，并促使其良性循环。

不能忘记英雄，使英雄成为组织的长期记忆，赋予组织英雄主义的基因并不断传承，让以往的英雄激励当下和未来的英雄，从而实现任正非所期望的在华为"遍地英雄下夕烟，六亿神州尽舜尧"的局面。

2021年年初还有两件事也引发了舆论的关注。

一是2月7日，华为轮值董事长胡厚崑在公司内部宣布，华为2020年持续实施股票分红，预计每股1.86元。虽然与2020年的每股2.11元的分红有所下降，但考虑最近两年来华为所面临的困境，也实属不易。

2月8日，华为发布，根据内部财务系统统计，公司2020年营收为1367亿美元，同比增长了11.2%；净利润为99亿美元，同比增长了10.4%。

二是2月8日，华为公司发表声明，就日前网传华为公司高管变动、业务出售等一系列谣言，已向派出所正式报案，并对参与造谣、传谣的5名员工予以除名处分。同时在3月，因同样的原因，华为将4位恳求公司不要报警的员工除名。

《华为员工商业行为准则》规定，员工以个人名义发布消息，文责自负，需遵循实事求是的原则，发布与公司相关的信息需是亲历亲为的，并遵循公司信息安全管理制度等相关规定，避免影响公司声誉、损害公司利益。

这两件事再次表明，华为敢于激励，也敢于惩罚，其坚守的是让制度与规则守望公司。

星光不问赶路人，华为不理热点议论，但造谣生非者例外。

任正非坚守的是灰度经营管理哲学，华为的底色是灰色，长期以来，华为并不在意外界的热议，只想专注地干自己想做的事。正如任正非2005年被美国《时代》周刊评选为年度"全球100位最具影响力人物"之一，公司专门为此事写了一个说明，说明中写道："他明白自己的'体重'，因此当外界议论说他好时，他不激动，因为他明白自己的不足；当外界议论说他不好时，他也从不辩解，时间长了自然就澄清了。""读一读、笑一笑就过去了。对外界和媒体的各种议论，大家不要太在乎，还是好好地努力工作。"

企业文化是否优秀，不是靠作秀，也不是靠宣传，而是靠公司的业绩来证明的。优秀的企业文化能够持续地支撑公司业绩的增长，同时又能够回报那些为公司持续创造优秀业绩的人。

从华为的发展过程看，任正非的道歉与华为的回溯激励都是小细节和小事件，但所展现的是一个公司的大格局和基本面，它从不同的侧面展现了这家公司的组织文化、管理理念与管理机制，值得中国公司思考的地方有很多。

关于学习华为热的思考

很长一段时间以来，学华为变成了一种热潮。事实上，华为是一家非常低调的公司，后来又经历了漫长的被误解和被"黑"的过程。最近这几年，华为"红"了，但"红"的时间远不及"黑"的岁月多。"红"到极致就会"发灰"。对此，任正非非常警惕，他担心华为成为"大庆""大寨"，变成所谓的榜样，他认为，那样的后果将是灾难性的。

网络上的许多文章，有优质的，也有滥竽充数的，那些粗制滥造的内容缺乏基本的知识与逻辑，在很大程度上误导了读者。这要求我们提高辨识力，做出理性的判断。建议各位企业家在学习华为的过程中，要多关注经过华为认可的图书、资料，多看任正非本人撰写的文章。

学华为，到底要学什么？

企业学华为，到底要学什么？笔者认为，学习华为有几点需要注意。

1. 学华为的当下，不如学华为的过去

现在的华为很辉煌，大多数企业与之相比，都存在不小的差距，学习起来也无从下手。欲取辉煌，必经艰辛；欲戴皇冠，必承其重。自创业始，苦难就一直伴随着华为，也造就了华为。苦难是华为成功的要素之一。华为虽然很艰辛，但很容易学，所以，我们不妨从它的过去学起，学习它的发展之路。这条路，对我们大多数企业来讲会更加重要。

2. 学华为之"术"，不如学华为之"道"

术易学，道难寻，华为之道，应该是中国企业尤其是高科技企业经营管理的普适之道。华为只不过比其他企业更早地探索到发展之路，并更早地上路罢了。华为所经历的一切，不管是经验还是教训，对后来的企业都有借鉴意义。

华为之道，就是华为发展至今始终坚持的、支撑其30余年高速成长的核心价值体系。我们通过研究华为，了解了这个"道"，就会发现，华为不成功是不可能的。因为成功的种子早在它成立之初就已播种。华为所坚持的在这30余年的时间里几乎没变，只是在不同的时期在说法上有些区别。比如，过去华为提出"不让雷锋吃亏"，现在则改为"以奋斗者为本"，二者的本质并无区别，就是华为坚持了30余年的核心价值观。在这里，我没有用"文化"一词，因为"文化"的含义过于宽泛，而"核心

价值体系"则很简单。

那么，华为始终如一坚持的核心价值体系是什么呢？

第一，永远以客户为中心。以客户为中心是一个非常沉重的话题，因为企业往往存在很多中心，股东是中心，领导是中心，上级是中心，很多企业还要以员工为中心，这种多中心的存在正在无形中绞杀着企业。那么，企业到底应当以谁为中心呢？华为以客户为中心，坚持了30余年，并且，这句话不是挂在墙上的，而是成了全体华为人的一种自主行动。

第二，以奋斗者为本，长期坚持艰苦奋斗。华为是一个长期坚持奋斗的公司。"奋斗"何其难也，持续地奋斗更难。让20多万员工认同奋斗的理念难，让他们有持续的奋斗实践更难；让员工短时间内奋斗容易，让他们在30余年的时间里持续奋斗才是真难。因为奋斗很难成为大多数人的一种习惯、成为群体的自发行为，所以奋斗需要核心价值体系、机制与管理体系的驱动，用任正非的话讲，就是要让"组织始终充满活力"。

任正非是不用扬鞭自奋蹄的人，是华为最佳的奋斗者，为公司的奋斗者做出了榜样。同时，华为还做到了不让奋斗者吃亏。华为的"以奋斗者为本"，首先是提倡奋斗，其次就是不让奋斗者吃亏。相比于奋斗，不让奋斗者吃亏更难，企业需要持续地回报与激励奋斗者，只有如此，群体的奋斗才能持续，长期艰苦奋斗才能实现。

以上两点是华为的核心价值观，它们很简单，也很朴素，但是，简单朴素的理念如何在企业中实现，如何让口中的口号和墙上的标语变成伟大的实践，这是一个巨大的挑战。

简单的、朴素的、指向单一的、可衡量的、有内在逻辑的核心价值体系才有力量。把简单的东西长期坚持下来，才是真的不简单。华为是一家被常识主宰的公司，常识发挥到极致就是真理，而企业最容易犯的错误大多是常识性错误。

"以客户为中心"，是外部导向，是由华为的使命与愿景所决定的，"以奋斗者为本"是确定的，是内部导向，是对华为内部员工的要求。"以客户为中心"，是导向、牵引与目标层面的核心价值主张，"以奋斗者为本"是短期性的工具、手段与途径层面的核心价值主张，"长期坚持艰苦奋斗"则是长期性的战略、机制与活力层面的核心价值主张。因此，这三句话是一个具有内在逻辑的核心价值体系。

企业文化是用来信仰的，企业的核心价值体系是用来坚持的。学习华为，就要反思，这样的价值观是否真正扎根于我们的企业当中？我们能否做到？是突然发力，能够短期做到，还是可以像华为那样坚持 30 多年不变？第一，华为只有一个"中心"，就是客户，而很多企业是多中心的，譬如，一些企业的人力资源部至今还在调查员工满意度。员工满意了，客户就不能满意，这是很简单的道理。员工怎么才能算满意？要求上 4 休 3，每天工作 4 小时？要高工资、高股份，要车子、房子、票子，能行吗？人性是贪婪的，一面是天使，一面是魔鬼。华为建立起来的机制能够抑制人性魔鬼的一面，激发人性内在的天使，这才是人力资源管理的要义。第二，华为强调以奋斗者为本，这是华为对自身

30余年成长的总结和提炼。以奋斗者为本是华为独有的吗？每个企业都应该坚守吗？这应当是管理理论与实践的普适价值主张，能够适用于所有企业。当然，各个企业可以根据自身实际进行适当调整，但是其内核应该是不变的。同时，要想把"以奋斗者为本"真正落地，变成全员自发的行为，真正成为长期坚持的核心价值观，也非常困难。如果能做到，文化与氛围就形成了。

华为的价值在于，它是先行者，它比很多企业早出发、早"撞墙"、早探索，因此也较早地得出了经验和教训。这是华为探索的结果。一些成功的案例，其他企业可以直接拿来应用，不一定要学习华为"撞墙"的过程，因为那未必适用于所有的企业。

3. 学华为的经营，不如学华为的管理

华为在初创期关注经营成长的同时就开始关注企业的内部机制与管理，在成长过程中实现了经营与管理的均衡。中国企业的普遍短板是机制与管理，而不在于经营理念与模式。行业不同，客户不同，商业模式不同，如果完全照搬华为的经营模式，对企业发展不会有很大的帮助。在管理中存在两个概念，一是发现机会。应当承认，中国人是世界上最善于经商的三大民族之一，中国企业家的商业嗅觉和发现机会的能力都很强。但经营不好的企业问题出在哪里呢？这就涉及第二个概念，即实现机会。发现机会是靠个人、靠老板、靠高层，但实现机会要靠组织。一些企业之所以在发现机会之后不能更好地实现机会，就是因为组织中存在组织效率下降和内耗的现象。当组织效率出现问题时，大部分

企业都会在内部折腾，待折腾明白之后，"黄花菜"都凉了，永远比别人慢半步。同时，组织效率又受到个人能力的影响，因此，华为在人力资源管理领域的探索就值得我们借鉴。

华为管理本身是一个非常复杂的系统，概括起来讲，这个系统包含但不限于以下方面：

经营哲学：开发、妥协、灰度、均衡；

经营理念：坚守常识，在商言商；

企业文化：愿景驱动，造梦与践梦；

治理结构：高层民主，从贤不从众；

成长管理：乱中求治，治中求乱；

利益机制：分享分担，向责任与贡献倾斜；

企业战略：压强原则，聚焦压强，力出一孔；

内部机制：拉开差距，激发活力，提升效率，利出一孔；

管理理念：管理平台，系统构架，IT支撑；

人力资源：价值创造，价值评价，价值分配；

精神激励：多元激励，即时激励，回溯激励，仪式感；

人才管理：职业通道，分类管理；

干部管理：能上能下，持续赋能，消除惰性；

流程管理：客户导向，端到端打通；

组织管理：矩阵结构，组织能力，弹性化；

研发管理：面向市场成功，持续开放创新；

营销管理：前后互动，呼唤炮火；

财务管理：管控均衡，业务主导；

后勤管理：控制核心，放开周边。

管理具有共性。彼得·德鲁克认为，管理一支军队、一家医院和一个企业，90%的问题是相同的，所以，管理不会区分企业性质，区分所有制。华为的管理，尤其是在人力资源管理的适用性上没有任何问题，所以，学华为的经营，不如学华为的管理。

学华为，从何入手？

学习华为的以上三点还是比较宽泛，许多企业看了依然觉得无从下手，在此提出学习华为的四个出发点，供企业思考。

1. 学习华为如何进行自我批判

自我批判是任何组织与个人成长、进步的必要前提。自我批判能力和组织的自我修复是华为最重要的能力，这一点非常重要。华为是一个对自己狠，对别人更狠的公司。试想，一个人对自己不狠，对别人狠得起来吗？常言道，金无足赤，人无完人，每家公司都有自己的问题和不足。如何解决？就是要开展自我批判，找到自身和他人之间的差距，这是企业进一步发展的必要前提。

吉姆·柯林斯的《再造卓越》是专门研究企业为何会失败的一本书。书中的案例研究向我们揭示了企业衰落的五个阶段：狂妄自大、盲目扩张、漠视危机、寻找救命稻草以及被人遗忘或濒临灭亡。柯林斯的这一结论已被诸多轰然倒下的企业验证。可以说，狂妄自大是很多企业走出艰难，进入快速发展阶段后的通病。首先表现出来的就是对客户的傲慢，然后变得目空一切，自然也就不会学习与进步了。这时，自我批判的能力就变得异常重要起来。有人把自我批判与"以客户为中心、以奋斗者为本、长期坚持艰苦奋斗"这一华为的核心价值观并列，虽不一定准确，但也说明了对华为自我批判的肯定。

2. 学习华为如何学习别人

强大的组织学习能力，是华为从平庸走向卓越的关键成功要素。华为现有的管理体系、组织结构、业务流程、管理工具等，大多不属于创新，而是从外部引进的。华为在管理上始终坚持"拿来主义"，就是不断把业界优秀的管理经验、管理实践搬过来，为己所用。比如，"1130日落法"就不是华为的创新，它来自特朗普的日落法则。

强大的组织学习能力，为华为的业务成长与管理进步提供了持续的力量。以领先组织为学习标杆，是华为超越竞争对手的重要利器。

3. 学习任正非的经营管理思想

任正非是一位善于学习和思考的企业家，对企业内在逻辑与规律的把握很难有人望其项背。而且任正非的经营管理思想被华为的成长与发展实践所验证，学习和吸收这些思想，可以使我们少走思考的弯路，少经历思考探索的痛苦。我们完全可以把任正非当成一位素位谋面的老师，学习他对《华为公司基本法》的思考、对《华为公司人力资源管理纲要2.0》的思考，学习他每年发表的几十篇文章和讲话中的思考，以及他对一些问题的把握。将这些学习成果与自身相结合，于己有益的部分加以吸收，相信你就会有非常大的收获。实际上这就是一种捷径，能够让我们在独立思考的过程中不走或少走弯路。

4. 以任正非为标杆，成为优秀的企业家

任正非也以他人为标杆，通过持续地学习与修炼，使自己成为一名优秀企业家。任正非认为正是因为自己与优秀的员工在一起才被"熏陶得优秀了"。

"任正非是块大海绵，华为是一棵洋葱头"，是笔者基于对华为成长与发展进行的某种总结。实际上，华为的很多正能量都来自任正非。通过一杯咖啡，通过行万里路、读万卷书、与万人谈、做一件事，不断地吸取外部的正能量，任正非成了一位启动者、赋能者和使能者。他认为，自己的性格就像海绵，能够不断地学习、吸纳各个领域和各个行业的优秀特质。吸纳了之后，通过总结、提炼，通过思想的发酵，将其转化为华为自身的能量，所以才能够由任正非的"云"化为华为的"雨"——从理论到实践，大胆地输出，并在过程中促使企业不断地成长。

所以，任正非是公司发展的驱动力，在他的赋能与催化下，华为每年都发生着静水潜流的进步。向任正非学习企业家精神，有三点很关键：其一是一杯咖啡吸收宇宙能量；其二是一桶糨糊黏结世界智慧；其三是行万里路，读万卷书，与万人谈，干一件事。

任正非的"一杯咖啡主义"强调的是沟通的重要性。要想沟通好，首先要创造一个积极的沟通环境。请大家喝一杯咖啡，一起坐下来聊一聊，在这个过程中，每个人都能从彼此身上吸取正能量，是一种投入小、回报大的方式。"一桶糨糊黏结世界智慧"强调的是二十几万的华为人手拉手，打造一支铁军、一支虎狼之师，这也是华为人力资源管理的核心问题。"行万里路"就是任正非一直强调的"没到过世界，哪有世界观"。要管理华为，首先必须学会管理世界，所以，企业家还是要多出去走走，开阔眼界。整天都扎在车间的管理者当然也是好的管理者，也是一种不错的工作方式，但是从个人成长与提升的角度来看并不可取。"读万卷书"强调的是一种态度、一种生活方式。现在，很多人都不读书、不学习，所以道路会越走越窄。"与万人谈"本质上就是"一杯咖啡主义"，就是把碰撞出来的思想化为行动，最后大家拧成一股绳，干好一件事。任正非的"干一件事"就是要管理好华为。任正非是一块大"海绵"，吸取到宇宙的正能量，并把所有的精力都关注到管好华为这件事上。

任正非这块大"海绵"并没有给自己设局限，只要是正能量，他都会将其吸纳过来，经过发酵、转化，变成经营管理的理念，再变为公司的实践，滋养公司这棵"树"。

这是一个闭环过程，也是华为进步的重要机理，它将华为塑造成了一个具有强大学习能力、自我批判能力、自我修复能力、自我激励能力、自我约束能力和标杆管理能力的公司。

企业的老板不学习、不进步，也不进行自我批判，是惰怠，在华为被称作广义的腐败。在有些企业，尽管提倡持续学习，但是老板宽敞的办公室里却难得找到一本书，高管们进进出出，从未看到过老板学些什么。对干部、对员工来说，不管墙上挂着多少"持续学习"的标语，不如老板亲自读一本书更具教育示范意义。身教胜于言传，自己不学习，还要号召别人努力学习，只是一厢情愿。所以应该学习优秀企业的案例，让老板不再成为公司成长发展的"天花板"。

所以，华为"以奋斗者为本"中所提出的"奋斗"，还有一层含义，即在思想上艰苦奋斗，是思想上的不懈怠、不腐败，而不是让全体华为人都像苦行僧一样，吃糠咽菜。持续地学习是一种奋斗。能力不会自己发育出来，更不可能在看抖音、刷视频、发朋友圈的过程中实现提升，因为这是一个持续的、艰苦的、寂寞的过程，这也正是一直强调要学习任正非经营管理思想的原因。经得起诱惑，耐得住寂寞，方能成大事，古今中外都是如此。

学华为，不是为了成为华为，而是为了让自己变得更优秀

那么，学习华为的目的是什么呢？

学习华为不是为了成为华为，要成为华为很难。即使只是成

为自身领域内的"华为",也没有指标来衡量和证明。但是,学习华为是有意义的,任正非在公司一直提倡"让优秀的人培养更优秀的人",学习华为的目的不是使自己成为华为,而是使自己更优秀。

学习华为实际上只是一种理念或者号召,它真正的意义在于,通过华为这种外在的能量,在我们组织内部形成互动,真正实现自身的进步。这是一种与自身过去相比的进步,而这种进步才是实实在在的进步,才是一种全面的进步。能否成为华为,能否成为产业的领跑者并不重要,重要的是,我们自身一定要比去年、比昨天更进步,比竞争对手更优秀。

1. 学习是任何组织的成长途径

企业的成长过程是一个学习和自我反思的过程。企业的成长路线与其学习曲线是一致的,企业的内生成长,实质上是学习曲线效应的作用。

企业既有成长的惯性,也有衰退的惰性,二者可以相互消解,主要看哪个方面的力量更大。一旦衰退的力量超越了成长的力量,企业就会倒退。所以,组织要加发动机、加能量,否则无法跃升到下一个发展阶段。能量来自学习,没有系统的组织能力,实现组织目标就是空谈。国外研究认为,企业的成长路线与其学习曲线几乎是匹配的。各种公开的信息也能证明,华为持续多年的发展变化,与任正非持续学习、思考探索的进步是相匹配的。看任正非早年的文章,非常短小,以鼓动倡导为特色,带有那一代人典型的语言方式。而现在的文章则越发有思想、有深度、有格局了，这是持续学习为他带来的最直观的改变。华为的高管层也是能够持续学习的，他们普遍是研发出身，平均任职 26 年。想当年，他们还是一群说话就脸红、发言念稿子、缺乏系统管理思想的大学毕业生，而现在，华为的大多数高管都能在大型行业论坛甚至国外的行业论坛上，无须翻译，直接用英文演讲，并且能与国外客户直接对话。人的进步是公司进步的基础，这里面当然也包括企业家、管理团队和员工的共同进步。

2. 企业组织的本质决定了企业是开放的耗散系统

任何一种管理的组织、制度、政策方法和文化，在一个相对封闭的组织系统运动中，总是呈现出有效能量逐渐减少、无效能量不断增加的不可逆的过程，这就是熵增现象。组织为了抑制内部的熵增，必须不断从外界引入负熵，这样才能使组织自身适应外部环境的变化，由无序趋于有序。负熵的输入超过一定值，组织实现了从低层次有序向高层次的演化，就形成了耗散结构状态。

学习不仅仅是简单的"拿来主义"，而是要拿来"为我所用""学以致用"，将组织改造成为一个开放的耗散系统，给予组织正能量，从而改变组织的运作方式，持续地为组织提供成长的力量。

3. 标杆管理是组织走向优秀的捷径

这也是华为式学习的最重要方法。在 20 世纪的管理学界，标杆管理、企业再造与战略联盟被并称为 20 世纪 90 年代的三大管理方法。

标杆管理是 20 世纪 70 年代重要的管理方式，它可以使企业利用后发优势脱颖而出，在竞争中战胜对手。梳理华为在管理上的进步，得益于 20 世纪 90 年代推行的这三大管理模式，其中，最重要的模式就是标杆管理，这其实也是世界上一些著名企业的管理模式。

小结

"以客户为中心，以奋斗者为本，长期坚持艰苦奋斗"，是华为的经营哲学或核心价值主张，同样也可以认为是华为的内部驱动力。但是，这无法解释在华为成立最初的十余年，也就是这三点被正式提出之前，是什么力量在驱动着华为的成长与发展。笔者想，这三点是在华为坚守的开放、自我批判和标杆学习的基础上提出的，三者之间存在着内在的逻辑关系。所以笔者认为，保持开放、自我批判和标杆学习或许是华为发展的内在驱动力，也是华为核心价值观的前提。

保持开放、自我批判和持续对标学习是华为由小到大，直至超越对手成为行业领袖的内在驱动力，也是探求华为内在成长逻辑的三个关键出发点，可以被称为华为成长的"三元内在驱动力模型"。这个模型是寻求华为内在驱动力的一个新视角。

开放是前提，自我批判与持续对标学习是两翼，这或许也可以称为华为的"一个中心，两个基本点"。

只有具备了开放的心态和开放的组织形态，才能够全方位地吸纳外部的能量，进而对组织存在的问题进行持续地自我批判，并在此基础上，持续地向其他优秀的组织学习，从而为组织的成长与发展提供源源不断的动力。

当然我们也不能忽视企业家精神对企业成长发展的引领作用。任正非一直致力于把自身的驱动力转化为组织的驱动力，这个过程就是把任正非的华为转变为华为的任正非，让制度与规则守望华为，以内部的确定性应对外部的不确定性，以现在的确定性应对未来的不确定性，以过程的确定性应对结果的不确定性，用干部队伍激活的确定性应对环境与商业变化的不确定性，以组织内部充满活力应对困难、风险和外部的打压。

回顾 30 余年来中国经济的发展，开放与改革是主旋律，而改革自身也包括了自我批判和持续对标两个核心内容。

开放就是学习，学习是开放的结果之一。只有具备开放的心态和开放的组织形态，才能够全方位地吸纳外部能量，进而对组织存在的问题进行持续地自我批判，并在此基础之上，持续地向其他优秀的组织学习，从而为组织的成长与发展提供源源不断的动力。人或组织如果封闭起来，难免夜郎自大，不但不可能进步，还会狂妄自大、不思进取。

中国经济发展 40 多年的历史也印证了"开放"二字的重要性。既往，中国是一个封闭的"熵增"系统，借"开放"这一杠杆，向"熵减"的方向扭转。开放是改革的必要前提，所以，中国改革开放40多年，不仅是开放的学习过程，也是自我批判和持续对标的过程。这说明，学不学华为并不重要，对组织的优化、对系统能力的提升才是一个组织最重要的目标。

长期保持公司的开放性，是华为不断进步的前提条件；长期保持对公司的自我批判是华为不断进步的内驱力；长期保持对标学习是华为不断进步的原动力。

这就是华为发展30余年的驱动模型，对企业具有极大的参考价值。它实际上就是用"美国砖"修华为的"万里长城"。修好"长城"的要义在于保持开放、自我批判和标杆管理，这三点都是它的"碳元素"。碳元素本身非常软弱，但呈三角状排列以后，就构成了金刚石般的"砖"，具有了强大的力量，构成了华为修筑"长城"的基石，驱动华为不断进步和成长。这也是笔者一直说"华为学不会"的原因。

第一，中国企业学习华为，当然存在一些理念性的东西，但是笔者觉得，首先要解决驱动力的问题，解决我们的理念问题。有了这个共识的基础，后面的学习过程才会更顺畅，效果也会更好。我们之所以学不会，首先就是因为自我批判得不够。要发现自己哪里不行，然后才能有针对性地学习他人。如果企业觉得自己很优秀，当然就觉得没有必要学习。

第二，学习是一种理性的、智慧的思考，不是简单地抄袭，而是要把"抄"来的东西加入自己的思想，要有发酵和融合的过程。

第三，学习不是模仿，更不是简单地"拿来"。任正非提出的"先僵化，后优化，再固化"是华为学习他人的三部曲。学习不能追时髦、赶潮流，不能追求机会主义，不能追求立竿见影，不能急用先学。

第四，学习是成长的机会，但不能机会主义，这一点尤其重要。学习没有捷径，所以在日文中"学习"是汉字的"勉强"，因为学习不快乐，甚至很痛苦，要求人与自己的懒惰做斗争，所以是"勉强"的。而在汉语语境中，学习与"下功夫"相关，学习不能浅尝辄止，不能急用先学，不能邯郸学步，不能浮光掠影，不能走马观花。如今，我们都在强调长期主义，学习也是一种长期主义，要坚持这个过程。学习是为了实践，其最终目的还是要回归到企业的"自留地"上来，种好我们自己的"庄稼"。

第五，学习要谦卑地放下身段，要有一种态度。同时，学习的大敌是强调自身的特殊性，强调"我们和华为不一样"。笔者一直在讲，华为也是通过学习而成长的，并且保持了自身很朴实的一面。如果我们强调特殊性，其实就什么都不能学、什么也学不会了。所以，在学习标杆企业的时候，首先要理解它，而不是简单地抄袭。

第六，学华为别迷失了自己，要在原有的基础上来滋养自身的土壤，增强肥力，其目的还是要种好企业自己的"庄稼"，而不是为学习而学习。比如很多企业都在关注数字化转型，但有几个问题需要搞清：一是数字化不能替代人的主动性。人还是主动因素、决定因素，对任何企业来讲，人是第一生产力。二是数字化不能替代一个组织的管理体系和机制。三是数字化不能替代研发和创新。四是数字化不能替代企业家精神。五是数字化不能替代我们对客户的关注，以及对客户需求的把握和洞察。六是数字化不能替代持续改进和工匠精神。

不确定性已经是我们这个时代的特征了。未来是怎样的谁也不清楚，但确定的一点是，我们来到了不确定的时代。不确定的时代就意味着企业的成长和发展过程、历史和现在、过去和未来，没有线性关系了。过去我们认为，由过去而知现在，由现在即知未来，这是常识经验，但是现在却不能推导未来了。

进入"黑天鹅"事件频发的时代，进入不确定的时代，我们应该如何应对呢？其实华为就遵循一句话——以内部规则的确定性来应对外部环境变化的不确定性。实际上，最可怕的状态是内部不确定，外部也不确定，只能得过且过。要把确定的交给流程、交给文化、交给机制、交给管理，把不确定的交给命运。可能有时候运气不好，遇到不确定性了，但那是小概率事件。

在不确定的时代，首先得不着急。人们总是夸大未知东西的作用，经常是自己吓唬自己。比如现在说人工智能，孙正义讲到未来机器人的智商可以达到10000，这不是自己吓唬自己吗？3D打印技术最早出来时把人吓得半死，现在看来用它打印玩具确实不错。对于正在飞速发展的人工智能、视觉识别技术，留待今后发生问题时再去解决，我们不能因为未来的变化而在当下乱了方寸。我们要有一定之规来应对。在不确定的时代，企业的关键是要先把确定的东西搞清楚，把确定的东西规范化。

任正非应对不确定的时代的对策就两句话。

第一句,"方向大致正确"。在不确定的时代,制定精致的战略和目标是一种愚蠢的行为,因为变化太多了,如蝴蝶效应、"黑天鹅"事件等,你是无法确定的,所以他讲方向大致正确,而没有说战略大致正确。

第二句,"保持组织活力"。怎么保持一个组织的活力?这就涉及如何在组织中保持熵减的问题,即避免超稳定状态的发生,避免熵死。这是一个很大的问题,所以管理应该着眼于保持组织的活力。无论怎样变化,组织都需要一支铁军。这支铁军价值观相同,又能够面向客户,以客户为中心,还能持续奋斗,不会安于现状,不惰怠,保持队伍的激情和活力。打造这样一支铁军是面对未来不确定性时代的重要管理举措。管理涉及的问题很多,其中重要的是人力资源管理,核心的是干部管理。上市公司的干部都富起来了,怎么能让他们艰苦奋斗?他们都在算自己的市值,想的是"带金的翅膀怎么飞起来"。这是典型的熵增,离熵死不远了。奋斗了多年,现在谈的都是游艇、豪车、出国旅游,这个组织怎么能应对不确定性的时代呢?现在中国的市场并没有饱和,还有很大的空间,所以在竞争中,我觉得核心问题是怎么做到最好,做到保持组织活力,提高组织的效率,提升组织的能力。

企业之间确实存在一些差异,学与不学,其根本在于价值观。此外,我们也不一定要学华为,但是它身上那些最朴实的元素,它无私奉献出来的管理知识,我们可以拿来用。这比我们重新探索,完全从头进行长期并且痛苦的思考代价要小得多。因为这些积累的经验,是在这家企业不断"撞墙"后得到的,我们在前人的经验上前行，会减少继续"撞墙"的可能性——这可能是一种投入更小、产出更大的过程。

当然，华为并非世外桃源，也存在着很多问题，但这个企业最值得尊敬的地方就是能够不断地发现自己的问题，不断改进，持续地、狠狠地进行自我批判、自我学习和自我激励，最终成长壮大成今天的华为。

华为目前面临着美国一轮又一轮的精确打压，而中国企业则普遍面临着一轮"寒冬"。华为和许多中国企业如何走出"冬天"，有几点很重要。

第一，保持信心。困难是信心的试金石，克服困难不仅取决于拥有的物质条件，还取决于战胜困难的信心与决心。正如攻城不仅取决于武器的数量与质量，还取决于攻城将士钢铁般的意志与决心。管理者一定要把自己的信心传递到组织中，形成组织的信心与决心。

第二，保持淡定。非常时期，扰乱人们心态的是各种外部信息，它会使人失去理性，手足无措，随之产生的恐惧、焦虑、急躁、过度紧张等都会导致熵增。在天灾人祸面前，尽人事、听天命并不是一种无奈的选择，淡定地面对、泰然地处之方为良策。

第三，保持活力。首先要保持思想的活力，即要有脑子和动脑子，多读点书，多思考一些问题。其次要保持行动上的活力，面对困境，组织的内在活力很重要。个体有活力了，组织当然也会有活力。

第四，保持队形。关键时期，人心不能散，队形不能乱，不能因为员工不在固定场所办公而放纵管理。可以利用便捷的通信工具，采取各种形式，保持良好的沟通，虽然人不相见，但心在一起。

第五，保持领导力。组织能否走出困境，战胜困难，关键取决于组织领袖的领导力。组织领导的身先士卒、率先垂范，对组织的士气与组织成员能力的发挥至关重要。

华为这三年：
在逆境中生存与发展[①]

三年的疫情，企业都受苦了，但笔者认为在中国最苦的是华为，因为它除了和大家一样受疫情的影响，更重要的是它还经历了美国的三年打压——这绝非一般的逆境。

美国对华为连续六轮打压，一次比一次精准，一次比一次厉害，每一招都打到痛处，实际上最终目标就是置华为于死地。华为仅仅是中国的一家民营企业，任正非说，华为就像一个烂西红柿，夹在中美两个大国之间，饱受踩躏。

那么，逆境中的华为是如何应对美国打压的？

黑云压城城欲摧

这三年，美国对华为实施了全方位、多梯次、高强度的打压。

[①] 本文根据 2023 年 4 月 8 日在第 30 届中外管理官产学恳谈会上的主题演讲整理而成，演讲题目是《在逆境中生存与发展——华为是如何应对美国打压的》。

2018年12月1日，加拿大应美国要求，以"涉嫌违反美国对伊朗制裁"为由，拘捕了华为创始人任正非的长女——华为副董事长、首席财务官孟晚舟。孟晚舟在加拿大被羁押1030天后回国。

2019年1月28日，美国司法部以银行欺诈等23项罪名起诉华为，同一天，美国联邦调查局突袭搜查加州华为实验室。

美国时间2019年5月15日，根据特朗普签署的总统行政命令，美国商务部正式将华为及其70个关联企业列入美方实体清单，禁止华为在未经美国政府批准的情况下从美国企业获得元器件和相关技术。3天内，美国供应商伟创力停止为华为代工；6天内，英特尔等至少9家重要合作商参与对华为的封锁；30天内，谷歌中断向华为提供安卓操作系统更新版本，亚马逊日本停售华为产品，微软撤销华为Windows使用许可证，脸书停止让华为预装其应用软件……

2020年5月15日，美国制裁内容全面升级，所有使用美国技术的厂商，向华为提供芯片设计和生产都必须获得美国政府许可。

美国时间2020年8月17日，美国商务部再一次升级禁令，进一步收紧了对华为获取美国技术的限制，同时将华为在全球21个国家的38家子公司列入实体清单。

从2020年8月开始，对华为的云服务进行制裁，禁止所有美国企业对华为云提供产品设备，并且禁止使用其设备与服务。

从2021年3月开始，所有使用了美国技术的企业均不可以对华为公司提供半导体、电池、天线、电容元器件等。

截至 2023 年 8 月 29 日，美国对华为实施了六轮精准压制性打压，制裁达 1566 天，即 4.29 年。

美国对华为的制裁的特点是：精准强力梯次打压，全球联盟集体行动，政治、经济、外交、法律、贸易等多种手段联动，切断供应链供应，断绝物流、管理咨询、信息系统服务，终止与大学的合作研发，封杀市场需求，舆论上污名化公司，联合盟友多国制裁。

在所有被美国打压的公司中，比如东芝、阿尔斯通、爱立信、金普斯、中兴等公司，华为受打压的程度最厉害。

美国前第一副国务卿温迪·舍曼认为，打击华为是一场史诗级的斗争。

任正非认为，这是一场"百年未见的世界最强大的美国联合多国多层次的围剿"。

被美国打压后，华为的经营发展遭受空前的挫折：华为进入了"逆国际化"过程，海外市场销售收入占比由 2018 年的 46.4% 下降到 2019 年 38.3%，2020 年则继续下降至 33.7%；华为进入了"逆高增长"时期，2021 年，华为实现全球销售收入 6368 亿元，同比 2020 年下滑 28.6%，2022 年华为公司实现全球销售收入同比增长 0.9%，净利润同比下滑 68.7%。

面对逆境和困难，精神力量最重要

面对美国的打压，华为树立了自己的旗帜，立下了自己的精神图腾，提出了基本理念。首先，华为提出，"我们还在痛苦中，不知道能不能活下去"。未来美国的打压到底有多狠？华为到底会怎样？面对第二轮打压，有了一定信心的华为提出了"没有伤痕累累，哪有皮糙肉厚？自古英雄多磨难"。每一次苦难的打压都使华为增强了战胜苦难的力量。

其次，华为面对再一轮的打压，提出"我们的飞机已经被打得千疮百孔了，多一个洞也没有关系，我们沉着、镇静、保持队形，这是华为人共同的信念"。华为面对美国打压，没有看到标语，没有群情激昂的口号，华为该干什么还干什么，和过去的华为没什么区别，依旧是沉静如水，静水潜流。

我们经常讲伟大的背后是苦难，其实华为可以把这句话倒过来讲——历经了这波苦难之后，华为还会更"伟大"。就像孟晚舟女士戴着电子镣铐一样，华为是在沉重地前行，向死而生。面对逆境，面对困难，实力确实重要，但最重要的是精神的力量。

任正非迷茫中的"登高一望"

到2020年3月，任正非一共接受了46次中外记者采访和对话，平均每个月3.5次，会见的记者大概有3000人。面对美国打压，华为要发声，要把自己的观点、自己的理念、自己的想法表达出来，被打压到这种程度了还不发声是一种懦弱的表现。

中国被美国制裁的公司有600多家，有民营企业，有国有企业，还有高校。任正非就是要旗帜鲜明地表明自己的态度，表明自己的立场，也表明自己的信心。美国打压本来就是无理的，但是更多的企业、更多的组织选择了无声，选择了沉默。

任正非认为："美国政府利用政治、外交、舆论抹黑等一系列手段打压公司，但是，忍耐不是麻木，沉默不是懦弱。舆论也是关乎公司生存与发展的主战场。经过3个月的努力，我们基本挺住了攻击，有力反击了质疑、抹黑和诋毁，在国际舆论上发出了我们的声音！"

以下为媒体评论：

"大半年说了一辈子的话。确切地讲，他是被逼得大半年说了一辈子的话。"

"他几乎以一己之力，把一直被妖魔化的华为，变成了尽人皆知的全球通信巨头，把'任正非'这个符号，变成了西方语境下'一个为观念而战的硬汉'。"

"任正非是2019年，中国的最佳辩手；如果以企业家为标准，2019年，可以称为'任正非年'。"

"中国民众终于在任正非那里找到了社会最大公约数。"

斯言诚也！

经常被人问一个问题，华为好不好学？华为该不该学？华为学不学得会？我没有答案，因为我不知道你的价值观和立场，也不知道你所在企业的基本情况。但是有一点我可以肯定，可以不学华为，但可以学习任正非，他给中国企业家树立了一个楷模。

2018年任正非曾跟员工讲:"我若贪生怕死,何来让你们去英勇奋斗?"

企业家的素质模型很重要的一点,就是在迷茫中的登高一望,用内心之火为迷茫的士兵点燃前进的道路,这就是领袖的作用、企业家的作用,也是企业家的重要素质。

激发血性,让英雄"倍"出

能力不足可以通过态度弥补,态度不行也可以通过能力弥补,最怕的是没有能力也没有态度。在华为,首先就是张扬血性,呼唤英雄。任正非讲,"一人一厨一狗"代表着华为精神,反映了华为人初期开拓海外市场的状态,只有一个人、一个厨师和一只狗在坚守。中国抗日战争时期有一句话:"我们的身体、飞机和炸弹,当与敌人兵舰、阵地同归于尽!"这代表一种血性。《亮剑》里李云龙说,面对强敌不后退,敢于迎上前去比试比试,即使倒下也是一座山,即使倒下也是一座岭。

每个企业都需要英雄,英雄主义是企业文化的一种主旋律,也一直是华为的重要基因之一。任正非就是一个纯正的英雄主义者。英雄需要土壤,需要培养,需要浇灌,但是有一个重要的问题,怎样把这20多万名员工都变成英雄?否则就是个人英雄,是孤胆英雄,是草莽英雄,这是对公司人力资源管理的巨大挑战。

在这里重点强调一下,呼唤英雄、张扬英雄、表扬英雄都是正确的,绝不能让雷锋吃亏,奉献者定当得到合理回报,这一直是华为的理念。弘扬狼性必须给肉吃，如果喂的是草，最后就都变成了"喜羊羊"，英雄主义也是这样。

要采用各种手段大张旗鼓地表扬英雄、回报英雄，尤其注重荣誉意识等多元激励。企业不要盯在钱上，通过钱解决的问题都是极其简单的问题。企业还有一个重要的激励手段叫精神激励，员工并没有掉进钱眼儿里，所以管理中不要只盯着钱。华为这些年加大了精神激励制度，就是"双因素激励"。

华为需要张扬英雄主义，华为需要呼唤英雄，这是华为长期坚守的核心价值主张。这是一个商业组织不断克服艰难险阻、持续成长的驱动力量，是公司机制长期保持熵减和充满活力的体现。

对英雄保持足够的灰度，不能狭义地定义英雄，英雄主义的态度、英雄主义的行为、英雄主义的结果都属于英雄的资格条件范畴。英雄与员工所处的岗位与职级等无关，也与时间无直接的关联，随时随地都有英雄，要善待英雄，包容英雄，宽容英雄。

公司必须建立呼唤英雄和培养英雄的土壤、机制、氛围和管理举措，以保证英雄群体的不断涌现，实现英雄"倍"出。其核心在于构建英雄的价值定位（价值创造）、英雄的价值评价体系和英雄的价值分配机制，以及促使其良性循环。

不能忘记英雄，使英雄成为组织的长期记忆，赋予组织英雄主义的基因并不断传承，让以往的英雄激励当下和未来的英雄。

采用各种手段大张旗鼓地表彰英雄、回报英雄,尤其是要注重荣誉、仪式、表彰等多元的精神激励的手段。激励英雄,既需要当期激励机制,同时也需要回溯激励机制。

有人说一个民族有英雄是可悲的,因为英雄总会和风险、事故关联在一起;也有人说一个国家没有英雄是可悲的,因为我们失去了学习的榜样和楷模。华为在危难时期需要更多的人站出来,与公司同命运、共渡难关。

军人的使命不是牺牲,是打胜仗。任正非提出:"华为呼唤有血性的员工和团队,尤其在战时,我们更期望每一个团队都成为血性的团队。"这个团队把打胜仗作为信仰,他们坚信"没有退路就是胜利之路"。

这里引用华为一位高管的四句话:"第一,团队要对胜利有极度的渴望;第二,要有极度坚忍的意志;第三,要有面对失败的极度羞耻;第四,要有一种对结果负责的态度。"

这就是华为在战时状态下展现的英雄主义与血性。

在逆境中有质量地活下去

面对美国的打压,华为即时进入战时状态,其经营管理战略也随之转变。

把"有质量地活下来"作为最高纲领,从追求规模转向追求利润和现金流,收缩或关闭盲目扩张和盲目投资的项目，放弃部分国际市场，夯实责任，奖金、升职升级与经营结果挂钩，让寒气传达到每个人，要敢于不发奖金，研发要对产品的质量和性能负责，质量不好的产品是研发人员的耻辱，"极简架构，极低成本，极高质量，极优体验"，科学合理地控制库存，从恐慌性自救转变为有质量地自救。

通过组建军团群，优化与激活组织。

2021年10月15日，军团运作工作组正式任命，任正非亲任指导员。

2021年10月29日，在松山湖基地，公司举行"没有退路就是胜利之路——军团组建成立大会"，为煤矿军团、智慧公路军团、海关和港口军团、智能光伏军团和数据中心能源军团的300余名将士壮行。

2022年3月30日，公司召开第二批军团组建成立大会，会议的主题是"灵活机动的战略战术"。

2022年5月26日，第三批军团/系统部组建成立大会召开，会议的主题是"让打胜仗的思想成为一种信仰"。

目前华为共组建成立了20个军团/系统部，部分军团已捷报频传，部分军团正蓄势待发。

通过会战模式，集中力量，打破封锁，解决"卡脖子"瓶颈。

2019年10月的"松山湖会战",华为2000多名来自全球的工程师聚集于松山湖园区,对谷歌GSM受限带来的缺口紧急"补胎",这是华为有史以来规格最高、参与人数最多、最具挑战性的技术攻坚。

2020年发起数千人投入的"三丫坡会战",核心目的是维系自身的生产运营,实现去美国化的自研。据钛媒体App(应用程序)的了解,"三丫坡会战"主要包括五个层面,涉及硬件(从X86转向ARM架构)、操作系统(从Linux/Windows转向欧拉)、数据库(从Oracle转向GaussDB)、中间件和应用软件。

2020年的"锦城会战"主要解决存储领域ALL IP高可靠性、低时延问题。

2021年的"太平洋会战",解决存储领域的"卡脖子"问题。

2021年的"钱江会战",打造鲲鹏和昇腾的竞争力。

2021年的"珠峰会战",提升数通领域竞争能力。

2022年的"云山会战",主要解决财经服务的IT连续性问题,同时是数字化风控体系的建设。

2021年的"阿波罗会战",主要解决数字能源领域的"卡脖子"问题。

如任正非所言:"公司进入战略突围,创造出'活下来'的基础,公司大目标是收缩战线,加强向主战场积聚力量,增强在主航道的投入，拼死去撕开一个口子。公司管理好边界，允许内部翻江倒海，为两三年后突击做准备。"

2023年2月24日，在"难题揭榜"火花奖公司内外的获奖者及出题专家座谈会上，任正非做了《擦亮火花，共创未来》的主题讲话，他说："今年4月份我们的MetaERP（一款综合性的企业管理软件）将会宣誓，完全用自己的操作系统、数据库、编译器和语言，做出了自己的管理系统MetaERP软件。"

会战模式的运作，取得了一系列重大战果：开发了13000+颗替代元器件，开发了4000+电路的反复换版，实现了1.1亿行代码自维护可演进，突破了500+个硬件技术瓶颈，攻克了280+软件根技术，开发了7000+任务令。同时，与合作伙伴一起解决了14纳米以上的EDA（电子设计自动化）工作，这意味着任何国产半导体企业都可以使用国产EDA工具设计14纳米以上的芯片，搭载鸿蒙的华为设备超过3.3亿台。截至2022年年底，华为在全球持有的有效授权专利超过12万件。

2019年实现营收8588亿元人民币，同比增长19.1%，净利润为627亿元人民币。

2020年实现营收8914亿元，同比增长3.8%，净利润为646亿元，同比增长3.2%。

2021年实现营收6368亿元，同比下降28.6%，净利润为1137亿元，同比增长75.9%。研发投入1247亿元，占销售收入的22.4%。10年累计研发投入8540亿元。

2022年实现营收6423亿元，同比微增0.9%，净利润为356

亿元，同比下降68.7%，净利润率5.5%。研发投入1615亿元，占销售收入的25.1%。10年累计研发投入9773亿元。

从以上数据可以看出，华为已经走出销售收入的负增长，同时进一步加大了研发投入。

有人说华为有钱，笔者要说的是华为有钱敢投，没钱也敢投。这几年华为赚的钱不多，但是它的研发投入还在增长，增长率有点让人不可思议。1996年，《华为公司基本法》就给自己定下了规矩，坚守"两个高投入"不动摇——研发高投入不动摇，人力资源高投入不动摇。由此，华为的研发投入一直没有低于10%。我们知道研发投入一半成功，一半失败，有些可能打了水漂，但是华为还是在坚守。很多企业遇到逆境、遇到难关，经常实行两大措施——裁员降低成本和减少研发投入，这是一种不明智的战略选择。因为企业即使遇到了严冬也不能把种子吃掉，否则在春暖花开之时就出局了。华为在三年逆境中，依然坚持"两个高投入"不动摇，这是它的价值观。

华为过去的最低纲领叫"活下去"，2019年华为被制裁后，把"有质量地活下去"作为最高纲领。任正非说，我们不可能改变环境，也不可能改变逆境，但是我们要像衡水中学一样，找到改变适应这种环境的胜利办法，这就是华为的核心价值观。

华为命苦，生而卑微，到目前一直坎坷；

华为命好，诞生于这个改革开放的伟大时代；

华为命硬，它一直与艰难困苦相伴；

天佑华为，奋斗是其核心价值观，天道酬勤。

任正非在 2021 年 10 月 29 日说过一段话,以此作为本节的结尾:"和平是打出来的,我们要用艰苦奋斗、英勇牺牲,打出一个未来 30 年的和平环境,让任何人都不敢再欺负我们。我们在为自己,也在为国家、为国舍命,日月同光,凤凰涅槃,人天共仰。历史会记住你们的,等我们同饮庆功酒那一天,于无声处听惊雷。"

附录 1：任正非与音乐

2022 年 7 月 11 日，一则消息在媒体上传播，该消息的标题是《专程为此事而来！华为总裁任正非现身泉州》。据报道，任正非先生 7 月 5 日上午从厦门赶到泉州洛阳，此行的目的是专程拜谒当代著名音乐家吴文季墓。

"任总恭敬地在吴文季先生低矮的墓桌上献上花篮，对着墓碑上铭刻的碑文'他一生坎坷，却始终为光明歌唱'深深鞠躬，随即匆匆而别！"吴其萃说。因为疫情原因，吴文季先生的墓地长满杂草，任正非还帮着一起清理墓前的杂草。

吴文季（1918—1966），是当代著名歌唱家和作曲家，《康定情歌》的改编者。他一生坎坷，写下了中国第一情歌，却终身未婚。

至于任正非为何专程到吴文季先生墓前拜谒，他和吴文季先生又有着什么特殊的情缘，任正非并未说明。

说实在话，任正非与音乐确实没有多大关系，没有感觉他有音乐天赋，但他经常引用一些歌曲为管理所用。

2019年3月30日，在第四届持股员工大会上，任正非引用了多首歌的歌词："我们的理想是伟大崇高的，我们为之奋斗是无怨无悔、痴心不改的。我们向一切先进学习，努力追赶美国，我们一定最先将红旗插上'上甘岭'。初生牛犊不怕虎，超越美国不是梦，何不潇洒走一回呢？我拿青春赌明天，你用真情换此生。我们的目标一定要达到，我们的目标也一定会达到。"

在2020年8月31日与战略预备队学员和新员工座谈时，任正非以歌词"你们今天桃李芬芳，明天是社会栋梁"作为讲话的题目。

2020年9月，在与北大、清华、中国科学院部分科学家及学生座谈时，任正非做了题为《向上捅破天，向下扎下根》的发言，在最后的结尾时讲道："我们处在一个最好的时代，我们的青年人如此活跃，我们的国家一定充满希望。同学们快快起来，担负起天下的兴亡。你们今天桃李芬芳，明天是社会栋梁。"

千古传唱的歌，才是好歌

这是任正非对于歌曲的基本判断标准，他以此激励研发人员创造出经得起时间考验的研发成果。

其实，这也是任正非长期坚守的信念，就像他一直赞美都江堰和汶川大地震中不倒的教堂一样，他崇尚那些千古流传的好歌。吴文季先生创作的《康定情歌》就是一首流传甚广的好歌。

在1998年《希望寄托在你们身上》一文中，任正非就说：

"就比如唱歌，我想不管是什么歌曲，不管其作者是多么伟大的作曲家、歌唱家，只有那些流传下来的被人们广为传唱的歌才是真正的好歌，至于那些得奖却未能流传下来的根本不是什么好歌。我讲的道理很清楚，产品最终只有长久地被人们得到承认，才能算是真正的商品，否则不是。"

1999年在《创业创新必须以提升企业核心竞争力为中心》一文中，任正非专门以"千古传唱的歌才是好歌"为一节，提出："什么是最好的科研成果，请看看都江堰几千年后还在流淌，还在孕育川西大地，而两河文明、古罗马的水渠已荡然无存。因此，伟大的发明并不一定稀奇古怪，故弄韵律的歌总唱不长。"

2019年5月2日，任正非在与2012实验室科研人员交流时，还提出："我们要跳出狭隘的圈子看到未来的结果。我们今天是有能力，但不要把自己的能力设计得完全脱离我们的实际。我们若要完全背负起人类的包袱，背负起社会的包袱，背负起中华民族振兴的包袱，就背得太重了……你能不能伴着华盛顿的音乐，跳一支《春江花月夜》？背上了包袱，为了中华民族，为了五千年，为了更伟大的目标，你还能跳得动吗？所以我认为我们的目的要简单一点，我们也担负不起重任来，我们能往前走一点就是胜利，不要以为一定要走多远。"

任正非表面上谈的是歌曲，实质上以此表达他对公司产品与服务的期望，表达在经营管理上的要求，虽寥寥数语，但通俗易懂。

铃儿响叮当

"铃儿响叮当"的故事任正非经常讲，而这首歌笔者记得十几年前就聆听过。这是一个关于音乐家的励志故事。

2021年5月8日，在与2020年金牌员工代表座谈会上的讲话中，任正非又讲到这个故事："人生应该是一步一步踏踏实实前进的，不要好高骛远，别给自己设定过高的目标，可能努力也达不到，一生都会失败。《铃儿响叮当》的词曲作者皮尔彭特[1]，他一生不断给自己设定的目标都太高，奋斗一生都没有实现，87岁还一事无成。后来出去过圣诞节，坐在雪橇上随口哼了一首歌，却成为脍炙人口的歌曲。所以，大家不要认为自己是接班人，从而背上一个沉重的包袱。放下金牌的包袱，只管努力前进，很多东西就是自然而然的事。"

任正非的讲话中经常引用歌词或诗词，这样的例子太多，在此仅举一例。在2020年6月19日的《星光不问赶路人》一文中，任正非讲："今天你们桃李芬芳，明天就是时代的栋梁，要肩负起生产自救与蓬勃振兴的重担。不要辜负了时代对你们的期望。"前两句就是使用了《毕业歌》的歌词。

有人说过，大师讲故事，教师讲道理，正是一些小故事，对人的教化效果才会更大。任正非也多次和笔者讲过，写书不在于著作等身，要写"长销书"，而不是"畅销书"，能写一本流传下

---

[1] 詹姆斯·L.皮尔彭特（1822年—1893），美国管风琴演奏家与作曲家。

来的好书就行了。任正非借用"铃儿响叮当"的故事,阐明了深刻的人生道理。

《北国之春》

任正非非常喜欢《北国之春》这首歌。

任正非对《北国之春》的感动,源自他对这首歌的深刻解读。人们一般认为这是一首情歌或者怀念故乡的民歌,但任正非却把此歌理解为年轻人的奋斗之歌。他在《北国之春》一文中写道:

> 北国之春原作者的创作之意是歌颂创业者和奋斗者的,而不是当今青年人误认为的一首情歌。
>
> ……
>
> 一个人离开家奋斗是为了获得美好的生活,爱情又是美好生活中最重要的部分,但爱情就像独木桥一样,人家过了,你就不能过。离家已经五年,在残雪消融、溪流淙淙的时候,面对自横的独木桥,真不知人家是否已经过去,心爱的姑娘可安在。那种惆怅,那种失落,那种迷茫,成功了又能怎么样?
>
> 棣棠丛丛,朝雾蒙蒙,静静的水车、小屋,与阵阵无忧无虑的儿歌声相伴的是父兄的沉默寡言。我们多数人能去读大学,都是父兄默默献出自己的结果。他们含辛茹苦地、一

点一点地劳动积攒，来供应远在他乡孤立无助的游子。他们自身反而没有文化。他们用自己坚硬的脊梁，为我们搭起了人生和事业的第一个台阶。

但愿他们别太苦了自己了，愁时相对无言也沽两杯薄酒。我们千万不要忘记他们，千万不要嫌弃他们，千万不要忘记报答他们。

由此我想到，我们每一个人的成功，都来自亲人的无私奉献，我们生活、工作和事业的原动力，首先来自妈妈御寒的冬衣，来自沉默寡言的父兄，还有故乡的水车、小木屋、独木桥，还有曾经爱过你但已分别的姑娘……

任正非表示过，自己幼时在贫穷的贵州时，《北国之春》这首歌的词曲可谓伴随了他的成长，对他个人和华为公司的经营都有很大影响。

《北国之春》的词作者井出博正也曾道出他写《北国之春》的初衷。上小学一年级时，他父亲去世了，所以比他大12岁的哥哥进城打工，给家里寄钱，他作为弟弟才能去上学。成为词作家以后，他首先想写的就是家乡，而且写家乡的时候，就想写自己的母亲和哥哥，那就是后来的《北国之春》。

《北国之春》这首歌可谓千古流传的好歌，而《北国之春》这篇文章也是一篇值得传承的佳作。

华为大合唱

华为逢大会必唱歌，尤其是像年终的市场部大会或公司级的专题大会，集体合唱是会议的重要日程之一。[①]

大合唱，相信这是有着军旅生涯的任正非倡导和喜欢的。创立华为公司后，任正非也把这一传统带到了华为。

那些年，华为唱过的歌有：《团结就是力量》《保卫黄河》《中国人民志愿军战歌》《共青团员之歌》《咱们工人有力量》《我的祖国》《在希望的田野上》《毕业歌》《抗日军政大学军歌》《真心英雄》《我们的答案》《相亲相爱》等。这是一份长长的歌单，但有一点可以肯定，华为的大合唱歌单中不会有《小苹果》《海草舞》之类的流行歌曲。

有时根据需要，华为还会旧歌赋新词，如将《咱当兵的人》的歌词改为：

> 咱华为的人，有啥不一样，只因为我们肩负着民族工业的希望。咱华为的人，有啥不一样，自从进了华为就进了更大的学堂。说不一样，其实也一样，都是青春年华，都是热血儿郎。说不一样，其实也一样，智慧和知识放射生命的光芒。咱华为的人，就是不一样，全都是优秀的儿女，才情放在事业上。咱华为的人，就是不一样，为了国家兴旺，贡献

[①] 吴春波. 华为是如何开大会的[M]// 华为没有秘密2. 北京：中信出版集团，2018.

青春和力量。说不一样,其实也一样,都在渴望辉煌,都在赢得荣光。说不一样,其实也一样,不同的岗位构建共同的辉煌。

记得某年的市场部大会,俄罗斯地区部的高管们身穿第二次世界大战时期的苏联红军军服,演唱了苏联著名歌曲《喀秋莎》《红莓花儿开》等。中午任正非邀请他们在A1餐厅就餐,他们再次演唱了这两首歌曲,记得那时任正非眼含泪花,吃得也很少。

公司还出过一套名为《梦的力量》的光盘,选录了世界各国的代表性歌曲,这些歌曲是很多华为人开车必听的曲目。

现在公司唱得最多的是《中国男儿》,曲调改编自日本歌曲《学生宿舍的旧吊桶》,歌词如下:

中国男儿,中国男儿,要将只手撑天空。睡狮千年,睡狮千年,一夫振臂万夫雄……我有宝刀,慷慨从戎,击楫中流,泱泱大风。

2011年1月26日,央视一套播出的电视剧《五星红旗迎风飘扬》把此歌作为片尾曲,任正非看到后,此歌开始在公司传唱。

当你唱起此歌,相信你会热血喷涌;当上千人共唱此歌,身在其中,你会亢奋得坐不住的。

公司曾编辑过一套公司高管齐唱《中国男儿》的视频,作为公司的礼品赠送给客户。虽然当时任正非也在现场,但在视频中并没有看到他，就像每年的市场部大合唱，任正非都不会在主席台上占据中心位，他多次被发现躲在会场的某个角落里，关注着大合唱。

喜欢捐钢琴的任正非

2019年9月26日下午，有人在微博上发出一则消息，称任正非值母校重庆大学90华诞之际，捐献了珠江牌钢琴100架，并配有照片。据估算，这批钢琴市价约128万元人民币。

其实早在2005年，任正非就向母校都匀一中捐赠了一批钢琴；在2015年又向黔南农村小学捐赠了100架钢琴；2017年向镇宁自治县部分学校捐赠了51架钢琴。

2019年5月21日，任正非接受中央电视台记者董倩采访时讲道，我也曾向贵州省捐献了数百架钢琴，希望从青少年开始就不要单纯学数理化，应该有全面的素质发展，奠定广阔的文化基础。

至于任正非为什么喜欢捐钢琴，他没有明确讲过，但有一点是可以肯定的：音乐会陶冶情操，修炼心性，开阔视野，增强自信，增强人们的想象力、审美力和创新力。

附录 2：任正非与军队相关的讲话与文章

1995 年，《解放思想，迎接 96 年市场大战》。

1996 年，《胜负无定数，敢搏成七分，再向命运挑战！》。

1997 年，《胜则举杯相庆，败则拼死相救》。

1998 年，《狭路相逢勇者生》。

2000 年，《雄赳赳，气昂昂，跨过太平洋》。

2006 年，《华为大学要成为将军的摇篮》《上甘岭是不会自然产生将军的，但将军都曾经是英雄》。

2007 年，《上甘岭在你心中，无论何时何地都可以产生英雄》《将军如果不知道自己错在哪里，就永远不会成为将军》。

2008 年，《看〈莫斯科保卫战〉有感》。

2009 年，《谁来呼唤炮火，如何及时提供炮火支援》《具有"长期持续艰苦奋斗的牺牲精神，永恒不变的艰苦奋斗的工作作风"是成为一个将军最基本的条件》。

2013 年，《最好的防御就是进攻》《要培养一支能打仗、打胜仗的队伍》《为西点军规所写按语》。

2014年,《把战略指挥中心放到力量的聚集地去》《三年,从士兵到将军》《在"班长的战争"对华为的启示和挑战汇报会上的讲话》。

2015年,《在战略预备队誓师典礼暨优秀队员表彰大会上的讲话》《在监管重装旅座谈会上的讲话》《将军是打出来的》《〈美军还能打仗吗?〉推荐语》。

2016年,《多路径,多梯次,跨越"上甘岭",攻进无人区》《十六条军规》。

2018年,《坚持多路径、多梯次、多场景化的研发路线,攻上"上甘岭",实现5G战略领先》。

2019年,《战场是最好的阅兵场》《不懂战略退却的人,就不会战略进攻》《任正非在运营商BG组织变革会上的讲话》。

2020年,《在"2020突击队"出征大会上的讲话》《打造洞察力强,战斗力过硬,能引领胜利的干部队伍》。

2021年,《支撑前方作战,做最有力量的支持服务组织》《和平是打出来的》。

2022年,《灵活机动的战略战术》《整编一支有战斗力的队伍,为未来做准备》。

2023年,《英雄强渡大渡河》。

附录 3: 任正非推荐的军事题材的影视作品

1. 《亮剑》
2. 《人间正道是沧桑》
3. 《高地》
4. 《国家命运》
5. 《甲午战争》
6. 《从奴隶到将军》
7. 《五星红旗迎风飘扬》
8. 《莫斯科保卫战》
9. 《野战排》
10. 《绝密 543》
11. 《拯救大兵瑞恩》
12. 《车轮滚滚》
13. 《南征北战》
14. 《潜伏》

15.《巴顿将军》

16.《重庆谈判》

17.《最后一战》

18.《仰角》

附录4：任正非有关军队的讲话摘录

本文摘自2019年7月19—20日发表的《任正非在运营商BG组织变革研讨会上的讲话》（部分文字有修改）。这篇7000余字的讲话，多处涉及军队或军事用语。通过以下摘录的关键句，我们既可以感受到任正非文章的特色与语言风格，也可以看到任正非讲话所展示的军人血性、激情与力量。任正非善于运用军事术语，通过特有的表达方式，传递了自己的经营管理思想，很值得企业家学习或者模仿。

1. 改革的目的是简化作战管理、简化层次，"权要听得见炮声，钱要体现公司意志"。

2. 让他们在一定范围内有战斗权力、战役权力、战略的准备权力。

3. 最终要打胜仗才是最重要的。

4. 将来我们就是两层作战组织：一层作战组织是代表处的系统部，一层作战组织是BG的野战部队。

5. 作战指挥权下放给代表处系统部，作战资源和能力一步获取，决策两层闭环。

6. 地区部总裁是管"总发财"，不是总决策。各个岗位的责任分工不同，军事家不一定都会打枪。地区部总裁要转换角色，明确自己的岗位职责，不要总想去管下面的具体项目，不是只有冲锋到第一线开两枪才是贡献。

7. 在确定性工作中要多用本地员工，中方员工可以往地区部的战略机动部队集中。

8. 地区部负责区域性战略的制定与组织实施，提供区域性作战资源、业务能力和行政服务平台。

9. 地区部做好战区主建。这与美军的军改一样，美军五大军种是主建组织，但无权调兵；有九个作战中心，没有兵，但它有权指挥作战。当然，我们不存在政权问题，允许代表处拥兵，但是代表处要做强战斗部，拥的是精兵。

10. 什么叫主建？队伍组建好了才能作战，你们做好了服务和能力，都是贡献。

11. 在地区部成立联合作战中心协调各BG。

12. 美军以营、团等基层为单位，作战能力那么强，这是我们公司的奋斗目标，这就是为什么我们要走"村自为战、人自为战"这条路线。

13. 对于重大战役，地区部还是要管的，只是管的方法要有改变。

14. 明年我们对战区进行科学改革以后，战区就会"瘦身"，富余人员就会被挤到坂田机关来，挤到内部人才市场找工作。

15．组成"敢死队"对新项目进行进攻，立功以后可能还能当"连长"。

16．大量"将军"在前线，不在办公室，我们一定要建立这个政策。

17．组织"敢死队"去帮助一线作战，打了胜仗，前线基层人员多提职提级，机关下去的人员可以拿奖金包，机关人员提级要慎重，否则机关就会提一大批"将军"（出现）倒挂。

18．如果每个人都不想上战场，能撕开口子吗？当然，不是要求所有人都上战场，该在后方的还是（要）在后方。

19．能力中心承接战略诉求，既（要）参与作战，也要负责能力的主建工作，采用能力评估和市场机制运作与考核。

20．以责任结果为导向，"火线选人、战壕中提拔"，在战斗中激励一大批新领袖产生，让英雄"倍"出，天才成批来；建立"军团"作战方式，强调集体奋斗、集体立功、集体受奖。

21．坚决走"精英＋精兵＋职员"队伍的建设道路，形成"弹头＋战区支援＋战略资源"的作战队列。

22．弹头部分应该是"将军"带一批有经验的人上战场；区域部分应该是有实力、有经验、善于"啃骨头"的中青年骨干；战略资源部分应该是最高级精英带低阶少壮派，形成这三层"军团"。

23．一线充满"将军"，代表处的大系统部应该是"少将"，带少量善于作战的精兵。

24．鼓励积极使用本地员工，做成精干的指挥中心。需要炮火的时候，再从能力中心和资源中心调配。因此，他们是"少将"带一些"中校""少校"。

25．区域能力中心和资源中心，除高级专家外（要循环淘汰），中青年骨干的职级大概是"中尉""上尉"到"少校"，是补充的作战力量。

26．机关不断压缩，将来就是"上将"领袖带一批少壮派，少壮派是"准尉、少尉、中尉"，加一批有能力有经验的专业职员，这些职员可能工作到五十岁、六十岁……

27．少壮派给的是机会，少壮派都想将来当"元帅"，天天写"血书"要上战场，但不一定被批准，因为战场没有那么多机会。

28．新兵在战略预备队的训练也在后方，战略预备队和华为大学以考促训，新兵训练要像残酷的西点军校训练一样，天天考试，天天学打"枪"，一定要会开"枪"才允许上前线。

29．"火线选人、战壕中提拔"，以贡献为中心，在实战中加快基层优秀人员的选拔，提高一线直接作战人员的职级。

30．我们要敢于提拔一批在前线作战的优秀青年员工上来，在整编过程中，每个人都有机会，也有可能从一个"小兵"升到"司令"。

31．战争都胜利了，为什么不可以提拔到合适的级呢？攻下山头的团队，为什么不可以有"司令"，从胜仗中选干部。

32．如果他当上了"司令"，考试还总不合格，那再下来，但可以补考。

33．干部可以在战场上选拔，但是素质提高也是必需的，没有说允许像李云龙一样骂骂咧咧。

34. 代表处要加强（从）战壕中提拔基层优秀员工，基层员工中不一定就没有"上将"苗子。

35. 我们要把直接作战人员的职级提上来，如果没有一定职级，他既没有当机立断的权力，也没有呼唤炮火的能力。

36. 代表处代表大部分相当于二级部门，与产品线平级，这样前线才有作战、调兵的能力。

37. 如果有些地区实在提不起来，机关的"敢死队"里有一两个好的，你们代表处愿意留他，他就有机会；没有留他，他还是"敢死队"，只能拿奖金。

38. 这次市场改革之所以重要，（是）因为70%的作战权力下放到代表处，成"将军"的机会就多了，通过这次改革，一定是英雄"倍"出。

39. 我们要建立"军团"作战方式，强调集体奋斗，而不只是个人奋斗。我们既要把权力下放到前方，又不能层层承包到个人。

40. 代表处作战除了（要有）主战部队，还需要（有）贴近主战部队的支援保障部队，以及后勤保障部队。

41. 我们强调主战部队的责任简单化，就是攻山头，攻下"上甘岭"。主战部队开着主战坦克往"上甘岭"冲，其他修理车、加油车、担架队、炮弹供应车、馒头车……由支援保障部门负责，再加上后勤保障部门。

42. 支援保障部门的业务能力一定要精，而且坚决执行主战部队的命令，保障战斗力。比如，主战部队发邮件给支援保障部门，要求支援资源几点几分送达什么地方、送多少炮弹，如果资源没有（被）送到，就要追究支援保障部门主官的责任。

43．将来主战人员的晋升速度要快于支援保障部队。

44．我们要有正确的价值评价体系，让作战部队有一种光荣感、自豪感。

45．现在为什么年轻人踊跃上战场？因为只有上战场才能建功立业，才能有机会在二三十岁当上"将军"。当然，支援保障队伍中也有升官的，做得非常好。

46．将来主战部队必须是"嗷嗷叫"的精兵强将，支援保障部队业精于勤，这样我们才能在五年内形成一个精兵组织。

47．战时状态，既要激进又要保守。市场努力向前进攻，加强经营质量；研发坚持加大战略投入，"向上捅破天，向下扎到根"。

48．为什么强调"火线入党、战壕提拔"？就是要冲锋，我们一定要打赢这场"战争"，把"开枪"的权力授给你们。

49．现在公司处在危亡关头，第一是号召大家立功，第二是尽快把优秀人员选拔上来，增加我们组织的"活血"。

50．让我们的"坦克"开上战场；如果你想上战场，可以拿根绳子绑在"坦克"上（被）拖着走，每个人都要有这样的决心！

51．绝大多数员工应心静如水，做好本职工作就是参战。

后记

2013年10月，出版了《华为没有秘密》。

2015年10月，应出版社要求，对本书重新调整修订，出版了《华为没有秘密（珍藏版）》。

2018年11月，出版了《华为没有秘密2》。

2020年10月，出版了《华为没有秘密3》。

本书中收录的这些文章依旧聚焦于"没有秘密"的华为、"没有密码"的任正非。本书的主要内容聚焦于华为成长与发展要素的解析，特别是华为企业文化、管理机制和人力资源管理体系及内在机制的解析。

这些小文能否清晰地揭示"华为没有秘密"的主题？能否把没有秘密的华为的管理哲学、成长逻辑、动力机制、人力资源管理体系等阐释清楚？能否对华为这个特殊的案例做出准确的解析？能否对任正非的经营管理思想有深入的把握与分析？限于笔者的视野和能力，这或许是一项不可能完成的课题，只能留待以后做更深入的研究。

本书只想提出并验证"华为没有秘密"这一命题，对于华为及任正非是否认同，对于读者会得出什么样的结论，笔者唯有诚惶诚恐！

从主题内容和体例来看，本书属于"华为没有秘密"系列，但作为该系列的总结与提炼，本书定名为《华为管理哲学》，其目的在于强调探索常识、遵循常识、敬畏常识，以常识来管理，探索以管理哲学为内在驱动力的成长与发展之路。

首先感谢任正非先生，感谢您对本人的开放、宽容和灰度。感谢华为人，感谢华为的高层领导，感谢华为，感谢的内容恕不一一列出。感谢几位"君子"：彭剑锋教授、包政教授、黄卫伟教授、杨杜教授、孙健敏教授以及田涛先生、牛文文先生。感谢中信出版集团的沈家乐女士、宋冬雪女士、周家翠女士、李玫女士的帮助与指导！再次感谢家人的支持与付出！再次感谢并期待读者的批评与指正！

我的邮箱地址：wchunbo@ruc.edu.cn

2024年2月5日于求是楼